基于核心素养的书院制育人模式的实践研究

卫 新 编著

江苏省基础教育前瞻性教学改革实验项目：
『重构中学生生活空间：书院制育人模式的实践探索』
全国教育科学『十三五』规划立项课题：
『基于核心素养的书院制育人模式的实践研究』（课题批准号：BHA160149）

苏州大学出版社
Soochow University Press

图书在版编目(CIP)数据

基于核心素养的书院制育人模式的实践研究/卫新编著. —苏州:苏州大学出版社,2022.5
ISBN 978-7-5672-3635-6

Ⅰ.①基… Ⅱ.①卫… Ⅲ.①书院-教育制度-研究-中国-现代 Ⅳ.①G649.2

中国版本图书馆 CIP 数据核字(2021)第 131553 号

基于核心素养的书院制育人模式的实践研究

卫 新 编著

责任编辑 严瑶婷

苏州大学出版社出版发行
(地址:苏州市十梓街 1 号 邮编:215006)
苏州工业园区美柯乐制版印务有限责任公司印装
(地址:苏州工业园区双马街 97 号 邮编:215121)

开本 700 mm×1 000 mm 1/16 印张 19.75 字数 324 千
2022 年 5 月第 1 版 2022 年 5 月第 1 次印刷
ISBN 978-7-5672-3635-6 定价:60.00 元

若有印装错误,本社负责调换
苏州大学出版社营销部 电话:0512-67481020
苏州大学出版社网址 http://www.sudapress.com
苏州大学出版社邮箱 sdcbs@suda.edu.cn

千年庭院读书地
万卷春風化雨时

《基于核心素养的书院制育人模式的实践研究》

编　委　会

序　一

杨九俊

江苏省苏州中学书院制育人模式（以下简称“书院制”）的实践研究搞得风生水起，成就斐然。

书院制在苏州中学是有根的。苏州中学建立在苏州府学的办学原址之上，文脉绵延千年。追根溯源，书院制得以形成大致有 1 000 年前、300 年前、100 年前三个重要的时间节点。约 1 000 年前，也就是 1035 年北宋仁宗时期，范仲淹购置土地，捐宅办学，兴建苏州府学（时称“州学”）。然后又聘请胡瑗担任教授。胡瑗“明体达用”“分斋教学”及“质疑”“商讨”“游学”等的教育教学思想，不仅在当时的苏州府学结出硕果，而且延续至今。约 300 年前，也就是 1713 年，清代理学家张伯行在此创办紫阳书院，并亲定办学宗旨“居敬以立其本，穷理以致其知，返躬以践其实”，倡导“对话研习，合作实践，分类指导”的书院精神，造就了一大批杰出人才，仅状元就有 6 名。约 100 年前，也就是 1904 年，江苏巡抚端方在此地扩建江苏师范学堂，书院由此被改为学堂。1927 年，杜威的学生汪懋祖辞去大学教职，回乡组建苏州中学，将办学定位为办一所“学术化的学校”，同时又能够光大中国学术传统的学府，一时间大师云集，气象巍然。改革开放后，苏州中学又进入了一个新的鼎盛期，名人掌校、名师执教、名人辈出，风貌依然，蔡元培当年激赏新学格局“安定规模犹在”，仍在铿锵回响。

书院制在苏州中学是有魂的。这个“魂”就是书院精神。综合关于中国古代书院的研究，我以为书院精神主要体现在四个方面：一是以道德修养为根本的内核。中国传统教育的主题就是“学以为己”，学习是为了自身人格的完善和精神的充沛。“修”“齐”“治”“平”是以“修”为基础和发端的。那些在历史上留下身影的书院，都是以培养人的德行操守为第一目的的。二是因材施教。课业“分离”，自修为主，师生可以双向选择，教学体现针对性。三是学术自由。书院提倡“讲会”制度，鼓励学术争鸣和学术交流，历史上不同思想流派的争鸣甚至都酿成了影响深远的重大文化事件。关于紫阳书院历史考证的文章就提到，讲会是“学者藉（借）以自由传嬗学术自由思想之团体”。四是环境熏陶。书院多处山泉林胜之地，风景优美，有助于师生陶冶心性，砥砺情操。这些主要通过对古代书院的考据梳理而来，具体到苏州中学的书院制，则又要打上许多“新学”的精神烙印，我曾经在一篇文章中，把百年名校的核心资产归纳为五个方面：以“学以成人”为内核的文化传统；以向往未来为目标的理想追求；以他山之石为借鉴的开放视野；以使命担当为信念的人格典范；以扎根探索为路径的经验制造。[1] 我想，这些新学传统，在中国教育发展史上是承前启后的，在苏州中学的书院制中也是不难被辨识的。

从过去到现在，从一般到具体，每个学校都有“属于自己的句子”，苏州中学的书院制精神是什么？我的理解是：第一，忧乐天下、经世济用的家国情怀。无论是府学还是新学，其创办都是“忧天下”的情怀使然。今天，我们倡导办教育的国家思维，也是要为党育人，为国育才，担负起民族复兴的大任。第二，全人目标、因材施教的制度设计。从范仲淹圣人一般的人生境界，胡瑗的“分斋教学”，至汪懋祖的修养标准，都是深植优秀传统文化的沃土。今天，苏州中学书院制以培养核心素养为宗旨，其课程和组织，都与先贤精神一致。第三，知行合一、自由生长的育人方式。胡瑗的“明体达用”倡导“实学”，与汪懋祖推行的“做中学”，在本质上有相通之处。古代书院和新学的师生平等、自主发展，这些都是体现教育基本规律的，在今天苏州中学书院制的实践中，得到光大和弘扬。

书院制在苏州中学是有体的。苏州中学采用“年级+书院”的体制，组建道山（人文）、春雨（理工）、碧霞（艺体）和国际四大书院。书院有完善的课程设计，让学生在必修、选择性必修学习的基础上，有宽阔的选择空间。

书院有流畅的组织运行，学校成立书院管理委员会，由校长任主任，各书院院长任副主任，行政各处室及各年级部主任协助各书院做好

---

［1］ 杨九俊．试论百年名校的“核心资产”［J］．中小学德育，2019（1）．

日常管理、学生管理、通识教育和文化建设等活动。书院设名誉院长（由名教师或知名校友担任）、书院院长（全面负责书院事务）、书院山长（协助处理书院事务），书院教师（面向校内外招聘）、书院导生（从优秀学生中选拔，协助导师工作）、书院学生（学生自主申请）。在运行上抓住组织结构、工作过程、组织文化三个要素，实施扁平化、矩阵式、项目制管理，完善各项管理规范制度，保证机构的流畅运转。书院有富有创意的育人空间。苏州中学坐落在苏州城南，“近水远山皆有情”，东邻沧浪亭，南面为文庙，北面毗邻林则徐、丁日昌等诸多名臣主政过的巡抚衙门，校内古建筑成群，沿着中轴线，可谓一眼望千年。学校后来的建设沿此拓开，融入现代创意，优美与实用、古典与现代、物质与文化浑然一体。道山书院，由靠近文庙的图书馆、道山亭、尊经阁、碑廊等整合而成。道山虽仅海拔数米，但有千年以上的悠久历史，因纪念周敦颐而命名。春雨书院，由量子馆、梦工场、实验室整合而成，名字来源于道山北侧的春雨池，春雨池为五代南园遗胜。春雨书院涵盖了数理拔尖学生培养课程基地和梦工场——STEAM 课程基地。碧霞书院，由来秀坊、体育馆、运动场、道梦空间等整合而成。名字来源于道山南侧的碧霞池，碧霞池亦为五代南园名胜。包括国际书院在内的各书院内部，都是以学生成长为内核设计的，它们是一个学习社区，方便师生的交流和学习；它们是一个公共生活社区，学习、生活、休闲融为一体；它们是一个修养身心的诗意空间，处处让人有怡情惬意的感受。

书院制在苏州中学是成气象的。范仲淹《岳阳楼记》中有句云：“朝晖夕阴，气象万千。”在苏州中学，我们感受到其办学正在生成气象。其重要表现是对大学境界的追求，当然，这里的“大学”是指办学层次，更是指精神境界。大学首先在大师，在苏州中学历史上，罗振玉、王国维、钱穆、吕叔湘、汪懋祖、胡焕庸、吕思勉等均在此执教，蔡元培、胡适来此讲学。今日书院的名誉院长都是学界翘楚，院长和导师也有如黄厚江、蔡明等学界中坚力量。中学的“大学”，还在与大学的贯通，1985 年起，苏州中学和中国科学技术大学联合创办“中国科学技术大学少年班江苏省苏州中学预备班”（简称“中科大少年班”）；2009 年，苏州中学成功引进西安交通大学少年班拔尖创新人才培养计划，苏州中学与西安交通大学联合按照“预科—本科—硕士”方案八年贯通培养；2012 年至 2016 年，尝试探索“2+4”高中大学贯通式培养，即“南京大学·苏州中学匡亚明实验班”（简称“匡亚明实验班”）。中学的大学境界，更在于学生的学习方式和成长方式，苏中杰出校友庄小威院士曾将此总结为“动力、眼界、深度思考”，这样的教育是真正有远见、有格局的。这样的办学追求在书院中集中实践，在全体学生的培养中普遍体现。一分耕耘，一分收获，苏州中学对办学境界的追求结出丰硕成果。在改革开放后，苏州中学也是英才辈出，中科大少年班的五位院士中就有两位出自苏州中学，各行各业的苏州中学优秀毕业生更是浩浩荡荡，栋梁成林。王绩有诗云：“树树皆秋色，山山唯落晖。”正是“树树”“山山”的众多和阔大，才堪为气象。在苏州中学，书院文统谱新章，成就了“大学”的气象。

2021 年 11 月 12 日

序　二

魏本亚

2021 年 10 月 28 日，我陪同泰州卓越项目教师团到苏州中学考察学习，程振理老师提出让我为苏州中学的这本著作写序。我知道这件事不好做，就一再推辞，但是振理老师坚持要让我写，我只能写一点自己的心得，也算是交作业吧。

苏州中学是一所具有光荣历史的学校，是中国教育的活化石。

1035 年，范仲淹在范庄义学的基础上创办了苏州府学，因为延请胡瑗执掌府学，创造了“分斋教学”“苏湖教法”，造就了苏州府学的科举神话。分斋教学就是分类分层教学，苏湖教法就是强调大学生教小学生、知行合一。苏州府学给后人留下了遗世珍宝：左庙右学（学校的布局）、明体达用（哲学思想）、苏湖教法（教学方法）。胡瑗指出：“致天下之治者在人材，成天下之材者在教化，职教化者在师儒，弘教化而致之民者在郡邑之任，而教化之所本者在学校。”胡瑗认为学校是育人的场所，育人是学校应尽的责任。这些弥足珍贵的教育遗产流淌着府学的文化，滋润着一代又一代人，形成了苏州教育的底色。

1927 年，汪懋祖先生在府学的基础上创办了现代学校——苏州中学，汪先生执掌苏州中学四年，又造就了现代教育的神话。陈去病、钱穆、吕思勉、吴梅、吕叔湘云集苏州中学，大学教授胡适、顾颉刚对苏州中学的几次造访成为当时的美谈。汪懋祖这位杜威的高足，从创办学校之初就要创办一所在国际上有影响的学术高中，培养“适应环境并能改造环境的人”。钱穆等一大批学者深谙课程的价值，致力于课程开发，1927 年沈佩弦就主持编写了课程及编制计划（开发计划），这个计划对苏州中学的课程开发起到了重要的作用。苏州中学沿用了苏州府学的传统，把培养人当作头等大事，把课程开发当作重要工作。这一时期苏州中学培养了一大批像钱伟长那样的杰出人才，创造了苏州中学教育的辉煌。

改革开放之后，苏州中学迎来了新的发展机遇。1985 年创办“中国科学技术大学少年班江苏省苏州中学预备班”，2009 年创办“西安交通大学少年班苏州预科班”（简称“西交大少年班”），2012 年创办了“南京大学·苏州中学匡亚明实验班”，开启了学术化高中的新征程。苏州中学以培育精英人才为己任，积累了许多典型经验。张昕校长深耕学校的发展史，致敬前校长汪懋祖，给苏州中学增添新亮点。卫新校长执掌苏州中学，四大书院（道山书院、春雨书院、碧霞书院、国际书院）承载着不同的育人功用，渐成规模。2016 年之后，苏州中学加快了改革的步伐，数理拔尖学生培养课程基地、清华梦工场 STEAM 课程基地、大学先修课程、物理学科创新中心、北大实验基地相继落地，形成了独具特色的课程育人、学科育人模式，创造了苏州中学的实验样本。

千年府学书院育人是这所名校的传统，范仲淹、胡瑗要培养国家栋梁之材，汪懋祖要培养“适应环境并改造环境的人”，今天的苏州中学则要培养有天下胸怀、奋斗精神的时代新人。育人是一种传统，更是一种文化的再造。习近平总书记指出：“教育决定着人类的今天，也决定着人类的未来。人类社会需要通过教育不断培养社会需要的人才，需要通过教育来传授已知、更新旧知、开掘新知、探索未知，从而使人们能够更好认识世界和改造世界、更好创造人类的美好未来。”总书记的人才观与千年府学的育人观十分契合。

基础教育改革已进入“核心素养”时代，苏州中学师生紧紧追随着教育改革的脉搏，奏响了独具特色的音符。当大家以考上清华、北大为骄傲的时候，苏州中学的师生则以培养更多院士为骄傲，这就是底气，这就是境界。苏州中学之所以能够行稳致远，就是因为他们始终遵循教育的规律。

育人需要课程。苏州中学从 1985 年开始就做足了功课，每一个项目落地，都需要一系列课程支撑。南大匡亚明班落地之后，如何创新课程，苏州中学的教师们绞尽了脑汁，把课程做到了极致。今天的卫新、程振理等人在前人的基础上，深耕课程，构建了苏州中学的课程体系，对人文、艺术、物理、地理等八大类课程的探索与实践都走在了全省前列。在开发这些课程的过程中，苏州中学形成了“一核四群六环节”的育人模式，积累了先进的育人经验。

育人需要名师。苏州中学是一所名师荟萃的学术高中。这所高中始终把教育教学研究当作教育原动力。钱穆研究周易，引来了胡适、顾颉刚的造访；黄厚江研究本色语文，引发了中国教育学会中学语文教学专业委员会（简称“全国中语会”）的关注。今天，40 多位特级教师在自己的岗位上书写着自己的奇迹，程振理老师也正以自己的方式创造着历史，他主持了江苏省重点课题“书院制与语文核心素养培育研究”，这个课题把历史与现代关联在一起，把课程与育人关联在一起。振理老师和他的团队开发的“为千年庭院写名片”课例，作为江苏的典型课例引领了课改的潮流。“程振理们”深知，核心素养不是靠教知识教出来的，而是学生在发现问题、解决问题的实践过程中形成的；对教学方法的探索要转向课程开发，转向课程体系的建构。一所名校需要一群名师，需要一群甘愿奉献的老师。苏州中学的杨镜如老师、黄厚江老师、蔡明老师都是一代名师，今天的卫新、程振理等人又承前启后，不断续写苏州中学的辉煌。正是有了这一大批孜孜以求的名师，苏州中学才能不断地创造奇迹。

卫新编著的这部著作，立意高，思考深，境界远。在当今的课程改革大潮中闪现了自己的亮点。我们有理由相信，这部著作既是对苏州中学书院育人的阶段总结，也是走向高质量的起点。我们对此充满信心！

是为序。

2021 年 11 月 4 日

目录

Contents

第一章　苏州中学探索书院制育人模式的缘起

第一节　苏州中学书院制育人模式的缘起

一、推进普通高中育人方式改革的时代命题

随着时代的发展，国家和社会对创新人才培养提出了更多、更高的需求。特别是自 2009 年起，国家和省、市加大力度推进义务教育均衡发展，大力发展公平优质的教育。所谓公平优质的教育，是以科学的方法，因材施教，学思结合，知行统一，让每一个人得到适合、适切、充分、和谐的发展。

办好公平优质教育，是教育改革和发展的基本目标。高中阶段推进公平优质教育的具体措施，一是普及高中阶段教育，这是党中央立足于我国全面建成小康社会决胜阶段、为实现新的发展理念做出的重大战略决策；二是从政策和制度上更进一步推动对普通高中创新人才培养模式的研究和实践，深化课程改革，努力办好公平优质多样的高中阶段教育。

高中阶段是学生个性形成、自主发展的关键时期，对提高国民素质和培养创新人才具有特殊意义。根据《国务院办公厅关于开展国家教育体制改革试点的通知》（国办发〔2010〕48 号）精神，2011 年，江苏省苏州中学成了全省 14 所“普通高中创新人才培养试点学校”之一，担负着实践探索国家创新人才培养和普通高中教育改革与发展的战略任务。按江苏省文件要求，创新人才培养试点工作的总体目标是：充分利用省内外教育、文化与科技资源，突破现有培养方式，加强普通高中与高等院校、科研院所的密切合作，创新人才培养的模式，激发和增强学生的科学精神、创造性思维和创新能力，努力使一批素质全面、基础扎实、学有余力的优秀高中学生的优势潜能得到更好的发掘、培养和发挥。创新人才培养试点工作的主要任务是：在试点学校选拔具有创新潜质的高中学生，进行整体设计、系统培养，努力创新拔尖学生培养模式，利用综合实践活动课程时间和节假日，进行兴趣和任务驱动下的体验式、探究式研究。积极探索在高校和科研院所的专家及中学优秀教师联合指导下，学生个性化学习的方式方法，通过项目引领研究性学习，完成具有一定探索创新意义的研究课题，增强创新意识，提高创新能

力。学校需要充分发挥课程在人才培养中的核心作用，根据《教育部关于全面深化课程改革落实立德树人根本任务的意见》（教基二〔2014〕4号）（以下简称《意见》）文件精神，通过构建全方位、立体化的育人体系，实施五大统筹策略，进一步提升综合育人水平。

作为苏州市基础教育的旗帜和高地，江苏省苏州中学必须承担起推进普通高中教育教学改革的重任。面对学校生源结构发生变化、学生素质参差不齐的现状，如何改革教育教学与管理方法，如何更好地促进学生的全面发展、多样发展和个性发展，提高教育质量，不断打造学校优质品牌特色，这些问题都对学校提出了新的要求与挑战。在教育均衡发展背景下，也要处理好大众教育与英才教育的关系。陈宝生部长在2017年全国教育工作会议上，提出“真正的教育公平不排斥卓越”。英才教育对于国家发展具有重要战略意义。江苏省苏州中学在兼顾学生升学的同时，更要为学生的主动、自主、终身发展打下坚实的基础。对于有特长的学生，不仅仅关注他（她）的考试成绩，还要为他（她）更好地发展特长提供可选择的、适合的发展通道。

《意见》指出，深化教育体制机制改革的基本原则之一是：坚持扎根中国与融通中外相结合。继承我国优秀教育传统，立足我国国情，遵循教育规律，吸收世界先进办学治学经验，坚定不移走中国特色社会主义教育发展道路。[1]

江苏省苏州中学不仅有着“千年府学、百年新学”的深厚积淀，办学史上除了有一段自1713年起长达一百九十余年的在苏州府学办紫阳书院以培养高才诸生的时期，有一段自1904年起新学初创时期办学者积极融合古今中外优秀办学经验的教育探索历程以外，还有一段自改革开放以来在拔尖创新后备人才培养方面的系列实验项目探索经历，办学文脉源远流长。

进入21世纪，经济全球化和网络技术的突飞猛进，使得教育的社会环境、学生的成长环境发生了深刻变化。师生的校园生活正在发生变化，课程资源、课堂环境、教学方式、学习方式、评价方式、师生和生生间的人际交往等方面都受到了不同程度的影响。为回应推进普通高中

[1] 卫新，张惠钰，施怡．为每一个学生创造主动发展的最大空间：江苏省苏州中学书院制育人模式的实践研究［J］．江苏教育研究，2018（2）．

育人方式改革的时代命题，解决基础教育面临的过于侧重应试教育的普遍问题，为国家建设和实现中华民族伟大复兴培养更多拔尖创新人才，江苏省苏州中学于2016年以开展江苏省基础教育前瞻性教学改革实验项目为契机，基于国家基础教育核心素养培养目标，立足学校办学历史沿革、文化底蕴和未来发展规划，以“书院制育人模式的研究实践”作为深化学校品牌建设和新一轮教育教学改革的抓手与突破口。

江苏省苏州中学所追求的书院制育人模式不是对中国传统书院的简单复制，而是力求对古今中外的书院和书院制育人模式做一定梳理，借鉴汇通古今书院制、汇通中外优秀教育传统，在新的时代背景下梳理提炼校本化的育人模式。[1]

通过书院制实验项目和国家级课题等，江苏省苏州中学以校本化方式具体贯彻、统筹落实国家和江苏省系列课程教学改革文件精神，例如，2016年9月教育部颁布的《关于进一步推进高中阶段学校考试招生制度改革的指导意见》（教基二〔2016〕4号）提出“进一步完善自主招生政策。要给予有条件的高中阶段学校一定数量的自主招生名额，招收具有学科特长、创新潜质的学生，推动高中阶段学校多样化有特色发展，满足不同潜质学生的发展需要”；2017年3月教育部等部门出台的《高中阶段教育普及攻坚计划（2017—2020年）》提出“推动学校多样化有特色发展。深化普通高中课程改革，加强选修课程建设，充分利用校外教育资源拓展校内课程的广度和深度，增强课程的选择性和适宜性”；2017年9月中共中央办公厅、国务院办公厅下发的《关于深化教育体制机制改革的意见》（以下简称《意见》）指出“要推进普通高中育人方式改革，深化普通高中教育教学改革，稳妥推进高考改革”等，深入推进普通高中育人方法改革。

二、江苏省苏州中学书院制育人模式的缘起

（一）千年积淀的府学文脉

江苏省苏州中学是在苏州府学原址上建立起来的。1035年北宋仁宗时期，范仲淹在苏州南园购置了一块宅基地，堪舆家谓曰：“此当世出

---

［1］ 卫新，张惠钰，周玉龙．梦工场：STEAM课程中心学习空间建设实践探索［J］．教育与装备研究．2017（9）．

卿相。”范仲淹认为，“吾家有其贵，孰若天下之士咸教育于此，贵将无已焉”。于是范仲淹捐宅办学，兴建苏州府学（时称“州学”），苏州中学的千年传奇故事由此发端。

州学办起来后，范仲淹聘请了很有声望的教育家胡瑗担任教授，胡瑗（993—1059），世称安定先生，他掌教州学，言传身教，成为后学的表率。他是苏州州学的第一代名师，正如曾担任过省立苏州中学校长的邵鹤亭先生于1937年学校的科学楼新建成时所写的《科学馆兴建记》中提及“我校学术研究之轨迹，上可追溯至宋安定胡先生，代代相接，生生不息。直可谓根深叶茂，源远流长者也”。他本着因材施教原则，旨在培养“明体达用”的人才，为州学订立了严密的校规和周全的学法，对后世产生了深远影响。名臣办校，名家掌校，兴办于“庆历新政”之前的苏州州学，从草创到初具规模，可说是一所新型的示范学校，说示范，一个重要理由是胡瑗拟定的“安定学法”对后世产生了深远影响，他体现的理念是崭新的、教学规则是严格的。[1]

“安定学法”的主要内容可以概括为以下几个方面：

（1）根据学生禀赋、个性、兴趣、爱好、实际学习程度进行分斋教学，设立“经义”“治事”二斋。经义斋学习六经，治事斋学习政治、军事、水利、算历等，实施因材施教。

（2）教师以身作则，树立表率，感染学生，师生感情融洽。

（3）强调考察，不仅注重课内，还注重课外，扩大学生见闻，陶冶学生情操。

（4）注重游息，劳逸结合。

（5）注重教法，丰富多样。有时教师主讲，有时以自学形式教学，鼓励学生独立钻研，独立思考，有时为激励学生的创新精神，请学有心得的学生代教师主讲，再由教师补充纠正不足和错漏之处。

用现在的眼光来看待胡瑗的“明体达用”之学，他是把对学生的人格塑造放在首要位置，与现在所倡导的“立德树人”不谋而合。

他在州学内分设“经义”和“治事”两斋进行教学，提倡实学和因材施教。经义斋以学习六经经文为主，以培养比较高级的政治管理人才为目标。治事斋又称“治道斋”，分为治民、讲武、堰水和算历等科，

---

［1］ 蔡大镛，张昕．道山情怀［M］．苏州：古吴轩出版社，2010：9.

以培养某方面的专业技术人才为目标，每人治一事又兼摄一事，或专或兼，学生各因其材，分别入斋学习，治事斋各因其所长而教之，因势利导，各有所重，让有能力的学生多学一点。这种做法在中国教学制度发展史上，创下了很多个“第一”的纪录。第一次在同一个学校内分设经义和治事两斋，同时传授经义和时务；治事斋分设了许多科目，民、兵、水利、算历等实用的自然学科被正式纳入官学教学体系之中，第一次与儒家经典取得了同等的地位；治事斋的学生们治一事又要兼摄一事，使中国第一次有了主修和辅修相结合的制度。

“明体达用之学”加上“分斋教学制度”，使胡瑗教育学生能够既讲求经典义理，又探求实用学问，以达成培养德才兼备、文理兼通的经济之才的目标。分斋教学制度保证了经义和治事的同等地位，而主副科制度更是便于学生自主选择，自主发展自己的才能，是中国古代教学制度发展史上的一次重大突破。在胡瑗的执掌下，州学声名鹊起，一时“英才杂沓，自远而至”。

北宋政和二年（1112），苏州提升为平江府，州学改为府学，全称应为“平江府儒学”，元代改府为路，校名改称为“平江路儒学”。明清两代苏州均称府，校名均为“苏州府儒学”。[1] 因此苏州中学的千年府学之名延续至今。

（二）培育高才的书院基因

1713 年，清代理学家张伯行在府学创设紫阳书院，“择所属高才诸生肄业其中”，属于当时的官办书院。张伯行认为“为政莫急于贤才，致治必先乎教化”，“治民以养为先，以教为本”，所至必办学。康熙五十二年（1713）十一月，时任江苏巡抚的张伯行在苏州府学尊经阁后建苏州紫阳书院，亲撰《紫阳书院碑记》，并亲定办学宗旨为“居敬以立其本，穷理以致其知，返躬以践其实”，培养高级经学研究人才，亲自拟订院训为“道明德立，致知力行”，建朱熹祠宇，传播朱子理学。书院与府学同时并存了一百九十余年。张伯行在紫阳书院全面传播、讲授、研究朱子义理之学，将《朱子全书》作为书院基本教材。在科考的背景下，紫阳书院以讲学为形式，以理学为内容。在整个办学期间，紫阳书院共有 28 任山长（书院的掌教者），全部都是进士出身，如沈德

[1] 杨镜如．苏州府学志［M］．苏州：苏州大学出版社，2013：20.

潜、彭启丰、石韫玉、钱大昕、吴省兰、俞樾、冯桂芬等名师，其中彭启丰、石韫玉为状元，邹福保、冯桂芬为榜眼，书院力求以一流的师资培养更高一级的人才。[1] 紫阳书院主张学生自学，大师从旁启发诱导，不越俎代庖，让“对话研习、合作实践、分类指导”的书院精神在苏州生根发芽。

紫阳书院一经创办，浙江、福建、江西、山东等地均有人负笈而来，其师资是清一色进士出身，入学门槛高，造就人物无数，如钱大昕、王鸣盛、王昶、赵文哲等经学大师。沈德潜山长曾言，紫阳书院“不以科考为唯一追求”。不追求不等于无成就，在书院一百九十一年的历史上培养了彭启丰、石韫玉等六位状元。尤其值得一提的是三元及第的钱棨，省试、礼部试、殿试都是第一名，一路顺风地收获了解元、会元、状元三顶桂冠，乾隆皇帝因为清皇朝建立一百四十年来，钱棨是第一个三元及第的人，当场作诗祝贺他。也因为紫阳书院办学成就卓著，康熙、乾隆、同治三位皇帝赐匾褒扬，康熙匾为“学道还淳”，乾隆匾为“白鹿遗规”，同治匾为“通经致用”。乾隆帝六下江南，六次驾临苏州，六次到苏州紫阳书院，每次留诗一首，都刻成诗碑，耸立校园，勉励师生。这在古代社会，是莫大的荣幸，是对张伯行当年制定的院规和宗旨的充分肯定，是对紫阳书院多年来办学业绩的嘉奖。

（三）新学开创的大学境界

中国古代教育与现代教育的划分，以 1904 年清政府公布的《奏定学堂章程》（“癸卯学制”）为标志。1904 年，江苏巡抚端方扩建江苏师范学堂，由书院改学堂，以培养当时迫切需要的小学师资力量，引荐国学大师罗振玉为监督。根据当时的历史条件，罗振玉聘请日本文学博士藤田丰八等日本教习，讲授教育学、心理学和自然科学，聘请王国维等讲授中国文学、中国历史、修身等。苏州中学“百年新学”由此发轫。

1927 年，美国教育家杜威的中国学生之一，有着教育救国志向的汪懋祖响应蔡元培推行“大学区”制度的号召，辞去大学教授及督学等职务，回到家乡组建苏州中学。汪懋祖校长受过中国传统教育、新学教育，有过美国哥伦比亚大学留学经历，同时还有着丰富的高校教授等任

[1] 杨镜如．紫阳书院志（1713—1904）[M]．苏州：苏州大学出版社，2006.

职经历，创办苏州中学时推行并发展杜威“教学做”的思想，提倡学术研究，所倡导的教育教学模式不仅与中国传统书院有颇深的渊源，同时兼有当时国内外高校教育的特点，当时他把苏州中学的英文校名取为“Soochow Academy”（苏州学院），可见其借鉴国外大学的办学思路和对学术研究的追求，在苏州中学埋下了大学精神的种子。汪懋祖校长认为：“一所优良学校成绩的表现，不仅在毕业生多数能考取大学，或中学会考能得到锦标。而在入学后能独立研究学术，崇高人格，出大学复能发展其能力，以各得其用，此亦清醒的教育者所当注意的。”他将办学定位为办一所“学术化的学校”，同时又能光大中国学术传统的学府[1]，教师朝着学术型名师的目标努力，以促进学生“逐渐养成独立研究之能力”。当时，学校延聘的一批教师，如国文教师钱穆、沈昌直、吴梅、陈去病，历史教师吕思勉，英文教师兼图书馆馆长吕叔湘，美术教师吴作人、颜文樑等，无论是在学科的学术研究方面，还是在开发课程和教育教学方面，这些教师都有突出的表现，后来大多被当时的知名大学聘请去做教授，在今天看来，这些教师都是各个领域的大师、大家。那时苏中的教学活动，可分三个方面：第一方面为每日之正课，第二方面为课外之研究，第三方面为名人之演讲。这三方面对学生的成长，各起不同的作用。[2] 当时学校里还有学校“紫阳乡”，相当于是学生自治组织。每学期开展名人演讲 8～10 次，来校演讲的名人有蔡元培、胡适、陈去病、欧阳予倩、顾颉刚等知名学者与各界人士。学校高举学术治校之大旗，“以号召教师之研究，诱发学生之研究”，蔡元培也曾高度评价，称“安定之规模犹在”，这是说苏州中学与范仲淹开创的州学一脉相承。

（四）培育英才的探索历程

在百十余年新学办学过程中，江苏省苏州中学不仅以“名人掌校、名师执教、名人辈出”著称，历史积淀独一无二，形成了丰厚的历史渊源、独特的个性特质和创新的文化氛围，兼具学术性、开放性和自由度。自改革开放以来，学校以培育拔尖创新后备人才为己任，以一系列拔尖创新后备人才培养实验项目为抓手，如自 1985 年开始的中国科技

---

[1] 汪懋祖．发刊词［J］．苏中校刊，1928（1）．

[2] 蔡大镛，张昕．道山情怀［M］．苏州：古吴轩出版社，2010：44．

大学苏州中学少年预备班、1992—1997 年的初中外语特色班、1992 年起的高中国际班、2009 年起的西安交通大学少年预备班等实验项目，致力于搭建小学、初中、高中、大学相互衔接的桥梁。近年来学校通过集团化办学、区域内学校联合教学实践研究等方式，联合联动人才培养链条，尝试建立完整贯通的培养体系；坚持因材施教，关注学生不同特点和个性差异，充分利用高水平研究型大学的教育资源，开放个性化课程，创新教育教学方法，促进创新人才不断涌现。经过近年不断的实践探索，学校的创新人才培养体系已经逐步形成立体框架，向上对接中科大、西交大、南大等高校，进行高中与高校的衔接教育研究如 2012 年起的南京大学苏州中学匡亚明实验班项目；向下对接初中学段做衔接研究，如 2012 年起的伟长实验项目；横向延伸与英国德威学校、美国维克森林大学的国际交流与合作，2013 年起开展卓越课程班项目等进行国际课程试点，创设多国学生同校、多种语言交流、多元文化碰撞的环境，使国际文化交流不再受时间、地点、人数的限制。通过多国籍学生的共同社团、共同活动、共同研究，达到语言、思维和行为的优化。

（五）前瞻教改的项目引领

在这样的办学历史渊源和优势背景下，学校在原有的 20 届中国科技大学苏州中学少年预备班、国际班、匡亚明实验班、西安交通大学少年预备班、伟长实验部等创新实验项目实践探索经验的基础上，在全校层面上面向全体学生，本着“让更多的学生有更好的发展，以科学的方法求和谐的发展”的办学理念，提出开展书院制育人模式的实践探索，力图从自带“书院基因”的江苏省苏州中学的丰厚办学历史积淀中，从中国古代书院教育传统中吸取智慧，立足于中国优秀办学传统、学校办学传承和校园文化精神，并借鉴现代国内外先进教育理念，从而融通古今中外优秀教育理念和先进经验，以培养具有深厚文化底蕴的高素质、高质量的拔尖创新人才，学校不唯高考应试论，而强调丰富校园生活，注重师生的精神生活，培养学生的自主性和独立性，增进研习选修，导师引领，自主规划，为学生提供更多的发展可能，促进师生共同学习、共同生活、共同成长，形成教师、学生、学校、社区共生共进的发展共同体，培养学生成为“终身的自主学习者和自我教育者”；发展教师成为“学者型、专家型、教育家型”教师；发展学校成为“具备对话世界能力的学术型学校”，成为普通高中改革与发展的前沿、实施高品质素质教育的典范、培养拔尖创新后备人才的基地、展示中国教育形象的窗口。

因此，在中学阶段开展书院制育人模式的实践探索，可以站在文化传承的角度，放眼世界，研究审视古代和现代、中国和西方教育的先进育人模式，借鉴融通，形成适合苏州中学的书院制育人模式。

第二节　中国古代书院的演变与特点

一、中国古代书院的演变

书院是中国古代一种集藏书、教学、研究、祭祀等功能于一体的特殊的文化教育机构，以私人创建或主持为主，由民间出资或官方扶助，书院的教育对象涵盖儿童、少年、成年等各年龄层次的人，书院的教育内容包括了普通文化学识、高深学术研究、专门技能等不同知识领域。书院重视藏书读书，聚生讲学，学术研究，讲经论道，共同研讨，议论时政，是相对独立于官学和私学之外的特殊教育组织形式。它起源于唐末，兴盛于宋元，普及于明清，废止于清末，其绵延发展达千年以上，对中国古代政治、经济、文化、教育、社会的发展具有深远的影响，在中国文化史和教育发展史上具有重要的地位。

书院教育源于私人讲学，杨荣春先生在《中国封建社会教育史》一书中说："书院是私学的高级表现形式。"书院教育是对私人讲学悠久历史传统的继承和发展。隋唐以后的科举制度的创立与发展，引领社会成员对文化的崇尚，为书院的兴起和发展提供了良好的社会基础，而随着官学逐渐沦为科举的附庸，真心向学的士生必须要在传统官学之外寻找真正求学问道的场所，加上唐代雕版印刷术的产生，具有私人讲学与藏书功能的书院就此应运而生。书院真正源于唐代，宋代朱熹《衡州石鼓书院记》称："故有书院，起唐元和间，州人李宽之所为。"[1] 既有官方所设也有私人所建，是文人学者个人读书或研讨学问，或讲学授徒活动之地，但为数极少。直至北宋初年，一批由私人创建的民间书院兴盛起来，官府也给予一定的支持与资助，书院才具有了一定的规模、特色

[1] 朱熹．衡州石鼓书院记［M］//朱杰人，严佐之，刘永翔．朱子全书：第二十四册・晦庵先生朱文公文集卷七十九．上海：上海古籍出版社，2002：3782.

和较为完整的组织形式，成为一种特殊的制度化的文化教育形式，涌现了一些颇有影响的书院如“白鹿洞书院”“岳麓书院”“应天府（睢阳）书院”“嵩阳书院”“石鼓书院”等。随着理学的发展与成熟，南宋时期书院发展到了一个鼎盛时期，数量规模大增，制度完备，组织健全，内容丰富，特色显著，影响深远，涌现了一批著名师生，如朱熹、胡安国、吕祖谦、陆九渊、陈亮等，朱熹为白鹿洞书院制定的学规《白鹿洞书院揭示》，首次明确了书院的教育方针。元朝政府为了缓和社会矛盾，对书院教育也采取了鼓励扶助的措施，元代书院也得到迅速的发展，官学化特点更加突出。明代后随着官学与科举的弊端越发显著，朝廷一改明初提倡官学，冷落书院的态度，大力兴建书院，随着王阳明心学派理学的兴起，书院发展再度进入极盛时期，书院数量激增，规模扩大，书院大兴讲会之风，成为明代书院一大特点，而明后期的东林书院又带有某种政治团体的色彩，屡遭朝廷禁毁。清雍正十一年（1733）起，在禁止私人兴建书院的同时，朝廷开始提倡官办书院，各地陆续修复与创办书院，书院数量大增，地域分布广大，同时朝廷也加强了对书院的管理与控制，官办书院占据大多数，书院讲学的自主性大为减少，学风日渐颓败，书院渐渐沦为官学附庸。甲午之战后，各地采取不同方式，或将书院改为学堂，或新设新型书院，中西兼习，或整顿改革现有书院，增加如外语、各国历史、电气、化学等西方文化与科学的学习内容，有着一千余年历史的中国古代书院，终于被新式学堂所代替。

书院作为一种教育机构，在历史上发挥着人才培养的作用，与官学形成了良好的互补态势，代表着一种独特的教育管理模式和课程实现方式，是学生参与教育活动和社群生活的一种形式，其中，“讲会”体现学术辩论，体现不同学术观点的碰撞，提倡自主研修，开放教学，师生共研，教研结合。自由、宽松、民主的教育组织形式，吸引了大批文人雅士、宿学鸿儒前往讲学论道。除讲学外，书院还有藏书和祭祀的功能，三者为我国传统书院的三大职能。

书院一律改为新式学堂之后，也引发一些有识之士的感叹。胡适先生曾经就感慨过：“书院之废，实在是吾中国一大不幸事。一千年来学者自动的研究精神，将不复现于今日。”[1] 著名教育家蔡元培在北京

[1] 胡适．书院志史略［J］．东方杂志，1924（3）．

高等师范学校的一次演讲中也曾讲到："但学校确有不及书院之点。"[1] 毛泽东在1920年起草的《湖南自修大学创立宣言》中提出"取古代书院的形式，纳入现代学校的内容，而为适合人性，便利研究的一种特别组织"[2]。台湾教育史家张正藩教授在评论书院时曾说书院"对于我国教育、社会、政治及学术思想等方面，均有极大之影响。仅就教育而言，如院址之优美，讲学之自由，教训之合一，以及有教无类，因材施教，注重自动自发之研究精神，若与现代之大学比，实有过之而无不及也"[3]。

中国古代书院在中国教育史中，具有重要的地位和作用，书院的传统和精神，在当今的教育环境和趋势下，可以提供相当宝贵的借鉴与启示。

二、中国古代书院的特点

中国古代的书院自产生之日起就和教育有着无法分割的联系。刚开始，"书院只是一种藏书楼或者学者们聚集一起讨论学术问题的场所，后来才逐渐发展成为一种特殊的教学机构"[4]。书院既是教育教学组织，又是学术研究机构。学术研究是书院教育教学的基础，而书院的教育教学，又是其学术研究成果得以传播和进一步发展的必要条件，二者密切相连，共生互动。在书院发端之初，私学性质突出，随着官方扶持和资助的介入，书院也不同程度地增加了官学的色彩，但相较于纯粹的官学，书院始终具有彰显道德理念，注重人文精神的特质。书院在培养人才、研究学问、传播文化、宣扬儒学、教化民众方面都发挥了重要的作用，历经千年，留下了宝贵的教育遗产。

在一千余年的发展演变过程中，书院长期积累的办学经验及教育的优良传统不仅为中国古代的文化教育做出了极大贡献，也为近代教育的发展奠定了基础，更为当今教育的发展也提供了可贵的借鉴与启发。

书院在千余年的发展演变中，形成了非常显著的特点。

---

[1] 蔡元培．在北京高等师范学校《教育与社会》社演说词［M］//蔡元培全集：第三卷．北京：中华书局，1984：395.

[2] 毛泽东．湖南自修大学创立宣言［J］．东方杂志，1923（6）.

[3] 张正藩．中国书院制度考略［M］．南京：江苏教育出版社，1985：自序1.

[4] 许美德．中国大学1895—1995：一个文化冲突的世纪［M］．北京：教育科学出版社，2000：27.

（1）讲求学问与道德并重。书院注重学子广博的学习与道德的修养。“大学之道，在明明德，在新民，在止于至善”“士志于道”，创办和主持书院的士人将儒家的“道”作为追求目标。书院学者们往往将这种自我道德完善的人文追求与经邦济世的社会关切结合在一起。为实现治国、平天下的理想，大多数书院都将“德业”与“举业”统一起来。书院学子不仅立志求学问道，也注重节操风概的养成，提倡道德的完善与人格的教育，求学与求道两者两相促进，不可偏失。

（2）强调读书自修。书院注重对学子独立研究与质疑问难精神的培养。书院教学以个人读书钻研为主，所以教师非常重视对学生读书的指导，他们往往根据自己的治学经验概括出不少读书的方法，对学生读书自学进行具体指导。书院较少进行以教师为主的授课，注重培养学生自主学习，强调自我修为、自我调适、自我钻研、自行领会。教师的主要任务在于传授学生研究学问的方法，启发学生发现问题，提出问题，并帮助学生释疑答难、解决问题。书院强调读书贵在有疑，鼓励师生之间、生生之间相互质疑辩难，师生间、学生间、教师间都可以自由讨论、切磋交流，发表不同的观点。学生可以自由择师，一些有名的大师，或者自己授徒，或者由敬仰者拥立，完全出于自愿，学生来自不同地方、不同背景，有的还可以中途易师。书院鼓励师生之间切磋交流、研讨学术，实现师生之间教学相长，鼓励学生发表不同见解，自己独立研究，各辟门径，要有超越习俗的、自我独到的见解与主张，从而形成自己的思想与学识。

（3）提倡讲会制度。书院鼓励学术上的自由争鸣与学派之间的学术交流。书院推行开门办学，名师巨儒们在坚守自家学术言论的同时，能够取他家之长为己所用，推行“不立门户、兼容并包”的讲会制度。讲会制度主要体现在同一书院内部、不同书院之间、书院与地方之间进行，以“讲会”这一形式，通过讲会上论辩式的会讲活动，增进不同学术流派的交流沟通与学术增长。1934 年 9 月，吴景贤先生在其公布的《紫阳书院沿革考》一篇文章中提到，讲会是“书院官学化之后，学者藉（借）以自由传嬗学术自由思想之团体”“如此自由研究，辩证讨论，实为当时教育中心之一大特色”。[1]

---

[1] 吴景贤．紫阳书院沿革考［J］．学风，1934（7）.

在书院讲学的多是当时著名的学者，不受地域和学派的限制。倘有名师巨儒讲学，其他书院的学生和慕名而来的学子均不会被拒之于门外。书院讲学形式自由，欢迎别人质疑问难，展开论辩，允许提问和探讨，讲学内容多是讲学者自己的专长。这样不仅促进各派各家之间的学术沟通与交流，充分体现了求同存异、兼容并包的治学态度，以及宽松自由的学术氛围。

（4）注重因材施教。书院尊重学生的禀赋和个性差异，就其性情与才学加以引导，针对学生的兴趣爱好与学术专长，对学生进行有针对性的、个别化的指导，充分发挥学生的潜质与专长。

（5）平等和谐的师生关系。书院师徒关系融洽，感情甚笃，书院注重德行与学问的统一，不仅关注对知识学问的学习钻研，也注重对道德操守的涵养。老师不仅学识渊博，德行高尚，堪称表率，学生跟从老师，朝夕相处，起居坐卧，耳濡目染，不仅学知识，还学做人，教师言传身教，师生之情深厚淳朴。

（6）书院多处山川名胜之地。古代书院设置地点多为山川名胜之地，风景幽美。如白鹿洞书院在庐山五老峰下，岳麓书院在长沙岳麓山下，嵩阳书院在嵩山南麓太室山下，石鼓书院在衡阳石鼓山回雁峰下，这些山川名胜之地，不仅可以让师生在读书研习之余优游暇豫，亦可陶冶心性，砥砺情操，全身心地接受教诲。

回顾与检视中国古代书院发展与演变的轨迹，我们不难发现，书院教育中知识的学习、道德的修养和人格的完善是相互依托、互为一体的。书院教育体现了“以人为本”的价值取向，因材施教的教育理念，自主研习、主动质疑、师生互长、生生互长的教育方式等，具有深厚的人文底蕴，值得我们对其进行重新解读，从中汲取古代书院之教育精华，对我们当今现实的教育困境和问题提供不同层面的借鉴和启发。

第三节　英美高校住宿书院的演变与特点

英美高校的住宿书院，或称住宿学院，是一种萌芽于巴黎，完善于英国牛津、剑桥，并在世界范围被广泛继承与应用的融教学、研究、住宿、文化生活为一体，师生密切交流的办学模式和学生管理模式，是一种融合了自由教育理念、寄宿书院制度、经典课程学习和文化精神等元素的教育模式。

英美高校住宿书院最早兴建于12世纪的法国巴黎，13世纪下半叶英国的牛津大学、剑桥大学开始创建书院，到了18、19世纪，书院制趋于成熟，逐渐发展到美国的哈佛大学、耶鲁大学、弗吉尼亚大学等高校，亚洲的香港中文大学等亦奉行住宿书院制。一般而言，牛津、剑桥模式是一种把教学与住宿融为一体、师生密切交流的办学模式，而美国的住宿书院模式大多指的是一种组织学生住宿生活、融入部分通识教育课程、强调体验式课外活动的学生管理模式。[1]

学生进入书院集中住宿，书院内设有教授工作与起居室，还有咖啡厅等学生公共活动场所，书院定期组织特色活动，有效实现对学生德育、智育、综合素质的培养，同时让老师学生亲密接触，构建学生成长、交流、自我管理的重要社区。英美住宿书院制强调求学问道、自由开放、师生相互砥砺的教学传统，与中国古代书院的教学传统有相通之处。

英美高校住宿书院一般具有如下特点：

（1）培养目标明确坚定。从培养国家精英、社会绅士，发展到强调自由、博雅的通才和实用性人才，同时强调道德品质的培养与优秀人格的塑造。

（2）学习与生活相结合。书院教育重视学生文化与社交生活，组织各类讲座、演讲、讨论等学术性活动，重视体育、文艺和饮食起居等非学术活动，组织不同的社团活动，不同专业、年级、种族、社会背景的学生通过各种学术与非学术活动相互学习、共同生活。

（3）推行导师制。导师制源于14世纪的牛津大学，经历了原始、古典、现代三个阶段，发展成为一种办学制度。英国教育史家奥尔德里奇指出："导师制成了牛津和剑桥的永恒特征。"[2] 导师一般也分生活导师和专业导师两种，每位导师指导1～2名学生，导师与学生关系密切，负责在生活和学业上给予最直接的指导。生活导师由与学生年龄相

[1] 余小明．英美住宿式书院的发展和演变以及对我们的启示［J］．现代大学教育，2015（1）．

[2] 奥尔德里奇．简明英国教育史［M］．诸慧芳，李洪绪，尹斌苗，译．北京：人民教育出版社，1987：152．

近的硕士生、博士生或低阶教师担任，对学生的生活提供各方面的指导和帮助，负责组织活动，提供指导，评阅论文，学习辅导和生活帮助等。专业导师由教授担任，主要负责学生学术方面的指导。导师和学生来自不同的专业和背景，相互之间思想和学术的交流比较频繁，师生在书院中共同学习和生活，他们朝夕相处、密切交流，为彼此的学术交流提供了便利。导师通过言传身教指导学生的学业发展，也为学生在人格养成、道德规范方面起了重要作用。

发展到现代，牛津大学的本科生导师制已经成为一种教学模式，在讲授课、指导课之外，导师还会和学生举行例行会面，具体指导学生学业，讨论问题或安排任务等，导师还和学生共同合作进行科学研究，促使学生学会独立思考，拥有质疑与批判精神。

（4）强调自我管理，同侪互助。书院设置各种管理委员会，师生共同参与管理，倡导自我管理，管理方式民主平等，几乎所有师生都可纳入其中。书院具有多元混住、同侪互助的典型特色。学生根据自己的兴趣爱好、习惯专长、学习特点等自主申请选择入住不同的书院，不同专业、年龄、年级、社会背景、宗教信仰、政治立场的学生在一起学习生活，彼此交流，同侪互助。

（5）拥有别具特色的文化景观。书院的名称，悠久的历史，古老的院徽、院歌、院刊，各式历史悠久的建筑，辅以独特美丽的自然景观，构筑了书院独具特征的文化氛围，它们也是书院精神的承载者，是书院精神的化身，学生在书院富有丰厚文化意蕴的场所中得到精神的滋养和熏陶，获得认同感与归属感，书院的人文自然景观和各式活动场所在潜移默化中对学生的思想、道德、观念、情感、态度等产生影响。

在英美高校，住宿书院作为培养人才的重要载体，在推动学生成才成长中发挥了极其重要的作用。

从英美住宿书院制教育的传统价值和现代意义上来看，书院制实际上是让学生在导师引导下规划教育路径，将通识教育和专才教育相结合，在课堂之外为学生提供全方位的学习、丰富的兴趣活动、更高的学术研究平台，为不同年级、不同选科的学生及导师营造一个关系密切、互动交流的师生社区，为富有独立思考能力和创新精神的学生提供更多的学习机会。

第四节　我国大中学校对书院制的研究与实践

一、书院制的由来

书院制作为一种教育制度，起源已久。从教育历史来看，一可追溯到中国古代的书院，二可溯源至欧美大学的寄宿制。20世纪中期至今的中国香港及台湾的书院，与欧美大学寄宿制有异曲同工之处，而当代书院制正是成型于港台大学的书院形式。

在香港，书院可以指一所中学，也可以指一座大学舍堂，是本科生课堂以外的安乐窝。从香港中文大学有关书院的介绍资料上可以看到，书院的英文译为“college”，对应的是国外的“学院”。

书院制是香港中文大学首先提出的，是它自创校以来所采用的学生管理模式。香港中文大学之所以提出书院制，与香港所处的特殊地理位置及历史发展有关。1963年，香港中文大学以崇基学院、新亚书院及联合书院为基础正式建立。

其中，新亚书院是由国学大师钱穆、新儒家学派代表人物唐君毅等一群来自中国内地的学者于1949年创办的，钱穆在拟新亚书院校规时提出其教学宗旨在于“上溯宋明书院讲学精神，旁采西欧大学导师制度，以人文主义之教育宗旨，沟通世界中西文化，为人类和平社会幸福谋前途”[1]。其创校宗旨在于承续中国传统文化，使其与现代学术结合，令学生不忘本之余，有能力应付现代社会的挑战。新亚书院不仅继承中国古代书院优秀传统，同时借鉴西方大学的导师制，推行人文主义教育。

随着香港中文大学的不断发展，80年代末增加了逸夫书院；2012年起，因施行大学本科教育四年制课程，于是再添晨兴书院、善衡书院、敬文书院、伍宜孙书院、和声书院，以应对新增学生的需要。

因为中国古代书院和西方住宿学院的办学理念和办学定位有着极其相似的特点，但又具有各自鲜明的特色，这些特点和特色对本地区乃至整个高等教育的发展产生了深远的影响，而香港中文大学从诞生，到发展，都融合了中国传统书院文化与西方寄宿学院文化，并仍在不断发展

[1] 钱穆．新亚遗铎：第2版［M］．北京：生活·读书·新知三联书店，2004：12.

和创新，形成了今天独特的书院制，为我国乃至世界高校建立现代书院制提供了借鉴和示范。

二、国内大学对书院制的研究与实践

十余年来，实施书院制教育成为中国高校教育改革的一种积极探索和有效尝试。国内书院制一般借鉴剑桥大学、牛津大学等世界著名大学的住宿学院制经验，将不同学科专业背景的学生会聚在一个小型社区进行集中管理。每位进入书院的学生，既属于书院，也属于所在专业学院。其专业学习主要由学院负责，而第二课堂教育则由书院负责。通过鼓励不同背景的学生互相学习交流，满足学生的个性化发展需要，最终促进学生的全面发展。在借鉴中国传统书院和英美大学住宿学院制度的基础上，建立以书院为单位的学习和生活社区，构建了师生共处的新型育人平台，改进了传统的学生管理模式，实现了理念创新。书院制教育围绕立德树人，通过落实本科生导师制、加强通识教育和环境熏陶、拓展学术及文化活动，促进学生文理渗透、专业互补，鼓励不同专业背景的学生混合住宿，互相学习交流，建设学习生活社区，在传授专业知识的同时，打通中国传统文化中的文、史、哲壁垒，进而融汇人文科学和自然科学。

对于现代大学书院制的研究，目前主要集中在对我国古代书院的研究、对我国现代大学书院制学生管理模式的探讨、对国外住宿学院制介绍及中西方书院制的对比研究等方面。当前，关于书院制的研究可谓汗牛充栋，涉及书院的职能、价值、组织形式、教育理念、制度、文化、社会影响等。其中胡适于 1923 年发表了《书院的历史和精神》，并于次年发表了《书院制史略》，他认为，“古时的书院与现今教育界所倡的‘道尔顿制’精神大概相同。一千年以来，书院实在占教育上一个重要位置，国内的最高学府和思想的渊源，唯书院是赖。盖书院为我国古时最高的教育机关”，“吾以今日教育界提倡道尔顿制，注重自动的研究，与书院制不谋而合，不得不讲这书院制度的略史了”[1]。1934 年出版的盛朗西的专著《中国书院制度》，以及 20 世纪 80 年代以后陆续问世的张正藩的《中国书院制度考略》、陈元晖等的《中国古代的书院制

[1] 胡适．书院志史略［J］．东方杂志，1924（3）．

度》、陈谷嘉等的《中国书院制度研究》等都是颇具影响力的研究论著。

进入21世纪后，随着书院制研究的视野拓宽和研究方法的多样化，一批颇有代表性的作品陆续问世，王鹏的《书院教学特色及其对研究生培养的启示》，熊先进的《我国古代书院办学理念的现代意义》，朱汉民的《书院精神与书院制度的统一——古代书院对中国现代大学建设的启示》，李文君的《书院制：学生管理的另类可能》，肖永明的《儒学·书院·社会——社会文化史视野中的书院》，何毅的《现代大学制度视域下的大学书院制研究》，田建荣的《现代大学实行书院制的思考》，张应强、方华梁的《从生活空间到文化空间：现代大学书院制如何可能》，陈廷柱等的《变迁中的英国寄宿制学院及其对我国高校书院制改革的启示》等研究，对我国教育改革中的大学书院制具有相当大的借鉴和启迪作用。

而在制度层面深入研究并付诸实践的案例，主要集中于高校，如香港中文大学、台湾清华大学、东海大学、台湾政治大学、澳门大学、西安交通大学、复旦大学、北京航空航天大学、苏州大学等，这些学校在不同程度上实行书院制的教育和管理方式。

香港中文大学实行书院制已近半个世纪，且目前仍然是香港唯一实行书院制的大学。香港中文大学的书院介绍资料上是这样表述书院与大学教育之间的关系的：学校的校训是"博文约礼"，实行的教育是"学科教育+九大书院"，并形象地用书院方程式表达为 $E=mc^9$，其中，E代表教育（Education），m代表主修（major）或辅修（minor），c代表学院（college）。香港中文大学的书院理想是：努力营造师生居息一堂的和谐社群，同学朝夕，切磋砥砺，为莘莘学子提供心灵关顾和全人教育，创造宜人的学习和生活环境。

香港中文大学之所以提出书院制，是因为它把书院定位为大社群内的小社群，认为书院制有利于人际的沟通互动。有了书院，学生与教职员所珍视的亲厚情谊和彼此扶持的精神，仍会得到孕育与滋养，不会因为大学规模扩大而减去分毫。书院的影响渗透于学生的生活，成为整个大学社群灵魂的一部分。

所有香港中文大学的全日制本科生都可选择一所书院，成为该院的一分子。书院不仅提供住宿，还可认识不同学科的同学，互相学习，扩大人际网络，建立持久的友谊，全宿制书院定期举行师生共膳，非全宿制书院设有走读生舍堂，照顾非宿生的成长及需要，方便他们休憩，参与及筹划舍堂活动；并提供以“学生为本”的众多非形式教育机会，会举办各种课外活动，包括海外交流、外访计划、研讨会、师友计划、社区服务、语文、资讯科技、领袖才能训练，与正规课程相辅相成，为学生的大学生活添上色彩，培养学生待人接物的技巧、文化品位、自信心和责任感。学生可善用奖学金和资助计划，参与各种学习活动，增加体验，从而了解自己，建立人生的理想和目标，充分发挥个人所长。院方定期举办书院聚会，邀请杰出人士莅校演讲，与学生交流。书院还举办主题晚宴，邀请嘉宾就不同题目与学生分享心得。晚宴的特点在于气氛轻松，利于师生与讲者深入交换意见，讲题也不局限于学术，还包括很多人生重要课题。为了锻炼学生的领袖才能和组织能力，书院不少活动是由学生主导，由学生一手策划和主办，院方只提供资助和意见。

书院通识教育是香港中文大学的特色。多元化的通识课程帮助学生在入学之初适应大学生活，掌握终身学习的技巧，发展潜能。无所不包的课题也体现了书院各自的宗旨、传统和独特资源，与大学通识课程相辅相成。

每个书院都有校训和院长。如崇基学院的校训是“止于至善”，新亚书院的校训是“诚明”，联合书院的校训是“明德新民”，逸夫书院的院训是“修德讲学”，晨兴书院的院训是“博学、进德、济民”，善衡书院的院训是“文行忠信”，敬文书院的院训是“修己泽人，储才济世”，伍宜孙书院的院训是“博学笃行”，和声书院的院训是“知仁忠和”。

书院不只有舍堂，还有应各自的理念和学生需要，添置的各式设施，讲堂、学习室、体育场地、展览厅、图书馆、休闲娱乐设备等，一应俱全。

因此可以这样来理解香港中文大学的书院制——它是在继承中国古代书院“师生共处、学生互助”传统的基础上，借鉴国外寄宿学院制度建立的一种对学生实施通识教育，并承担学生思想品德、行为养成等方面教育工作的新型学生教育模式。它也是将通识教育（素质教育）与专才教育相结合，力图达到均衡教育目标的一种学生教育管理制度。香港中文大学的书院制历史最早、特色鲜明、比较完善，也是大学实施书院制的榜样。

台湾的书院起步较快。大多书院都是在 2008 年前后迅速发展起来的。比较有代表性的有台湾清华大学的清华学院，东海大学的博雅书院和台湾政治大学的政大书院。三个书院都以学生共同居住为前提，以博雅教育为目标，以书院课程、住宿教育、社会探索为教育方式，尊重学生的自主选择，以共同价值追求为行动力实施养成教育。

澳门大学于2013年开始实行“住宿式书院之先行计划”，并建成了10个住宿式书院，为亚洲之最。

西安交通大学从2006年起对本科生实施“书院—学院”双院制育人模式，目前是23个学院与9大书院并存。其中，书院以年级为单位提供学生食宿并负责学生事务的管理，辅导员为常任导师，不仅与学生一起生活吃住，以增进与学生的交流与沟通；同时实施生活导航、学业规划、习惯养成、素质拓展、心理辅导与困难援助等育人计划，成为本科生思想品德教育、文化素质教育、心理健康教育的有效载体，承担起全员育人、全方位育人的重大职责。[1]

复旦大学于2005年开始尝试推行通识教育的住宿书院模式，成立复旦学院并相应成立了志德、腾飞、克群、任重四个书院；复旦学院对书院学生管理模式的创新主要体现在组织架构、管理模式、辅导员驻楼制、导师设置等方面，以宿舍为单位把不同专业的学生安排在一起学习、生活，并设有专门的宿舍导师负责监督管理学生学习。所有新生第一学年集中复旦学院住宿、统一接受通识课程，还开设宿舍研讨班等形式进行通识教育。第二学年选择专业，然后分配到各个专业学院进行学习，从而打破了入学后直接进入各个专业院系的传统教育模式。复旦学院设学生工作办公室，建立学院层面上的学生事务管理中心等，让学生直接参与到学生事务的管理当中。各书院还成立了学生工作组，每个书院管理10～11个班级。不仅如此，复旦学院还调动全校教育资源，成立了一支由学院专职导师、特邀导师和班级兼职导师组成的导师团，旨在为学生构建全方位的学业指导体系。[2]

2011年9月份，苏州大学开始试行书院制全新管理模式，着眼于拔尖创新人才的培养，先后成立敬文书院和唐文治书院，搭建“导师制”“住宿制”“社区制”的优化格局，形成以学生为中心，以全员育人为宗

---

［1］ 杨永林．建设新型书院文化：西安交大集中研究型大学优势，培养一流本科生纪实之三［N］．光明日报，2007-11-19.

［2］ 乐毅．简论复旦学院的书院学生管理模式［J］．国家教育行政学院学报，2008(8).

旨、协同育人为路径，以社区环境为依托的培养模式，唐文治书院以培养复合型、学术型高端文科人才为目标。

2014 年，香港中文大学、台湾清华大学、台湾政治大学、复旦大学、西安交通大学、华东师范大学及北京航空航天大学 7 所高校在京发起成立亚太高校书院联盟的号召，2015 年 7 月在北京航空航天大学召开了第二届“博涵问道、汇雅论今”海峡两岸暨港澳高校现代书院制教育论坛。

三、国内中学对书院制的实践研究现状

与高校实行书院制形成鲜明对比的是，在基础教育领域，特别是中学，对书院制育人模式开展研究和实践的学校较少，且研究的形式和具体措施等尚不充分。目前，北京大学附属中学和北京 101 中学的探索较有代表性。北京大学附属中学设有综合书院制和学院制，在学校组织结构上，形成“两部、五中心、四学院、七书院”的格局，在管理制度上，实行学分制、选课制、走班制、导师制等，在课程建设上，倡导开发多元课程，帮助学生适应真实的社会生活。北京 101 中学实行初高中融通的育人模式、“年级+书院”的经纬式管理模式、多层次与多类型的多样化选课走班的课程实施策略，以及“一校五区”集团化办学模式的探究实践。部分中学取得的相关实践经验，可以作为研究和参考素材。

四、中学探索书院制育人模式的实践价值

（一）书院制适应教育大众化带来的高中教育新定位

目前，高中教育定位为优质、特色、多样发展，高质量普及高中阶段教育，对接高校人才培养，回应高考招生制度改革的要求。显然，高中阶段教育的普及促进了高中教育的大众化，社会对人才素质的要求也越来越高，对学生的需求也越来越多样，这已成为高中教育大众化背景下的常态，而这也促进了高中阶段教育的特色发展、多样发展。从一定意义上讲，高中教育将学科教育和通识教育相结合，将个性发展和全面发展相结合，将知识教育和能力教育相结合，全方位培养学生的核心素养，旨在为高中教育改革和特色发展寻求多元化的育人模式探索途径。这种探索无疑是高中育人模式改革的积极尝试。

（二）书院制回应了高中深化课程改革中的育人模式改革要求

从教育部深化高中课程改革的要求来看，高中除教会学生掌握和运用学科知识以外，更应该消除侧重应试教育这一弊病。从学生健康发展的内部需要来看，学生个体对个性化、多样化发展的需求日益强烈。当下学生的自我意识更强，所面临的各种信息资源日趋平等，他们对在自由时间内实现自身发展的自主意识越发强烈。学生学习日趋自主化、个性化，这给传统的以班级为单位开展的集体学习活动带来较大的困难，急需建立合适的教育组织模式来弥补班级授课制灵活性和个性化不足的问题。书院制校本课程的建设与实施，使课程的可选择及个性化学习成为可能。

（三）书院制暗含了拔尖创新人才培养的模式

拔尖创新人才培养对国家创新发展具有重要的战略意义。苏州中学承担着拔尖创新人才早期培养的战略任务。为此，需要做好学段联动研究和学段衔接教育。而要做好高中阶段拔尖创新人才的早期培养，需要了解高校对拔尖创新人才培养的模式。从世界范围看，英、德、美分别代表了不同历史时期大学发展的主要模式，也由此形成了三种典型的大学制度。加利福尼亚大学原校长克拉克·克尔在比较英、德、美三国大学发展模式时认为，英国大学的模式是最有利于学生成长的模式。其原因在于，英国大学，特别是以牛津大学和剑桥大学为代表的英国古典大学，实行住宿学院制和导师制的“小大学”模式，重视对本科生的培养，重视自由教育，重视人格和个性的完善，保存了师徒式的师生关系，比较好地继承了中世纪大学社团组织遗留下来的宝贵遗产，履行了大学人才培养的首要职能。实行住宿学院制的英国大学始终把人才培养放在高等教育最核心的位置，住宿学院制是英国传统大学最为显著的特征之一。[1]

因此，在中学开展书院制育人模式的实践探索，有利于探索拔尖创新人才的早期培养，也能让这些学生更好地适应国内外大学的学习，同时也是高中教育质量提升的一条创新路径。[2]

---

［1］ 张红峰，靳希斌．美、英、德三国大学学院制组织模式的多视角比较［J］．比较教育研究，2008（3）．

［2］ 卫新，张惠钰，施怡．为每一个学生创造主动发展的最大空间：江苏省苏州中学书院制育人模式的实践研究［J］．江苏教育研究，2018（2）．

【本章主要参考文献】

[1] 卫新，张惠钰，施怡. 为每一个学生创造主动发展的最大空间：江苏省苏州中学书院制育人模式的实践研究［J］. 江苏教育研究，2018（2）.

[2] 卫新，张惠钰，周玉龙. 梦工场：STEAM课程中心学习空间建设实践探索［J］. 教育与装备研究. 2017（9）.

[3] 蔡大镛，张昕主编. 道山情怀［M］. 苏州：古吴轩出版社，2010.

[4] 杨镜如. 苏州府学志［M］. 苏州：苏州大学出版社，2013.

[5] 杨镜如. 紫阳书院志（1713—1904）［M］. 苏州：苏州大学出版社，2006.

[6] 汪懋祖. 发刊词［J］. 苏中校刊，1928（1）.

[7] 朱熹. 衡州石鼓书院记［M］//朱杰人，严佐之，刘永翔. 朱子全书：第二十四册·晦庵先生朱文公文集卷七十九. 上海：上海古籍出版社，2002.

[8] 胡适. 书院志史略［J］. 东方杂志，1924（21）.

[9] 蔡元培. 在北京高等师范学校《教育与社会》社演说词［M］//蔡元培全集：第三卷. 北京：中华书局，1984.

[10] 毛泽东. 湖南自修大学创立宣言［J］. 东方杂志，1924（6）.

[11] 张正藩. 中国书院制度考略［M］. 南京：江苏教育出版社，1985.

[12] 许美德. 中国大学1895—1995：一个文化冲突的世纪［M］. 北京：教育科学出版社，2000.

[13] 吴景贤. 紫阳书院沿革考［J］. 学风，1934（9）.

[14] 余小明. 英美住宿式书院的发展和演变以及对我们的启示［J］. 现代大学教育，2015（1）.

[15] 奥尔德里奇. 简明英国教育史［M］. 诸慧芳，译. 北京：人民教育出版社，1987.

[16] 钱穆. 新亚遗铎：第2版［M］. 北京：生活·读书·新知三联书店，2004.

[17] 杨永林. 建设新型书院文化：西安交大集中研究型大学优势，

培养一流本科生纪实之三［N］. 光明日报，2007-11-19.

［18］乐毅. 简论复旦学院的书院学生管理模式［J］. 国家教育行政学院学报，2008（8）.

［19］张红峰，靳希斌. 美、英、德三国大学学院制组织模式的多视角比较［J］. 比较教育研究，2008（3）.

第二章　书院制育人模式的理论研究综述

第一节　书院制的理论内涵

一、书院制的理论视角

（一）传承与发展视角

我国现代书院制是在继承中国古代传统书院制度的基础上，仿效国外住宿学院实施的一种新型学生管理体制。[1] 书院制继承了中国古代书院教育的精神并融合了西方传统博雅教育理念，努力实现学生学术发展和社会性发展的统一。历史上，中国传统书院为千年文脉的赓续提供了客观载体。到如今，书院制借鉴西方住宿制，与时俱进地发展，成为现代教育的有益补充。

（二）制度与规范视角

我国现代书院制是在学校内部以书院为教育单位的教育组织形式和规章制度体系的统称，是与学院制度相匹配的，基于学生生活社区建设和学生自主发展的制度，是学校人才培养与管理模式的一种制度创新。我国现代书院制旨在加强通识教育、促进专业教育与人文教育均衡发展，提升学生核心素质，培养学生完整人格。

（三）书院功能视角

我国现代书院制是以学生社区为教育平台，以学生公寓为管理载体，主要承担学生的通识教育、思想品德教育、行为养成等方面的任务，本质是一种学生社区生活管理模式。在书院中，不同学科的学生混居，教师和学生联系紧密，学生通过活动锻炼社会实践能力、通过科研项目提高学术水平，从而实现文理渗透、专业互补，让不同背景的学生互相学习交流，满足学生的个性化发展需要，最终促进学生的全面发展。

综合文化传承与发展、制度规范、管理模式等方面，可以看出我国现代书院制度是以学生社区为教育平台，继承中国古代书院教育的精神，并融合西方传统博雅教育理念的一种新型学生教育管理模式。它主

---

[1] 李翠芳，朱迎玲．现代高校书院制建设及原因追溯［J］．煤炭高等教育，2009（3）．

要通过通识教育、学术文化和实践教育活动等形式，教育、管理、服务学生，从而实现文理渗透、专业互补，促进学生全面发展和个性发展，培养综合素质高的“全人”。

二、书院制的理论内涵

（一）精神引领：书院精神与书院文化

传统书院教育，自宋明理学家创办以来，以德行教育为主，不以科举为唯一目的，其师生之间自由讨论的学风与授课方式对启迪学生创新精神亦有好处。我们崇尚理性精神，我们也需要借鉴传统哲学的智慧。自古以来，我国书院文化与书院精神强调树立学生“修身、齐家、治国、平天下”的理想与抱负，书院教育注重道德修养，将知识传授、学术研究与品性修养、人格完善有机地结合。

1. 立德树人的德育精神

国无德不兴，人无德不立。我国古代书院教育遵循了古代儒家“内圣外王”的教育理念，“外王”以“内圣”为基础，将学生的德性作为人才培养的标准，将德育贯穿于学生学业的每一个环节。比如古代丽泽书院注重从日常生活中塑造学生的道德修养，将“孝弟（悌）忠信”的伦理德行作为学生学习和持守的理念。我国现阶段更是将“立德树人”作为教育的根本任务与目标，通过系统的教育教学完成价值认同、价值传承、价值传导，引导学生正确认识个人与社会、国家之间的辩证关系，促使学生将个人的价值和理想与社会的整体发展目标结合起来，在追求个人目标、实现个人价值的基础上推动社会的进步。

2. 自由自主的学术精神

我国古代书院推崇自由精神，自由讲学，相互切磋，教学相长，教师有讲学的自由，听众有学习的自由。这不仅是书院讲学自由精神的体现，也是教育平等观与平民化的一种展示。书院文化精神的确立体现了中国古代的文化精神，使得书院具有培养青年人文素质的良好氛围。现代学校书院制更注重学术研究，深化学理探讨，有利于培育学生的理性精神与思维模式，也是培育创新人才的摇篮。

3. 实事求是的治学精神

作为中国古代四大书院之一，岳麓书院在书院中央的静一堂高悬“实事求是”的牌匾。近代南菁书院也在山长的座上铭刻“实事求是，莫作调人”八字。可见，实事求是的治学精神是历来书院所追求和秉持的精神品格。书院坐堂讲学之人奉行“达则兼济天下，隐则独善其身”，以求是精神研修学问，在讲学时，鼓励学生以“精思善疑”之学风达到“实事求是”之学问。现代书院制度下，导师与学生、学生与学生的关系更为紧密，沟通更为便利，学生能在宽松的氛围中敢于质疑、善于思考、善于分析、善于探究，用严谨踏实的态度治学。

（二）互动机制：专业化、个性化的导师制

构建师生共同体是书院建设的灵魂，导师制是书院的必然选择。现代书院的导师主要分为两类：一是师德水平高、教学科研好的资深学者，由其担任专业导师，为学生提供专业化、定制化的学术指导，促进师生的正式和非正式互动，发挥导师对学生学业指导和精神引领作用，促进学生全面成长。二是辅导员担任生活导师，通过教师对学生的言传身教和个别指导，帮助学生找到感兴趣的专业并提供就业指导，切实落实教书育人职责。学校的教职工既属于不同的学术院系，又属于不同的书院。通过一对一、面对面的交流，塑造学生品格、培养学生兴趣，实现对学生思想、学习、生活全方位指导。

1. 专业导师

专业导师原本常见于研究生阶段，因为研究生的主要任务已不再是全面而广泛的学科基础教育，而是针对某一领域进行深入、专门的研究。但随着书院制被大量地尝试应用，不少高校在本科阶段也采取专业导师制。例如江苏师范大学敬文书院规定，本科生在一年级就需要自行联系导师，且在确认师徒关系后，需要每学期上交导师交流记录本，考核见面次数、书籍阅读、研究项目、成绩变动等，进行双向互动评价。因此相比于传统的班级制授课教师，专业导师的角色强调个性化、精细化、生活化，学生可以更全面地了解学术研究流程，跟随导师进行课题研究。由于专业导师负责的学生人数远小于一个班级的人数，因此专业导师与学生的关系也更容易延伸至课外，成为长辈或伙伴，对学生的生活、价值观予以指导，促成更自由的答疑交流。

专业导师的角色在大学书院制背景下，与当下研究生导师角色相似。其主要职责仍然是在专业上的帮助与解惑、在科研上的指导与检查；如果关系密切则可能有生活指导。尽管书院制以通识教育为特色，但大学的专业性必然比中学更强。本科生有自己的专业导师，无疑对学生个性的成长、研究素养的提升有着巨大帮助。

2. 生活导师

生活导师的角色来自现代大学常见的辅导员，但二者本质不同。辅导员不仅仅作为“班主任”对学生负责，也作为行政人员对学院负责。辅导员不仅需要处理学生工作，还需要完成一些行政工作，例如文件传达、教务管理等。如此，辅导员很难有足够的时间与精力专注于学生问题；此外，辅导员的办公地点一般在学院的办公室内，本身就与学生生活区存在不可调和的割裂。这就更导致了辅导员的管理难以深入，是处在学院与学生二者之中的尴尬角色。

而书院制的生活导师强调“社区管理”，其与专业学院没有直接负责关系，因此生活导师有更多的精力去深入了解学生。并且生活导师的办公室一般设立在书院住宿区域，这也为内务管理、安全检查、文体活动开展、宿舍（社区）文化建设提供了极大的便利。书院消除了专业壁垒，生活导师本身也可以在与多学科学生的接触中，感受不同思维，从而创新工作方法，提升服务水平。

（三）课程体制：通识教育与专业教育结合

适应快速发展的社会的高素质人才，不能仅限于接受专业教育，只掌握专业知识和技能，还应具备现代人的各种素质，增强自己的社会适应能力。

1. 通识教育

通识教育的思想起源于古希腊的“自由教育”（liberal education），它既是一种理念，也是一种人才培养模式。其目标是培养沟通文理、兼具科学精神与人文精神的人才，而不仅仅是某一狭窄专业领域的人才。我国学者李曼丽和汪永铨在综合了各种通识教育的表述之后，对其内涵做出了初步建构：就其性质而言，通识教育是高等教育的组成部分，是所有大学生都应该接受的非专业性教育；就其目的而言，通识教育旨在培养积极参与社会生活的、有社会责任感的、全面发展的社会人和国家公民；就其内容而言，通识教育是一种广泛的、非专业性的、非功利性的基本知识、技能和态度的教育。[1]

[1] 李曼丽，汪永铨．关于“通识教育”概念内涵的讨论［J］．清华大学教育研究，1999（1）．

书院与通识教育是相通的：第一，书院能够帮助学生成为受过通识教育的人，用艺术、人文和科学扩充学生的经历。第二，书院能够促进学生发展成负责任、有贡献的公民，帮助学生获得作为公民所需要的知识和技能，树立利他主义和社会公正的理念。第三，书院能够培养学生形成健康的生活方式。第四，书院围绕当前社会热点问题引导学生展开对话，通过对道德伦理的讨论，帮助学生拥有自尊、自信，理解社会责任，理解并包容不同的文化，进而形成正确的价值观。

2. 专业教育

专业教育是随着科学技术的发展逐渐从人文教育中分离出来的，特别是工业革命以后，由于社会不断发展，分工越来越细，职业化的教育受到重视并得到快速发展。它与通识教育不同，它是培养专门人才的教育，它的目的是通过系统地讲授某一学科的专门知识，培养具有一定专业知识和专门技能的人才，为未来的就业做准备。

3. 通识教育与专业教育相结合

面对 21 世纪社会的快速发展和对人才要求进一步提高所带来的挑战，专业教育与通识教育的有机结合成为应有之义。通识教育与专业教育相结合的人才培养模式使受教育者能以一定的知识领域为基础，不断地吸收各领域的文化知识，从而具备各类知识、技术的整合能力，并通过综合性、超越专业视角的思路和方法解决现实问题。它超越单纯的培养专家的视野，重视人的综合素质、全面教养和发展潜能，能够培养出符合时代需要的“通识基础上的专才”和“宽才”。

（四）成长生态：住宿书院制度

书院制的出发点和归宿点是提高教育质量，培养优秀的人才，其本质追求是学生自由而全面地发展，核心在于坚持“以学生为中心”的教育理念。

1. 公共活动空间

书院是学生“家外的家”，来自不同文化背景、不同地域、不同学习方向的学生居住在一起，带来了不同思想的碰撞。住宿书院提供了集中住宿场所，为学生营造温馨的生活和学习环境，增强了学生间的沟通交流，有利于形成集体合作的氛围，有利于培养大学生的性格、学术兴趣及崇高的价值观、正确的人生观及世界观。同时，让学生既感受到了大学校的设施气魄，又感受到了小书院的温馨甜蜜，从而有助于让学生在潜移默化中对书院和学校产生自豪感和荣誉感。虽然寄宿书院制有别于古代书院，但从其特点、特征来看，它从古代书院中汲取精华并加以吸收借鉴，使得住宿书院制对大学生的成长成才发挥更大的作用。[1]

例如2016年北京大学元培学院全体本科生整体入住校内35号楼，学校同时将35号楼地下一、二两层配套作为元培学院学生的公共活动空间，为元培学院建设书院制度提供了大力和必要的支持。在这一基础上，元培学院计划尝试探索创建有中国特色的书院制度，在管理制度和组织建设、相应博雅教育目标、书院制文化与传统培育等方面进行全方位的探索，取得了良好的效果。

2. *书院文化活动*

住宿书院不仅提供全膳全宿，更营造出一个开放、和谐、正面的学习生活环境，为学生社交活动和文化活动提供平台。书院中积极开展各种活动，成为学生书院生活的重要组成部分，通过举办各种文化艺术活动，让高雅的艺术走进学生生活，提高学生的生活情趣，培养学生的各种兴趣爱好；通过举办各种社交娱乐活动，提高学生的人际交往能力，增进同学之间、朋友之间的友谊，如台湾淡江大学书院的高桌晚宴，香港中文大学书院的双周会、午餐会等，都是增进学生之间的了解和友谊的良好平台。对于学生缺乏体育锻炼、身体素质有待提高的现状，书院还通过开展各类体育活动，如西安交通大学的集体早操活动，锻炼学生体质的同时，还凝聚了学生的集体归属感。

三、书院制与学院制比照

（一）各有侧重，统筹合作

书院制与学院制不冲突，但其侧重点不同。专业学院管理学生的学籍，以学术发展与专业研究为导向，以学业导师为特色；书院管理学生寝室等生活情况，以通识教育为导向，同时安排驻院导师，对学生生活中遇到的问题进行更加贴近学生的处理，给予个性化建议。

学院参照一定的专业学术规范与标准，主要负责学生的专业课程教学与科研。现代大学源于中世纪欧洲的“大学校”，在一开始是教师与

[1] 薛变玲，景南，张楠．推进我校住宿书院制建设　促进当代大学生成长成才［J］．西北医学教育，2011（4）．

学生为了学术而自发组成的行会性组织。故大学本身就带有“知识至上”的纯理性倾向，而后的启蒙运动、现代主义更是强化了这一功能。与之相应的工业革命与科技飞跃，导致知识分化并专业化，学科与学院的相应发展也是历史的必然。学院的存在本身有其意义，因为它是高等教育里知识进步的根本保障。

然而，随着20世纪人类对自身的反思，人本主义、进步主义等教育思想出现。在普遍的人文关怀的要求下，大学不仅是传道授业与科研的场所，更是文化传递的地方，是跨越专业知识，以人类的价值与旨趣为基础，超越理性主义的更高层次的精神启迪的地方。为此，现代大学的功能必须拓宽。此外，随着第二次世界大战后人们对知识的认知角度产生巨大变化（尤其是欧洲），学科的交叉与综合应用成了21世纪不可避免的趋势。如果把知识传授局限于行政意义上的学院，新思想与新领域的火花将很难迸发。

书院制则很好地弥补了这一缺憾。书院制是实现大学文化功能之所在，侧重两个方面：一为文化，二为社区。书院为不同学科、专业、年级的学生提供生活与学习的场所，以交往为纽带，促进各学科之间的交流与融合，形成跨学科知识产出新模式，最终为实现学生的长远发展与个性解放提供可能。

因此我们可以看出，书院与传统学院相比，重在促进学生在情感、社会性等方面的多维度成长，覆盖课内与课外，融合不同年级、不同专业的学生，使其与导师构成互动交流的师生社区。处理好书院与学院的关系，实现双院的育人功能，适度保持书院建制的张力与弹性，能够有效地防止书院僵化与封闭，使书院成为学校的文化高地。

（二）纵横交织，并行不悖

书院制并不是要打破传统学院架构，亦不是走双轨制道路。书院的纬度划分，跳出了专业设置的范畴，以生活社区为依托开展通识教育，但又不完全否定专业设置。第一，目前多数大学都是以专业院系为单位，如果贸然推翻，不仅难以部署新制度，而且也容易导致学科专业程度下降，无法保证学生的专业培养质量。这样培养出的学生难以适应研究生阶段的精细研究，也正因如此，书院制的试验田一般出现在本科生阶段，鲜有在研究生层面进行的试点。第二，考虑到上述背景，我国大学书院制的探索是“嵌入式”的。组建一所类似香港中文大学或牛津大学的、完全的寄宿学院联盟制大学，较不现实。我国的高等教育仍旧处于普及阶段，即要让更广大的人民群体接受高等教育，而把消除了专业院系的寄宿学院联盟制强制推广，有悖于我国的教育现状。

例如，西安交通大学作为国内率先实践书院制的高校之一，2005 年创立文治苑进行试点，规模局限于 710 名同专业的大一新生；此后不断发展，在 2016 年形成了 9 大书院与 23 个学院并存的本科生“书院—学院”双院制育人模式。书院的建构原则可以概括为“横向交融、纵向贯通”。书院在横向上，包含各个专业，注重文理不同学院的学生融合；纵向则把同一专业不同年级的学生纳入同一个书院。如此则在学科专业性有所保证的情况下，拓宽学科交汇面，突出综合素养理念。

第二节　书院制的思想特征

一、古代书院制的思想特征

我国古代书院历经千年之久，留下了宝贵的教育文化遗产。一方面，书院通过藏书、教学与学术，形成了一套具有典型中国特色的书院精神，即彰显价值关怀的人文精神和体现知识追求的学术创新精神；另一方面，书院在长期办学过程中形成了一套具有中国传统特色的教育体制、管理制度和教学方法。[1]

以苏州府学的创办者范仲淹先生的书院教育思想为例，程振理老师曾撰文《范仲淹书院教育思想管释》，梳理归纳北宋初期范仲淹掌教书院时的思想特征：

（一）以“天人之学”育“心忧天下”的“卿大夫者”

范仲淹既曾师从书院又曾执掌书院，还曾在多地兴办书院，其书院教育思想发轫于北宋日渐成熟的书院时代，形成于自身多年的书院生活与实践；从育人目标到培养方式，从教学方法到学术精神，均对两宋及后代学术发展影响深远。

范仲淹受聘掌教应天府书院时，曾将自己的学术理念与教育思想，

[1] 王剑敏．古代书院制的精髓及对我国现代高等教育的启示［J］．扬州大学学报（高教研究版），2014（6）．

融入应天府书院的教育制度建设与教学实践活动中，他在《南京书院题名记》中阐述了自己的书院教育理念和办学思想：

经以明道，若太阳之御六合焉；文以通理，若四时之妙万物焉。……至于通《易》之神明，得《诗》之风化，洞《春秋》褒贬之法，达《礼》《乐》制作之情，善言二帝三王之书，博涉九流百家之说者，盖氏有人焉。若夫廊庙其器，有忧天下之心，进可为卿大夫者，天人其学，能乐古人之道，退可为乡先生者，亦不无矣。

在这篇重要的历史文献中，范仲淹结合记载应天府书院的创建过程，表达了“复兴儒学”的办学追求，主张“经以明道”“文以通理”的“天人之学”，倡导回归儒家经典的义理，提出要培养既有“忧天下之心”的人格情怀，又有“治国平天下”才能的“卿大夫者”。这可视为范仲淹书院教育的人才培养目标，至今仍有借鉴意义。范仲淹在应天府书院的育人实践，使得应天府书院成为宋代最早的学术基地与人才培养高地，推进了北宋书院的发展与完善，可见其书院育人思想影响之深远。

（二）以“明体达用”行“经世济用”的“分斋治学”

范仲淹在《上执政书》中说人才培养与选拔要“先策论以观其大要，次诗赋以观其全才。以大要定其留，以全才升其等级”，主张以“经世济用”而培养“辅成王道”之人，“经济之才”“文武兼备”的将帅、医务人才等。他在苏州奏请成立郡学后，延聘“宋初三先生”之一的胡瑗担任首席教授，为倡明教化，奖掖英才，“使诚明者达，昏愚者励，而顽傲者革”，制定了“科条纤悉具备”的新型教法。

该法主张“明体达用”，实行“以类群居，相与讲习”，分“经义”“治事”二斋教学。经义斋研学经学基本理论，属“明体”之学；治事斋主攻农田、水利、军事、天文、历算等实学知识，属“达用”之学。在治事斋中，一人各治一事，又兼摄一事，此为世界教育史上最早的分科教学和学科的必修及选修制度。

范仲淹当政兴学，取此法“著书令于太学”，受到当时士大夫的普遍赞誉，后被朝廷以“苏湖教法”推广全国。尽管“分斋治学”的创新实践是在官学，然宋初官学与书院融通互鉴，因而实为官学与书院优势互补的创新之举。“分斋治学”是范仲淹教育革新思想的重要体现，更是范仲淹书院教育思想的具体实践。

（三）以“庠序之会”创“聚学为海”的“书院精神”

范仲淹在掌教应天府书院期间，经常组织“庠序之会”，聘请学有专长的学者名流开设学术讲演。据《范文正公尺牍卷下·与睢阳戚寺丞》载：

某再拜寺丞：久阙致诚，颇多渴义。庠序之会，渐有伦次。见讲《春秋》，听众四十人，试会亦仅三十人矣。公之志也，敢不恭乎？

从“庠序之会，渐有伦次”来看，延聘名流学术讲演在当时的应天府书院已是日常惯例性做法，这一方面说明学术研究与交流在书院之中已蔚然成风，另一方面也表明学术会讲作为书院的一种制度已基本成形。

又《宋史·范仲淹传》载：

仲淹泛通《六经》，长于《易》，学者多从质问，为执经讲解，亡所倦……每感激论天下事，奋不顾身，一时士大夫矫厉尚风节，自仲淹倡之。

可见质问讲学精神在书院的盛行，离不开范仲淹的躬亲示范与精神引领。

在范仲淹的倡导下，师生之间如师如友，“聚学为海”，讲经以明道，咏文以通理，以至诚求仁义之道，各种观点互相碰撞，又激发出新的观点。由此渐成“通《易》之神明，得《诗》之风化，洞《春秋》褒贬之法，达《礼》《乐》制作之情，善言二帝三王之书，博涉九流百家之说者，盖氏有人焉”的书院气象，并影响、润泽了“宋初三先生”（胡瑗、孙复、石介）、“盱江学派”李觏、“关学”张载等学术大家。

此外，王剑敏老师也在其《古代书院制的精髓及对我国现代高等教育的启示》一文中提出，古代书院制的思想特征还包括：培养完人的教育理念、以生为本的教学模式、开门办学的讲会制度、精简民主的管理模式和平等和谐的师生关系。可以说，“传道而济斯民”是古代书院的办学宗旨，自主研读和讲演辩论是古代书院的主要教学方式，讲会制度，鼓励师生之间交流切磋、学术研讨，呈现出一派“百花齐放、百家争鸣”的景象。

二、现代书院制的思想观照

（一）人的全面发展学说

我国的教育指导思想是马克思主义关于人的全面发展的理论，这一理论广泛吸收古代和近代欧洲教育思想。全人教育则是美国 20 世纪 60 年代末 70 年代初形成的一种教育思潮，它吸收了人文主义、存在主义和人本主义等教育思想，“试图以生态视野、全球视野和生命意识重新检视科学技术给人类带来的影响，反思科学技术对世界祛魅之后给人类精神生活带来的冲击与挤压”[1]。

全人教育的最早理论来源，是古希腊的“和谐教育”和中国儒家的“君子”教育，代表人物为亚里士多德和孔子。亚里士多德从朴素的思辨角度出发，没有因为植物、动物在生物层面上的低等而完全贬损它们的灵魂，而是认为它们具有发展的倾向，其实现依赖教育。亚里士多德解构个体并发展出普遍性理念的分析方法，影响了西方的思维方式，其教育观念也塑造了欧洲古典教育的原型。在东方，以孔子为代表的儒家思想，并不是用分析的方法拆解人类本质，而是用综合的方法描述素养，强调“义理”等整合性概念。而在教育手段与方法上，儒家教育提倡的“六艺”（礼、乐、射、御、书、数）则是并行式培养方案的典型。亚里士多德与孔子，两人都切实解决了什么是“全人”，以及什么是“全面发展”。前者诠释了人的全面，后者诠释了教育方式的全面。

但这种古典教育取向随着人类历史的演进，开始被疏离。全人教育是在近代社会向现代社会过渡时期提出的，是工业革命以后生产力飞速发展及随之而来的社会形态变更的背景下诞生的。这导致人类的教育认知发生偏移，从对灵魂、君子等综合概念的崇拜，变成对纯理性、科技与生产力的精细化取向。换言之，人被当成生产工具教育，而这种理念教育出的人势必是被异化的、有缺憾的。工业化时代以完全生产力为导向的教育价值取向，抹杀了人类的自然性与个性需求。全人教育正是对于“人到底需要什么”的深刻反思，重点在于全面发展，拒绝完全科技价值取向、生产力导向。全人教育落脚点在于人性追求，出发点与终极目标都是完善的人。

卢梭作为反对这种趋势的先驱，在其自然主义教育著作《爱弥儿》中，指出应当尊重儿童天性，“而不是用成人的想法代替儿童，不应用成人的标准审视和要求儿童”。卢梭对天性的主张，被后来者继承和发

---

[1] 谢安邦，张东海．全人教育的缘起与思想理路［J］．全球教育展望，2007（11）．

展，而这也是近代“全人教育”的主要理论基础。以帕克为代表的进步主义教育不仅强调以儿童为中心的学生观和以生活为内容的课程观，而且切实提出了各种教学制度的尝试措施；而以马斯洛、罗杰斯等心理学家为代表的人本主义，则从教育心理学的科学分析角度，论证了“全面发展”教育的必要性与正确性。将“全人教育”整合成理论的日本教育家小原国芳强调，全人教育更加注重人的内在培育，并且突出一种普遍性的人文关怀，即对于生命本身的敬畏与尊重，进而认清社会中自我的角色，学会关心其他社会成员，懂得体谅、关心、博爱。

我国当前教育强调核心素养、高素质人才，指导思想是马克思主义关于人的全面发展的学说。从全人教育到这一学说，本质都是“全面”，是在不偏重任何一方的前提下，从技术理性向人文关怀的回归。但后者更切合实际，也更适合作为书院制建设的指导思想，一大原因是它根植在辩证唯物主义哲学之下。从上述全人教育的历程可以发现，其主张与口号相对空泛，并且很明显带有宗教的普世性内涵。这种唯心主义的理想值得参考，但是其本身无法作为纲领指导书院制的实际建设。马克思、恩格斯关于人的全面发展学说，主要是指生产劳动同智育和体育的结合。[1] 其伟大之处在于，把西方对于人本质的解构，和教育方式有机结合起来，提供了切实的解决方案，即将“全面”一一对应。此外，马克思主义哲学强调世界是发展变化的，因此其关于人的全面发展理论，不是信条，而是一个具有高度灵活性与指导性的范式。它强调，人本身是动态发展的，教育也必须结合实际经验，发挥人的主观能动作用。故这种教育思想才能在我国经久不衰，持续扎根。在书院制建设的政策制定与措施落实上，必须坚持马克思主义关于人的全面发展的学说这一正确方向。

“培养什么样的人”是教育绕不开的一个话题。习近平总书记在全国教育大会上指出，“我国是中国共产党领导的社会主义国家，这就决定了我们的教育必须把培养社会主义建设者和接班人作为根本任务”，“新时代新形势，改革开放和社会主义现代化建设、促进人的全面发展和社会全面进步对教育和学习提出了新的更高的要求”。这明确了教育

[1] 谢安邦，张东海．全人教育的缘起与思想理路［J］．全球教育展望，2007(11)．

工作的根本方向，同时也为新时代教育现代化建设指明了方向。

我国高校采取的书院制是在我国高等教育管理体制改革的背景下产生的，是对人才培养体制改革，即解决好培养什么人、怎样培养人的重大问题上所做出的探索与尝试。书院制的理论基础之一，在于让学生接受通识教育，成为既具有专业科学文化知识，又具有广博人文素养的高素质人才。现代大学书院制的优越性在于它的住宿管理打破了传统大学的专业划分系统，通过拓宽课程涉及领域，加深学科交叉与融合，给学生带来更加全面的教育。这反映了我国21世纪以来，对于综合素养的关切。

（二）“以学生为中心”的理念

1952年，著名心理学家罗杰斯在哈佛大学的一个学术研讨会上首次提出“以学生为中心”的教育理念。[1]“以学生为中心”的理论来源之一，是建构主义（constructivism）。建构主义强调学生学习的主动性（表现为对知识的主动探索和发现），同时也认同教师引导、文化环境等外在因素对学生发展的影响。[2] 建构主义方法要求学习者们积极地对知识进行自发的构建，而不是被动地接受教师和课本传递给他们的信息。[3] 这阐明了学习者与学习内容的关系，即教师只能起到辅助理解和提供原材料的作用；学习者能够自发地了解并建构体系，才是关键。

建构主义从教学内容的微观角度陈述了学生中心的意义，而以罗杰斯为代表的人本主义学习理论则从宏观角度，解释了学生主体强化的必要性。人本主义学习理论以人本主义心理学为基底，而后者的主要理论是“自我实现论”，认为凡是有机体都有一种内在倾向——以有助于维持和增强机体的方式，发展自身的潜能。换言之，学习者的主体地位得到空前强化，关注点在于学生的个体实现，而不是教育的社会目的或者学校的发展。

---

［1］ ROGERS P，KAISER G. Equity in mathematics education：influences of feminism and culture［M］. London：Routledge，1995：175-185.

［2］ JONASSEN D H. Objectivism versus constructivism：do we need a new philosophical paradigm?［J］. Educational technology research and development，1991，39（3）.

［3］ STAGE F K，MULLER P A，KINZIE J，et al. Creating learner centered classrooms：what does learning theory have to say?［M］. Washington d. c.：ERIC Clearinghouse on Higher Education and the Association for the Study of Higher Education，1998.

需要注意的是，在今日教育学与其他学科交叉愈发显著的时代背景下，“以学生为中心”已经超出教学方法转变，而是扩展到服务、管理观念的转变。因此，在研究书院制建设的宏观层面，也有必要讨论这一原则。以学生为中心，即满足教育目的的同时也满足学生的需要。这两个方面并非完全对立，一个重要的平衡点就是，学生要成为一个终身学习者；学生要学会的不只是知识，更是技能与素养（competence）。这决定了“学习力”，而其正是考量学生中心原则的核心要义。学习者在学习过程中的目的、期望、需要、已知及未知等都属于学习力的范畴，学习力应当包括学生的学习动力及学习能力两部分。

“以学生为中心”理念体现了人本主义心理学的原理和辩证唯物主义的基本思想，符合教育学的基本规律，对于高等教育的改革实践具有一定的指导意义。这一观点强调了学生自主能动性的关键作用。但是这种个人主义过强的价值导向，也存在着致命缺点。马斯洛等人的心理学依据，实际上来源于现象观察与经验总结，过分强调人的主观意识活动而轻视外在的影响。这导致纯粹的人本主义学习理论不可避免地成为一种口号与原则，而不是一种可以套用的范式。此外，以学生为中心，不代表教师的边缘化。如果把学习过程简单认定为学生的接受与潜能发展，则是只见树木不见森林，把教师提供原材料、运用教学法、帮助与指引的角色完全淡化。

因此，人本主义学习理论对于“以学生为中心”原则既有强调主体、发现潜能的积极意义，也警示书院不是要给教师端减少权重，而是要转变对立的思维模式，让教师作为指导者，成为观察、保护、启发的伙伴。这也就是“以学生为中心”在书院制建设语境下，指向导师制建设的理论缘由。中小学阶段教师的考核相对严格，教师在教学方法上受过系统严格的训练，基本素养有资质保证。但高校（尤其是大学）教师的教学能力往往受到忽略，在聘任制合同关系的影响下，校方对于科研成果的重视甚至超过教学。这导致了一些本来就缺乏自主性的学生在进入高校宽松、自由的环境后，缺乏指引与训练，无法充分利用学校资源与各种课程设置。这是顶层设计没有考虑到实际实施情况而产生的矛盾。在书院制建设过程中，通识教育、多样课程的原则能否得到贯彻，关键在于是否以学生为中心。

加强校园建设，要求营造一个学生积极参与的、将学术化和社会化融于一体的教育环境。这需要有更为充分的环境支持，如图书馆丰富的资源、学生讨论和社会实践的场所、无线网络的全面覆盖等。优化各种师生学习研究的硬件资源配置，完善学校的支持环境，是“以学生为中心”得以顺利实施的条件保障。[1]

另一个创设教育支持环境的意义，在于学习者的动机促进。如果学生失去自主性，或者拘泥于教师中心的传统教学模式，无法明确自己该如何获取并建构自己的素养体系，那么这些外部的资源建设收效甚微。因此，“以学生为中心”的教育支持环境建设还需要唤起学生的主观能动性，让学生明白自己在学习过程中应当进行怎样的活动。

在环境建设中，尤其要避免从学生中心走向“学生孤岛”的极端倾向。学生是书院服务的中心，但不是唯一的主体。过分强调个体的建构与发展，可能会导致学生出现过度个人主义、自由散漫、责任感缺失等不良后果。故教学环境创设，要在宏观上把学生作为整体看待，然后再考虑个体的个性。例如，通过学生交互、督导分享等形式，把学生与学生，学生与书院紧密联系起来。针对感到孤立的学生，帮助他们开展各种活动，以打破藩篱，促进他们反思。

第三节　书院制与核心素养培育

一、核心素养的定义

（一）素养

从英文词源学的角度来讲，“素养”是“competence”，“petence”指能力或技能，前缀“com”表示共同、一起，因而“素养”可以定义为综合的能力或技能。而百科全书、心理学辞典中将“素质”（predisposition）一词界定为人生来具有的某些生理解剖特点。可见，“素质”是天生的，是不能改变、不可教的。二者的不同之处在于：“素质”是静止的、与生俱来的，而“素养”是过程性的、动态性的。[2]

---

［1］朱欣．“以学生为中心”教育理念的历史审视与价值定向［J］．现代教育管理，2012（4）．

［2］柳夕浪．从“素质”到“核心素养”：关于“培养什么样的人”的进一步追问［J］．教育科学研究，2014（3）．

（二）核心素养

核心素养指学生在接受相应学段教育的过程中逐步形成的适应个人终身发展与社会发展的人格品质与关键能力。它突出强调个人修养、社会关爱、家国情怀，更加注重自主发展、合作参与、创新实践。核心素养的界定从全面发展人的角度出发，解决了“培养什么样的人”的教育问题。核心素养旨在促成学生发展为更健全的个体，使学生更好地适应未来生活的发展变化。[1]

核心素养是人在发展过程中形成的众多普遍素养和共同素养中最基础、最关键、最核心、最必要的素养。核心素养是知识、技能、态度、情感、价值观的综合表现，指导我们解决问题、合作探索、批判继承、自我管理、人际交往，同时又引导我们形成获取知识的能力。核心素养的获得是后天的，是可以通过学校教育养成的，因而是可教可学的。核心素养除了可教可学之外，还是不断成长与改变的，而且可因学习经验、教学指导而发展，各项核心素养的培育均是一段终身学习与发展的历程。[2]

二、书院制与核心素养培育的联系

习近平总书记在十九大报告中指出，“当前要大力提高国民素质”，就是要解决使人的素质的发展走向平衡的问题。《教育部关于全面深化课程改革，落实立德树人根本任务的意见》提出了要把学生的核心素养和学业质量要求落实到学科教学中去，并要求研究制定学生发展核心素养体系和学业质量标准，修订课程方案和课程标准。可见，新时代更要求培养德智体美劳全面发展的人才，这样的人才具有社会需要的核心素养。而书院制在全人教育与复合人才培育方面发挥着重要的作用。

（一）育人理念：全人教育

在学生培养理念上，书院全方位的人才培养理念与核心素养的人才培养目标相一致。全方位育人理念是书院制的核心。在人才培养上，书院制将学生管理从院系分离，让学生具有书院成员、学院学生的双重身

[1] 于洋．中小学学生的核心素养培育与体系建构［J］．内蒙古师范大学学报（教育科学版），2016（12）．

[2] 蔡清田．课程发展与设计的关键 DNA：核心素养［M］．台北：五南图书出版股份有限公司，2012：9-177.

份。学院层面，开设为数众多的通识教育选修课程为学生提供正规课程教育，培养学生学术视野和智性关怀；书院层面，开办少量学科和举办大量第二课堂活动，在心智上对学生进行熏陶。核心素养的培养实质就是注重学生全方位发展，将学生作为天然的主体和中心，注重实现学生学术融合和社会融合的统一，这与书院全人教育的出发点和目的是一致的。

（二）培养内容：复合能力

书院制培养内容涵盖了社会普适能力、创新创业能力等不同能力，充分体现了复合能力培养的优势。无论是学习能力、执行能力，还是交往能力、团队能力、创新能力，又或者是外语能力、计算机应用能力，都是核心素养复合能力培养的范畴，书院制对学生核心素养训练完整地涵盖了学生人文素质、品德素质、审美素质等不同模块的内容。总之，书院为学生提供社会通用能力、综合素质等多种形式的教育，满足学生复合能力培养的需求。

（三）培养方法：跨界交融

书院制突破了传统以学院为单位的单一教育管理组织形式，致力于探索建立跨院系、跨学科、跨专业交叉培养复合型人才的新机制，促进人才培养由学科专业单一型向多学科融合型转变。同时，书院制育人更加注重个性化培养，注重学生层次与差异性，尊重学生个体差异和选择权，更加注重发挥学生的主体性、积极性和首创性。在书院中，学生不再被单纯作为受教育者和管理对象，而是主动地参与自我教育、自我管理、自我服务，每个学生均有机会在书院中根据不同天赋、不同需要、不同目的实现共同成长，有利于核心素养的提升与接受书院的熏陶。[1]

【本章主要参考文献】

［1］李翠芳，朱迎玲. 现代高校书院制建设及原因追溯［J］. 煤炭高等教育，2009（3）.

［2］李曼丽，汪永铨. 关于“通识教育”概念内涵的讨论［J］. 清华大学教育研究，1999（1）.

［1］李小元，陈洁标. 书院制职业素养教育功能及其实现路径：以深圳职业技术学院信达雅书院为例［J］. 湖北工业职业技术学院学报，2017（5）.

［3］薛变玲，景南，张楠. 推进我校住宿书院制建设　促进当代大学生成长成才［J］. 西北医学教育，2011（4）.

［4］王剑敏. 古代书院制的精髓及对我国现代高等教育的启示［J］. 扬州大学学报（高教研究版），2014（6）.

［5］谢安邦，张东海. 全人教育的缘起与思想理路［J］. 全球教育展望，2007（11）.

［6］ROGERS P，KAISER G. Equity in mathematics education：influences of feminism and culture［M］. London：Routledge，1995.

［7］JONASSEN D H. Objectivism versus constructivism：do we need a new philosophical paradigm?［J］. Educational technology research and development，1991，39（3）.

［8］STAGE F K，MULLER P A，KINZIE J，et al. Creating learner centered classrooms：what does learning theory have to say?［M］. Washington d. c.：ERIC Clearinghouse on Higher Education and the Association for the Study of Higher Education，1998.

［9］朱欣. "以学生为中心"教育理念的历史审视与价值定向［J］. 现代教育管理，2012（4）.

［10］柳夕浪. 从"素质"到"核心素养"：关于"培养什么样的人"的进一步追问［J］. 教育科学研究，2014（3）.

［11］于洋. 中小学学生的核心素养培育与体系建构［J］. 内蒙古师范大学学报（教育科学版），2016（12）.

［12］蔡清田. 课程发展与设计的关键DNA：核心素养［M］. 台湾：五南图书出版股份有限公司，2012.

［13］李小元，陈洁标. 书院制职业素养教育功能及其实现路径：以深圳职业技术学院信达雅书院为例［J］. 湖北工业职业技术学院学报，2017（30）.

第三章　书院制育人模式的实践研究综述

第一节　书院制育人模式的实施原则

书院制育人模式在实施时主要遵循三个原则：一是全员育人，教育面向全体学生；二是全方位育人，教育内容涉及学生学习生活的方方面面；三是全过程育人，教育过程贯穿学生学习的始终。

一、全员育人

书院的教育面向全体学生，关注个性差异。首先，书院是一个小集体，配套设施齐全完善，学习生活资源相对充沛，学生都能在书院中享受到便利的生活。其次，书院定期开展多种集体活动。通过活动中师生的交流、朋辈的交流增进书院师生的感情和集体精神。最后，书院关注学生自身的特点，鼓励学生的个性发展。学生可以自主选择入住适合的书院，自主安排书院的生活，如果在学习和发展中遇到问题，能得到书院导师的差异化辅导。

二、全方位育人

书院将生活学习区集中，为学生创造生活学习的一体化环境，使宿舍的育人功能得到凸显，书院为学生营造全方位的学习、生活及交流氛围。同时，书院也为师生课外互动创建了全方位的固定交流平台。

三、全过程育人

首先，从入住书院开始，学生就开始接受导师的常态化指导，导师对于学生生活的教育和影响是连续的。其次，书院的通识教育课程涵盖了针对新生的适应性课程和针对毕业生的就业创业课程，实行不间断的课程指导。再次，书院不仅在每学期组织各种文化、娱乐、体育、社交等通识教育活动，还在寒暑假期间开展类型丰富的文化交流计划、社会实践等。因此，书院的教育贯穿了学生校园生活的始终，是一种全过程的教育。

四、自组织成长

书院教学一般以学生自学为主，书院的山长和教师的讲授一般一个月只有固定的几次，大多数时间是靠学生自己来完成功课和进修学业的。然而这绝不是放任自流，书院会聘请学识渊博的名师硕儒负责讲学和对学生的学习加以指导，这些老师均以指导学生自行读书、帮助学生提高读书自学的效果为要务。学生在书院环境与书院机制中，以自组织的形式，自学或互学。同时，书院力图以严格缜密的考核制度及奖罚并用的勉励方式，来激励和鞭策学生完善自学研修行为和习惯，借助老师的指授，有计划、有次序、有方法地读书治学，并且逐步检点自己的不足，以保证自学研修的效果。

第二节　书院制育人模式的实施路径

学生的全面发展是学校育人的目标，书院制育人模式为培养通识人才提供必要保障。就像教育发展状况从教育体系、教育活动、教育制度等三个维度来描述，书院制育人模式的实施路径，也同样可以从三个方面来展开，依次分别为结构路径、技术路径、制度路径。

一、结构路径

教育结构即教育体系的结构，是指一个国家或者一个区域中各级各类及各种形式的教育相互联系、相互衔接而构成的整体。改革开放以来，我国的教育体系建设取得了重要成就，教育规模显著扩大，教育机会大大增加，九年制义务教育、高中阶段教育得到基本普及，职业教育获得大发展，高等教育走向大众化等，已建起一个世界上规模最大的教育体系。但是，我国教育体系建设也存在一些问题，需要进行结构的调整。这些问题表现在：我国的教育体系在教育层次上，偏重学历升级，轻视全面发展；在教育类别上，偏重普通教育，轻视职业教育；在教育形式上，偏重正规教育，轻视非正规教育；在评价标准和学力证明上，偏重正规学历，轻视职业资格证书。我国的教育体系在层次、类别、专业结构上不能很好地满足学习者终身学习的需求，不能满足新型工业化和知识经济对人才的数量和质量的需求。[1]

---

［1］ 褚宏启．中国教育发展方式的转变：路径选择与内生发展［J］．华东师范大学学报（教育科学版），2018（1）．

书院制的育人模式应该针对上面提出的问题，优化教育结构：

第一，重视学生的全面发展。促进学生全面发展，不仅是实施全面素质教育的本质要求，也是书院制育人模式的着眼点，书院制育人模式应该合理设置教育课程，优化课堂教学，全面发展学生能力，培养学生的全面素质。

第二，加强对学生的技能培养。书院制育人模式应该以培养人才为核心，突出对学生职业能力和专业技能的培养，以培养高端技术技能型人才为目标。

第三，加强学生自我教育。学校应给予学生选择的自由和探索的空间，让学生成为自我管理、自我教育的主体。书院制育人模式要确立学生在大学治理中的主体地位，为学生实现自我管理、自我教育和自我发展提供空间平台和制度保障。

二、技术路径

如果说书院制育人模式的结构路径主要关注教育体系所要培养的人才类别、规格、层次、专业及其结构比例关系，具体回答教育体系“培养什么类型的人”的问题，那么，书院制育人模式的技术路径则主要关注微观的、直接的培养过程，具体回答教育活动“怎样培养人”的问题，力图通过教育过程的变革，引发教育结果的改变，提高教育质量。

教育最核心的环节是教学，人的培养过程的核心是教学过程，教学是最能体现教育的技术性、专业性的活动。因此，书院制育人模式应该从下面两个方面提高教育质量：

第一，根据升级后的教育目标调整课程内容结构，课程内容要与教育目标精准对接；要根据升级后的教育目标要求，优化各级各类教育的课程体系和专业设置，深化课程改革，提高课程与培养目标的契合度；突出课程重点，提高涉及核心素养的课程的比重，解决课程内容繁杂且重点不突出、与核心素养关联不密切的问题，加强对学生核心素养的培育。

第二，根据升级后的教育目标调整教师的教学方式与学生的学习方式，教学方式、学习方式要与教育目标精准对接。教学方式与学习方式也是为落实教育目标服务的。书院制育人模式倡导启发式、探究式、讨论式、参与式教学，激发学生的好奇心，培养学生的兴趣爱好，营造独立思考、自由探索、勇于创新的良好环境，让学生学会发现学习、合作学习、自主学习。教学方式中的启发式、探究式教学，主要对应的是创新能力的培养；讨论式、参与式教学，主要对应的是合作能力的培养。而学习方式中的发现学习直接对应创新能力的发展，合作学习直接对应合作能力的培养。上述教学方式与学习方式，是任何学科的教学都需要采纳的，是跨学科的，具有更强的普适性。

教育目标的落实、核心素养的培育，只通过课程内容的调整是不够的，还需落实到教学方式与学习方式的每一个细节中，落实到每一节课、教师与学生的每一次交流中，这才算真正落实到位。

三、制度路径

书院制育人模式的制度路径是指通过教育制度创新，为教育目标落实、为教育结构调整、为教学模式改革提供制度保障，为"培养所需要的人"，为"正确地培养人"保驾护航。

书院制育人模式的制度路径就是指转变教育管理方式，主要体现在以下三个方面：

第一，在学生管理制度上，书院是学生生活及各项校园活动的中心和平台。书院的管理架构自然建立在学生住宿管理的基础之上，并为体现"全人教育"理念，保证通识课程和书院活动开展，设置了相应的组织机构。[1]

第二，通过健全激励制度，尤其是考试制度与教育评价制度，为教育发展提供动力，形成正确的教育目标的导向。这些主体之间的共同责任和要求是，不能单纯以成绩分数作为衡量的唯一指标，而应该全面衡量教育结果，把学生发展的其他维度如创新能力、实践能力、学习能力、思想品德、心理健康、身体健康等也纳入评价指标中。

第三，书院制度，必须解决好体制设计和制度安排问题。从体制上，书院要与学校的学生管理体制相协调，具有学生管理的性质，并把思想政治教育贯穿其中。应与党委学生工作部门、学生管理部门、团委及学生会等组织协同有序。在职能上，既要有对学生思想教育、行为规范等方面的管理与评价职能，更应该具有教育、服务等职能，实现博雅

［1］ 耿健，杨滨旭，孙凯明．浅析书院制建设的实施路径［J］．神州．2016（6）．

教育、通识教育、养成教育的目标。书院管理机构必须有行政和教育的双重性质。

第三节　书院制育人模式的实施策略

一、通专结合的人才培养学习共同体

书院作为教育平台，其教育内容可以划分为两种：通识教育与专业教育。前者的实现并不困难，因为书院制的组织架构本身就是不同于专业学院的。书院在社群内开展文体活动，增设活动空间，都可以视作通识教育的一部分。然而，如何在保证通识教育质量的同时，确保学生的专业教育得到有效开展，避免出现泛化而无专精的情况，这值得思考。此处可以学习复旦大学的案例。

复旦大学是国内探索书院制的先锋者之一。从 2005 年起，新生入学后被全覆盖地分到各个书院。当时的书院，实际上是新生书院，在那里开展为期一年的通识教育。第一年学生的所有管理都在书院，当通识教育完成后，才转到专业院系。2012 年以后，复旦大学成立本科生院，把以前的新生书院与教学管理部门打通，根据文、理科学生的特点及不同学科属性，合理、有序地进行课程设置。

复旦大学的一年制书院带有实验色彩，目的是让学生在树立大学认知的第一年里，接受足够的综合教育。但综合教育的比例仍然大大低于专业教育。而后设置的本科生院虽然打通了新生书院与教学管理部门，但通识教育的着力点，仍然局限在课程设置上。换言之，通识教育仅仅是课堂内容，没有较连贯地延伸到课外。

针对这一状况，复旦大学提出了书院制的核心使命“立德修身”。具体有四个定位：一是学生全面发展的第二课堂；二是文化育人的生活园区；三是师生共享的公共空间；四是学生自我管理的教育平台。以第二课堂为例，老师可以通过书院研讨课、讲座等方式接触到各个学科的学生，把专业知识、专家学者介绍给他们，鼓励他们开展实践活动。另外，书院还是一个多学科学生集合的平台，为知识体系完全不同的文、理科学生创造了优势互补的契机。这种方法很好地弥补了通识教育走不出教室的弊端，让生活空间变成学习场所，能够很好地鼓励学生在课余

展开跨专业、跨年级交流。

由此，通识教育贯穿了本科教育全过程。可以说，书院促进了通识教育与专业教育的互动双赢，书院制则有利于推动构建现代大学全员全过程的育人体系。

二、住宿学院与课程教育的学习共同体

住宿学院制度是书院制的重要理论来源，也是书院“社区”环境营造和课外通识教育的制度保证。虽然我国大多数高校也实行集中住宿制度，但是其与住宿学院制有本质区别：集中住宿制度仅出于管理方便考虑，把学生的住宿与生活空间外包给后勤集团，与专业学院出现割裂。后勤集团不承担素养教育的责任，因而工作重心在内务整理、安全检查上，起不到通识教育的作用。这也是目前我国多数高校学生综合素养不够坚实广博的原因：即使开设综合素养课程，所有教学内容也局限于课堂内部。学生课后的文体活动通过社团等途径进行，缺乏比肩专业课的系统性。

书院制的基础之一，住宿学院制，则是把学生的住宿与宿舍环境组织成一个新的教育单位，打破专业与年级界限，但又与专业学院密切相关。学生在这一制度中，实际拥有专业学生与书院成员的双重身份，二者相互区别又相互联系。不同的专业学院会委派导师来利用宿舍社区开展文体活动、主题讲座、文化节等通识教育活动，使学生住宿区的功能比集中住宿制更加丰富。如学生事务专家米勒对学生住宿提出了三个目标：第一，为学生提供身体休息的地方，即一个比教室和图书馆更加舒适的地方，以供学生吃饭、睡觉；第二，为学生提供学术交流的场所；第三，通过宿舍管理人员帮助学生纠正行为，提高学生个人修养。另外，她认为住宿可以提高学生公共交往的能力。[1]

住宿学院作为专业学院课堂的课外延伸，便无法与课堂教育进行彻底分割。书院制在宿舍社区的组织机构、活动设施、活动开展上均密切联系第一课堂（学生专业院系的课堂），把书院变成第二课堂。在组织上，书院应当有山长、生活导师，提供长时间、个性化的指引教导；设

[1] 黄厚明．书院制与住宿学院制高校学生管理模式比较研究［J］．高等工程教育研究，2010（3）．

施上，设立宿舍区内的书房、自习室、研讨室，创造条件开展教育活动，让宿舍从功能上超越“睡觉休息的场所”；在活动设置上，由于管理人员从单纯后勤人员（以中老年人居多）变成受过专业培训的人，因而能够开展多样的文体活动、文化节、竞赛，类似中国古代书院的辩论研讨等。例如西安交通大学书院制通过建立严格的校园生活制度、建设温馨活跃的校园生活氛围、开展科学的领导力培养计划，对学生实施军训、新生入学教育、大学生活导航、学业规划、学习辅导、习惯养成、公民素养与礼仪培养、综合素质拓展、心理辅导与困难援助等一整套育人计划。[1]

三、构建现代中国书院师生共同体

书院制将学生与教师紧密结合，为他们提供了学术交流、生活指导、未来规划的平台。其根本原因在于，现代的导师制能够将师生紧密结合，形成良好的师生关系。这从制度上弱化了近代以来班级授课制个性缺乏的问题，赋予了学生更深入、全面了解专业前辈的机会。

虽然导师制本身起源于西方，但我国古代书院的师徒制度也为现代学校的书院制提供了理论基础与可行性论证。古代书院设“山长”，是学院的主要讲学者，亦可以视作一个书院的学术精神旗帜。山长本身并不过多参与书院的行政管理工作（属于院长的职责），但山长在学术思想、教育理念上起重要作用。我国古代的四大书院皆为知名学者创建，导致这些山长自身也是书院学生的个人导师。山长除对学生进行专业指导和学术指引以外，还会在不同书院之间往来，进行讲座、交流、辩论等促进学生综合素养的学术活动。这种中心学者引领书院，并与其他书院友好往来的中国学术与教育传统，在现代书院制当中也应当得到传承与发扬。

在书院制试验田如雨后春笋的今日，已经有书院联盟成立。2018年，在华东师范大学孟宪承书院的积极倡议和推进下，来自苏浙沪三省市的十家书院共同发起成立“长三角地区高校书院联盟”，包括复旦大学、华东师范大学、上海科技大学、华东政法大学、苏州大学、南京审

[1] 柯昌万. 西安交大：书院成为本科生教育的“第二课堂”[N]. 中国教育报，2007-10-30.

计大学、江苏师范大学、苏州科技大学、绍兴文理学院、温州大学等十所高校。书院之间交流经验，共同组织社会活动与学生竞赛，推动现代书院制走向成熟。

因此，书院的制度设置能够激发中国传统师徒关系中导师的自主能动性，也顾及了欧洲近代导师制度中学生的自由选择权和求知的热情。因此，书院制是构建现代师生共同体的理想体制。

四、数字平台与个性课程的学习共同体

数字化时代的到来，为现代学习者提供了更为丰富多元的学习渠道，学习方法个性化的诉求越来越鲜明。融合数字化网络优势的“现代书院制”，更加注重运用数字网络整合课程内容与学习资源，通过灵活多样的育人渠道培养具有创新意识的精英人才。

数字化学习环境具有传统课堂所不及的优势，学生具备更强的数字化学习技能，就会有获得更广泛地参与协作学习的机会。例如允许学生携带自己的移动设备参与学习，可随时随地通过网络与老师、同学进行信息沟通或小组学习。数字化媒体设备丰富了学生的个性化学习方法：设计个人选题探究学习方案，整理个性化课程学习笔记，记录薄弱学科典型错题集，分享课外阅读心得体会，编辑个人优秀作文电子书，制作唐诗宋词音乐课本剧，做课外小发明成果演示，分析个人学业发展数据，开展数字化渗透选修学习研究等。

拥有千年府学渊源、百年新学传统的苏州中学，在原有紫阳学院的基础上增建了道山书院、春雨书院、碧霞书院等，积极探索数字化时代的现代书院制学习课程。匡亚明实验班，与南京大学的“三三制”本科教学改革有机对接，采用“辅导员+双导师制”，实施 ABC 三类课程，建立“双城记”网上指导系统，注重兴趣、思想、创新的价值观取向，致力于观念革命、课程革命、学习革命、评价革命，通过南大讲堂和纳米、机器人、设计控制与航模、电子、量子等多元自主课程，培养学生的科学素养和个性化创新意识。卓越课程班，引进美国维克森大学的卓越课程，依托量子馆开发量子科技课程，邀约南加州学院、爱特精英和新东方三家社会培训机构网络加盟，借助工程坊将青少年科技教育体系化，包括 3D 打印、机器制造、纺织工程、汽车工程、木工金工、航模等八项课程，均以选修课的形式向全校推出，鼓励学生根据自己的兴趣

爱好自由选择学习内容，尽最大可能彰显现代书院制下学生课程规划与学习内容的数字化与个性化。

为探索现代书院制下的数字云学习渠道，苏州中学基于学生个性成长与终身发展，精心打造“未来教室”数字化交互学习平台。“极课大数据”学情分析系统通过图像识别、云计算、大数据分析等前沿技术，对学生作业错题和考试数据实现常态化采集、专业化分析、智能化管理，方便学生快速整理错题，高效完成学习任务。互联在线的极课教师平台与家长平台方便了彼此间的快捷沟通，促进了双方的共生发展。StarC 云端一体化学习平台，提供海量优质学习资源、智能学科辅助工具、在线学习社区及第三方服务等，让学生依托 StarC 教育云基础环境，自主开展个性化学习，必要时还可与教师、家长、同学在线沟通、释疑解难，实现了学习过程的网络化融合，学习渠道更多元、学习过程更有趣、学习方法更个性、学习效果更显著。

目前在苏州中学“现代书院制”的育人模式下，越来越多的学生习惯于借助微博、微信、QQ、慕课、智叟、知网及校内图书电子平台等，来完成自己个性化的学习任务。数字化时代的学习范式，也正在向包括在线学习、混合学习和协作学习的融合型多元平台转型。[1]

第四节　书院制育人模式的实践概述

在苏州中学近千年的办学历史中，最为突出的育人模式可以说就是书院制。近年来，苏州中学“书院制育人模式的实践探索”作为江苏省基础教育前瞻性改革实验项目和国家社会科学基金“十三五”规划教育课题，通过研究与实践，取得了阶段性成果。

学校通过传承苏州府学和紫阳书院时代“明体达用”“分斋治学”的育人方式，借鉴英式书院的优点，创新实施富有苏中特色的现代书院制育人模式，探索以“因材施教，以生为本，拔尖创新，立德树人”为旨归的苏中育人路径，践行“苏中之道”，提升办学品位。

一是重构了学校的校园空间，打造教学与生活空间相融合，以景育

［1］ 程振理．数字化时代书院制学习个性化的价值取向：以江苏省苏州中学书院制学习实践为例［J］．新课程研究，2017（3）．

人、以境育人，独具特征性的精神气质与文化底蕴的书院空间。如重构道山书院、春雨书院、碧霞书院、国际书院，分别着力培养学生的人文素养、科学精神、艺体特长和国际视野。

利用庙学一体的校园布局。改造了紫阳楼的公共空间，将泮池边南园小镇，连接道山亭、图书馆、尊经阁、府学碑廊，构建了道山书院场馆，名之曰“此是桃源”。优化升级了量子馆、梦工场、数理实验场馆，使之成为学生的“科创之家”。改造了三元楼、希文楼、休闲吧等多处场馆，进行适合交流的“社区感”的营造，使其成为师生、生生互动交流的公共空间。进一步建设和开发体育馆、来秀坊等功能场馆，还建设了“道梦空间——学生动心之家”，引导学生校园生活“活泼泼地”。

四大书院场馆的成功构建为书院育人提供了重要保障。道山书院的山长、新中国第一位文学博士南京大学莫砺锋教授提出践行德育为先的育人理念，将中国传统文化的精神贯彻到现代教育体系中去，对于书院来说，育人为目的，而育人的重要抓手就是课程。

二是构架以国家课程为核心，以基地课程为拓展，以云上课程为补充，以实践课程为深化的书院课程体系。

苏州中学书院课程的鲜明特色在于三个“基于”：一是基于富有挑战的深度课程；二是基于学术探究的兴趣课程；三是基于学科融合的灵气课程。如道山书院的课程体系，其中不乏学生喜闻乐见、云上秒抢的优质校本课程。大部分课程已由授课教师编写印制了校本教材。还开设了苏绣、拓碑、彩石、模型等园林系列研学课程。

道山书院除文史哲课程以外，还利用文庙、博物馆进行校馆共建，积极开设各类拓展课程。与聚焦中华优秀传统文化的校馆共建的各类学习活动，经常在文庙的四大宋碑处、在德善书院等各处场馆，有序开展着。

再如春雨书院的课程体系，基于国家课程，创设了数理方法、科学实验、STEAM 和学科竞赛等多个课程群。教师编写的校本教材多数已经正式出版，发挥对外辐射功能。

梦工场的 STEAM 系列课程，是小小未来发明家的科创舞台。植物工坊，让更多喜爱生物学的同学亲近自然，体验小小生命的成长过程。而湿地生态文化课程，根植于省教育厅批准的省级研究所，也是同学们的“湿地家园”。这种书院师生的学习样态，使学生的书院生活“活泼泼地”。

三是在书院组成校内外立体化的导师团队，实施导师制、学长制，对学生进行学业指导、生活辅导、心理疏导、职业导航和人生规划。

各书院所外聘山长和教授，均为在高校任教的苏中校友，如春雨书院的山长是空警 2000 预警机总设计师陆军院士等。切实以学生的差异性和自主性为基础，形成以情境浸润、问题研究、师生对话为主要形式的教，以学生自主学习、深入研究、主动发展为主要特点的学，充分发挥导师引领、学长示范、朋辈互助、教学相长的共生效应。

例如 2019 届毕业生凌心辽，开营式时被化学主教练徐惠老师挽着，他的表情似乎略带迷茫，闭幕式时凌心辽挽着徐惠老师，他的表情激动而兴奋。这是因为开营式时凌心辽腿伤未愈，因此他满怀忧虑。而后来获得金牌，感谢导师除了给予他学习上的指导外，还有精神上的鼓励和支持。

再如在 2020 年欧阳霄宇获国际物理奥林匹克竞赛金牌的时刻，苏中清北校友最强后援团和导师们亲临现场见证结果揭晓，来者除了有导师朱浩外，还有苏中 2018 届学生、第 19 届亚洲物理奥赛金牌得主刘金禹，他既是后援，也曾是欧阳霄宇物理竞赛路上的引路者、指导者。

一声学长，一份精神，几乎每一位苏中竞赛登山人，都在努力传承，凌心辽、刘金禹如此，欧阳霄宇也不例外。在学校求学期间，欧阳霄宇就成了“助教”和“导师”，他精心设计教案，为同学们答疑解难。进入北大学习后，他还利用假期，返回母校为学弟学妹授课。

在苏中，学长制是一种文化和传承。学长们总会无私地分享自己的学习心得和感受。无论在哪里，苏中导师、苏中学长都在学子们成长路上被记着头功。2020 年，鲁彬悦、马智鸿在第 34 届全国中学生化学竞赛中双双荣获金牌。鲁彬悦在比赛结束时感慨说：“在刚放寒假我备考春季联赛时（虽然后来由于疫情取消了），有一天中午和徐老师一起吃饭，她突然问我‘鲁彬悦啊，你相不相信，有些路到最后只能是一个人走的？’我愣住了，心中还在回味这句话，又听见徐老师嘀咕‘有一天你会相信的’。老师，我现在相信了。”她也毫不掩饰地感谢学长在竞赛求索路上给予的无私指引，感谢可爱的竞赛伙伴们的陪伴和鼓励。

正是因为这样的一种导师制、学长制的优秀的传承，辅以春雨书院浓厚的学术氛围，苏中的五科竞赛方能全面开花，最近四年，全国决赛银牌以上获得者为18人，共有7位进入国家集训队，尤为值得一提的是物理学科各获一块国际金牌和亚赛金牌。

除五科竞赛外，近年来科技、天文、文学、体育、艺术等方面均硕果累累，这些人中刘君达和钱嘉懿都是从事天文研究的，他们之间也是经历了3棒的接力和传承。

四是在书院的共同研学中，师生们都结下了浓厚的师生情、同窗情、校友情。要问这份情感有多深？从案例《那一年，我在苏中跳着舞》苏中艺术课程展示舞蹈专场活动中可见一斑。

活动的缘起，是校友们在毕业之后，怀念和舞蹈老师徐梦一起跳舞的美好时光，于是引发了办一场纪念舞会的设想。号召一出，100多名校友响应，他们有的已经踏上工作岗位，有的初为人母，有的已经荒废舞鞋多年，为了呈上最好的节目，他们重新练习，从不抱怨。策划创意、合作排练、场地灯光、摄影服装……点点滴滴、细细碎碎，熬过数不清的通宵，在寒冬凛冽的岁末，为现场800多名观众及观看直播的十多万在线观众，献上了苏中人最单纯而直接的情感表达。

在苏中，这样的故事，还有很多很多。老师、学长带给苏中学子的除了技和术外，更有与苏中之间的一份一辈子的情感归属。苏中是学习和发展的极好舞台，苏中同样也是无数学子永远的心灵故乡。

由以上案例，窥一斑而知全豹，苏中的书院呈现的是“大鱼前导、小鱼尾随”的活泼的学习样态。相信在书院制的育人环境中，其濡染观摩之效，自不求而至，不为而成。[1]

【本章主要参考文献】

[1] 褚宏启. 中国教育发展方式的转变：路径选择与内生发展［J］. 华东师范大学学报（教育科学版），2018（1）.

[2] 耿健，杨滨旭，孙凯明. 浅析书院制建设的实施路径［J］. 神州，2016（6）.

---

[1] 参见曹文杰于2021年3月5日在江苏省高品质示范高中建设研讨活动中所做的苏州中学专题汇报《书院育人，活泼泼地》。

[3] 黄厚明. 书院制与住宿学院制高校学生管理模式比较研究 [J]. 高等工程教育研究，2010 (3).

[4] 柯昌万. 西安交大：书院成为本科生教育的“第二课堂” [N]. 中国教育报，2007-10-30.

[5] 程振理. 数字化时代书院制学习个性化的价值取向：以江苏省苏州中学书院制学习实践为例 [J]. 新课程研究，2017 (3).

第四章 书院制育人模式下的组织架构

在书院制育人模式的研究与实践中，苏州中学始终把书院制育人模式的改革创新作为“十三五”规划的核心工作，在深化课程教学改革和考试招生制度改革的宏观背景下，进一步完善育人目标，努力创新学校管理制度和管理机制，全面启动书院制下的高中整体改革，建立适合书院制育人模式的学校组织机制和制度文化，使教育回归到培养全人的轨道上来，造就心灵完备、适应社会需要和人格健全的拔尖创新人才。

第一节　书院制育人模式下的管理策略

传统的单一和僵化的管理策略已不能适应时代发展的需要，书院制育人模式下学校管理追求多样化和灵活性，在学校管理的过程中运用权变策略，对不同目标构建不同的组织结构，相应地改造工作流程和组织文化，这样就让学校管理不致陷入“剪不断，理还乱”的局面。

任何一个社会组织都有三个基本的组成要素：组织结构，工作过程和组织文化。学校管理者在管理的过程中，应该始终抓住这三个基本要素，根据不同的目标和任务特性，构建合适的组织结构，并形成相应的工作过程和组织文化，比如对于一些日常的常规性目标和任务，其成功的关键可能更在于控制，我们就应该构建直线职能组织结构，工作过程应该将注意力集中于对各种指标的控制，组织文化可能更强调理解和服从。而对于一些临时的、非常规的目标和任务，其成功的关键可能更在于组织协调能力，这时我们就应该倾向于选择矩阵式的组织结构，工作的过程可能更应选择项目管理体制，组织文化建设的重点应该是团队精神。当然，目标和任务的特性多种多样，有时一个目标同时具有多种重要的特性，这时候就需要综合各种组织结构和相应的过程管理及组织文化，进行组织的创新化设计。表4-1的组织设计基本模板可以为学校管理者提供参考，具体来说，要结合书院制育人模式的特点，积极探索现代学校管理体制，健全学校治理机制，就要实施扁平化、矩阵式、项目制管理，校长室管理职能部门，年级部主“战”，教研组主建，实施矩阵管理、分工合作、横向沟通、纵向扁平的策略，强化年级特色管理，年级部与教学处、学生处合署办公，形成资源共享、沟通互助、齐抓共管的良好局面。完善各项管理规范制度，让各项工作有章可循；合理设计工作流程，打造一站式服务窗口，优化服务职能，快速响应师生和教育教学的需求，有效提升管理效能。

表 4-1　学校管理模式简表

目标	结构	过程	文化
控制	金字塔式的科层结构	命令和执行	理解和服从
关系	扁平式结构	沟通和调整	服务第一
创新	工作小组结构	集体决策和执行	对个性的包容
协调	矩阵式结构	项目管理	团队精神
责任感	自主小组结构	信任和协商	诚信
能力	学习性组织	学习	持续的改进和提高

一、扁平化管理

学校传统的塔形层级结构，分为以校长为代表的决策层、管理岗位层和工作组三个层面，如果仔细推敲，年级组与学科组间、班主任与学科教师间、骨干教师与年轻教师间还存在着层级。从管理的角度讲，层级越多，有效的管理信息丢失越多；从学校工作特点看，教育教学及其管理为创造性的脑力劳动，研究与实践伴随工作始末，需要扁平结构。这些给组织结构提出的要求是：既要保证组织秩序，又要有利于集体研究，要体现由扁平结构到层级结构的转化过程。其转化过程包括四个阶段：扁平层，校长、年级、学科、课题与教师同处一层，直接面对各异的学生（群体），把学生作为工作研究的原始起点；协同工作层，校长、年级、学科、课题和教师等相互渗透，彼此互动，研究学生状况；分工研究层，各层面以学生质量作为研究逻辑的起点，在关注下属各层的前提下，重点研究直接管理层面的状况，形成“校长—管理层—课题组—教师”结构；决策执行层，研究后形成决议，各层完成各自的任务，逐层监控完成情况。

有了共同的研究起点和共同的研究过程，各组织层级就容易形成共识，避免各说各话、相互抱怨，执行过程更多的是自觉行为，不会走样。（表 4-2、表 4-3）

表 4-2　校本课程调研过程表

程序	层级关系	工作对象
听课	扁平关系	学生
探讨	协同关系	互为对象
分析	分层研究	不同重点
改进	管理与执行	各层下属

表 4-3　校本课程调研结果表

主体	重点研究内容
校长	结构组织调整
管理	完善校本课程纲要
学科组	加强组织作风建设
教师	提高备课水平

（一）扁平化管理的介绍

扁平化管理模式是通过减少中间管理层次，扩大各层次之间的信息流通范围，并从纵向压缩管理层级，横向整合各部室职责的一种新的管理模式。扁平化管理是相对于等级化管理而形成的一种新的管理理念，由扁平化管理理念构建的管理模式能够很好地应对等级化管理体系中层次重叠、责任不清、人员冗杂等问题，理顺了各个环节的信息沟通渠道，推动了资源的共享与利用。在现代企业管理中，扁平化管理模式的优势逐渐受到管理者的认可，而在学校的学科组管理中，管理者也积极吸收实践经验，参照企业内部组织结构，推动学科组管理模式的优化。扁平化管理模式之所以能够在学校教学管理中获得广泛认可，并成为学校提升教学管理质量的重要思路，其关键就在于一方面传统的等级化管理模式的活力逐渐丧失，行政人员冗杂，教学管理措施落实困难等问题逐渐凸显，刺激管理者调整思路，创新管理模式；另一方面信息技术的不断发展，让信息交流更加便捷，在扁平化管理中，学校与年级组、年级组内部能够实现有效的沟通与交流，为保证纵向管理层次的凝聚力，建立紧凑高效的横向管理层次创造了条件。

（二）扁平化管理在学校中的应用

1. 设置年级组，明确管理职责

年级组是扁平化管理模式中的权力部门，学校根据自身发展特点进行人员安排，年级组由副校长、年级主任、年级组长组成，并采取主任负责制推动年级组工作的全面开展。为确保年级组工作的全面落实，学校应集合德育、教学、安全等工作需要，完善管理职责，并发挥教学处与校长室功能，推动教学管理责任的落实。其中教学处与校长室在年级组工作中，应发挥管理职责，对年级组的工作安排进行综合协调、分解、执行，弥补管理中的漏洞；发挥指导职责，为各年级组工作做好参谋，保证信息上传下达，为年级组工作提供指导性意见；发挥监督职责，在日常管理中进行教学监督，督促各年级组教师落实教学责任；发挥评价职责，教学处与校长室组建专门的教学考核小组，对年级组教学管理进行全面考核，并形成考核结果。

2. 综合考评，整体提高

在扁平化管理中，教学处、校长室应对教学管理工作效果进行全面考评，例如学校以每学期学生的考试成绩为主要依据，教学处统计分级考试结果，并对平行级部、平行学科、平行班级、平行教师之间的差异进行分析，进而做出奖罚处理。此外，学校还应注重日常班级管理，对各个班级学生每周、每月、每学期的学习、纪律、卫生等情况，对班主任的管理工作进行评价，并形成平行的考核信息，以便对比分析。这样的考核评价不仅注重年级组的整体管理情况，也将教师学生的个人发展纳入评价中来，既获得了教学管理效果，也对教学管理过程进行全面控制，因此，便于实现点面结合，保证考核评价结果的公平公正，调动了教师参与教学实践的积极性，优化了年级组的管理效果。

3. 层层落实，强化管理过程

在扁平化管理模式中，各年级组主任全权负责本年级的教育教学和其他方面的管理工作，利用信息化教育管理系统，对教育教学管理进行全程跟踪与管理。在教学处与校长室的领导下，年级组应确定以班主任为核心，以学科组长为主力的管理框架，其中班主任负责与学生的日常沟通，根据学校教学管理要求对班级管理做出规划，并推动学校教学管理规范在班级的落实；学科组长根据阶段性的教学管理要求做出教学安排，并在层层管理体系的推动下，实现教学管理目标有条不紊地开展与执行。此外，在扁平化管理模式中，学校还应该将教学执行与教学监督功能分离出来，交给年级组长，确保年级组长能够根据教学进度、教学内容、教学方式等协调教学管理，保证教学实践的灵活性，强化教学管理动力，提高教学管理效果。

二、矩阵式管理

（一）矩阵式管理的介绍

一般来说，根据组织结构中权责关系的不同，组织结构可分为直线式、职能式、直线职能式、事业部式、矩阵式等类型。矩阵组织是美国一些大公司在 20 世纪 50 年代所创立的一种新的组织管理形式，最早起源于美国航天工业部门。矩阵式组织结构形式是在直线职能式垂直形态组织系统的基础上，再增加一种横向的领导系统，它由职能部门系列和完成某一临时任务而组建的项目小组系列组成，从而同时实现了兼有事业部式与职能式组织结构特征的组织结构形式。矩阵式组织结构也可以称之为非长期固定性组织结构，是由纵横两种管理系列组合而成的方形结构，一种是纵向的职能部门结构；一种是横向的项目管理结构。二者交叉重叠，便组成矩阵式组织结构。

（二）矩阵式管理的特点

（1）加强了横向联系。专业设备和人员得到了充分利用，实现了人力资源的弹性共享。

（2）具有较大的机动性。促进各种专业人员在统一的大环境下互相帮助，互相激发，相得益彰。

（3）提高工作效率。在资源上进行了共享，当项目出现时，可以马上调集与之相匹配的资源，组建跨功能部门的项目团队，提高了团队执行力，减少了沟通环节，加快了信息的共享，提高了反应速度。

（4）资源得到共享。在矩阵式的组织结构中，各个部门的资源得到了共享，使资源得到了充分的利用。根据研究表明，采用矩阵式的管理模式比采用传统组织结构的管理模式要减少20%的资源消耗。

（5）有利于人才的发展。采用矩阵式管理模式并不会影响人才的晋升通道，采用跨部门的协作模式，有利于提高员工综合能力的培养。矩阵式管理更加有利于人员的团队合作精神，避免了以前的部门本位主义。

（三）矩阵式管理在学校中的应用

1. 组织结构

矩阵式管理采用矩阵型组织结构。它是在直线职能式垂直组织形态的基础上，再增加横向项目结构系统。形成混合型组织结构。在书院制育人模式的管理改革中，学校管理者根据学生全面发展需求，利用矩阵式组织结构，把学生核心素养分列开来作为项目，强化具体要求。在理清相关职能部门工作分工的基础上，在矩阵中项目与职能的交叉点上，进行综合分析，确定是否成立新的部门，以对项目进行有力支持。矩阵式管理可以分担职能部门管理、服务的压力，细化学校管理服务职能，从而支持学生全面发展、个性特长发展的需要，见图4-1。

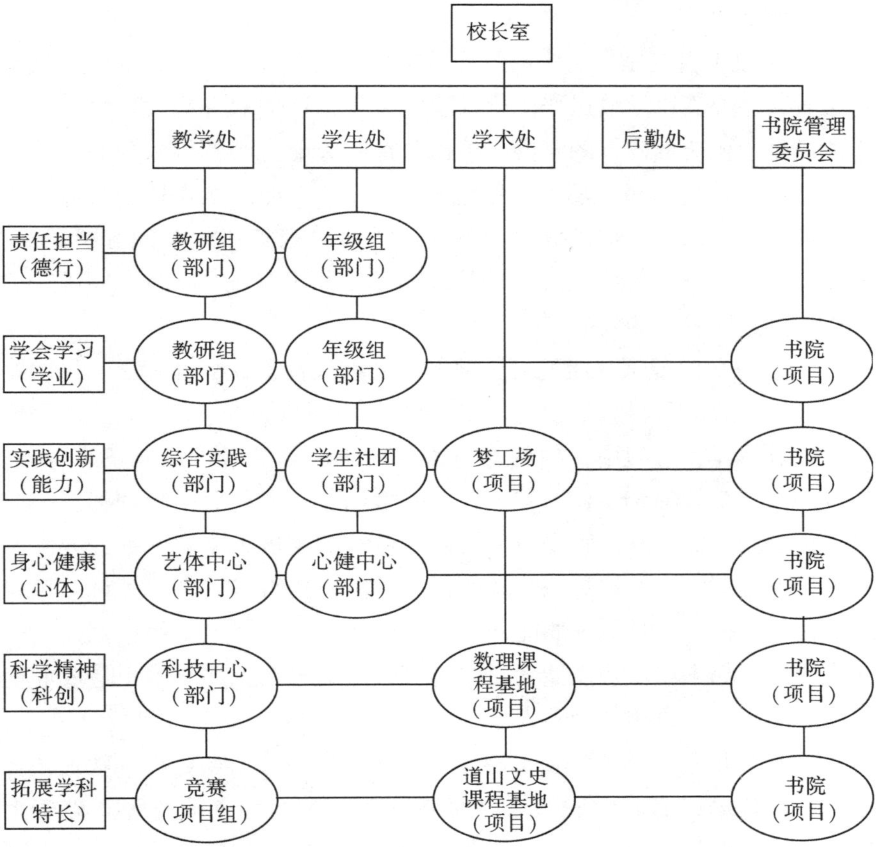

图 4-1　矩阵式管理结构图

2. 组织特点

（1）保留传统职能管理部门，如教学处、学生处等。这既是内在管理功能的需要，也便于与上级部门、校外部门的对口联系。

（2）将学生核心素养的培养列为纵向项目，有利于核心素养的培养和落实。

（3）便于构建新的部门或项目组。纵向可以接受职能部门的指导，横向可以借用职能部门的资源调配权力，承担管理、专项任务推进等职责。新部门或项目组中的人员是兼任的，可以发挥校内更多教师的积极性。项目组工作一般是临时性的，但一旦需求任务固定，可考虑将项目组固定化、规范化，转变为稳定部门。

3. 组织优势

（1）改善科层制体系中的管理机构设置。现代学校科层制的管理机构设置，主要着眼学校运作，所以这些管理机构的服务能力、管理能力不能满足学生全面发展的需要，学校教育服务能力受到很大限制。而矩阵图法构建机制体现了素质教育理念。首先，以促进学生核心素养为指导，确立项目内容和推进教育的方式。再加“矩阵图法”的分析思路，确立部门和项目，最终完成学校管理组织结构。从而实现了“矩阵式”管理促进素质教育的发展。

（2）以部门或项目组发展为动力，推进教育工作综合发展。科层制管理长年形成的分科教学模式，使学校教育的综合教育能力受到严重影响。在具体操作过程中，强调管理边界的科层制又常常形成条线分割。所以，现代学校综合学科、综合教育能力偏差，与科层制管理的影响是密不可分的。而矩阵式管理以部门或项目组的发展为动力，推进教育和管理工作的落实，发挥组织管理的作用。矩阵式组织内部多了许多项目组和部门，但它不是原来职能部门的分散或扩大。这里工作机制的定位非常重要。如果仅仅是职能部门的代表或派出机构，那就难免造成职能部门不断扩大、机构臃肿、人浮于事。

（3）使信息的传递更快捷准确。现代学校的薄弱点之一，就是教育理念与教育操作之间的脱节。科层制管理系统的特点就是理念处于上位，操作由教师负责。科层制金字塔结构层层传递的信息障碍是教育理念与教育操作脱节的主要原因，因此，学校教育改革也总显得步履艰难。与传统的管理模式相比，矩阵式管理模式的扁平化组织结构大大简化了职能层级；使信息的传递从原本的管理层到执行层的层层传递简化为直接传递；这样既节省了信息的传递时间，又降低了在信息传递过程中造成信息失真的概率。同时项目组工作的情况更加快速有效地反馈给相关职能部门，能够及时调整决策，大幅提高工作的效率。

（四）书院中的矩阵式管理

在传统的管理学理论中，企业的组织架构是基于“直线职能制”的组织模式。“直线职能制”产生于工业化时代，强调专业化的劳动分工，形成一条严格的具有明确等级关系的指挥链。“直线指挥链”管理模式适合流水线产品的生产。书院制改革就是希望通过组织模式的变革实现人才培养的个性化和多样化，矩阵式管理就成为书院制改革可以借鉴的模式。具体而言，矩阵式管理因为一个个专门任务而出现了横向系统，这个横向系统与传统的垂直管理系统共同形成一个立体式的矩阵，矩阵中每一个“网格”对应每一个个体，从而既从管理上将每一个个体纳入管理的网络，又解决了单一的垂直式管理带来的僵硬、单向的弊端。(图 4-2)

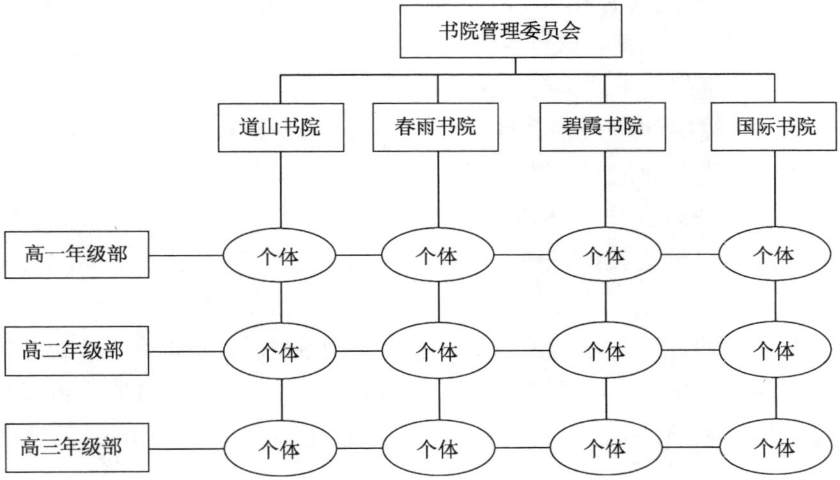

图 4-2　书院中的矩阵式管理示意图

科层制管理系统，强调纵向权威等级，容易形成由创意到执行的隔阂；横向管理边界分割，则使创造活动的空间受到很大限制。所以，科层制管理系统强调、鼓励的是按规定操作、固定操作，给教育创新留下的空间很小。长此以往，教师的教育行为变得因循守旧，按部就班。

项目组建设既解决了管理人员紧缺问题，发挥了广大教师的积极性，让更多的教师参与学校管理。又解决了职能管理部门、管理能力局限的问题。项目组的发展，增强了学校教育创新和管理创新的能力，提升了整个学校的工作活力。随着部门和项目组的发展，必定会提升学校某一方面的教育管理能力，多个部门和项目组的有效发展，将会为学校整体管理水平的提升、学生更全面地发展提供有力的支撑。

三、项目制

（一）书院项目制

书院以项目制的方式开展各项工作。一是书院管理委员会，由校长任主任，组织成员做好顶层设计，全面统筹各项建设推进工作；二是书院建设实施工作组，其中有书院课程开发建设项目组、书院场馆规划建设组、书院课程选修实践组、课题研究项目推进组，具体开展书院制育人模式的理论研究和实践研究，助推教学方式变革；三是经整合和重新修建，形成道山、春雨、碧霞、国际四个不同样态的书院，尝试架构四大类别的书院课程体系，打破行政班级制、年级制，为学生提供跨班级、跨年级自主选修，试点导师制、学长制，探索书院制教学模式，引领学生自主选择、主动学习、探究研修。

（二）拔尖创新人才项目制

中学与大学贯通培养拔尖创新人才项目建设以项目制为管理模式，组织团队，开展工作。具体分为项目领导小组和项目工作组。其中，项目领导小组由校长担任组长，由分管校长担任副组长，全面统筹规划子项目建设工作，明确目标任务、主要举措；组建子项目专家指导组，对项目的创建工作提出指导性意见，实施过程调研和评估，并提出改进建议；成立子项目工作组，明确项目负责人，组织工作组成员制订计划、组织协调、具体落实，并结合过程调研反馈情况改进和提高。

（三）课程基地建设项目制

通过普通高中数理拔尖学生培养课程基地、梦工场—STEAM 课程中心、道山文史课程基地、世界遗产青少年教育课程基地等项目建设，苏中着力打造课程基地高峰建设项目，充分发挥课程基地的优势和作用，积极探索课堂教学、社团活动、社会实践，以及与高校联合培养、国际化合作等多种培养途径，促进学生个性化、多样化发展。

（四）高品质示范高中创建项目制

学校成立江苏省高品质示范高中创建领导小组，由校长担任组长，全面统筹规划创建工作，实施项目制管理，明确目标任务、主要举措；聘请高品质示范高中创建专家指导团队，对学校的创建工作提出指导性意见和建议；成立高品质示范高中创建工作项目组，由分管校长担任项目组长，组织相关部门分项制定措施、实施计划、行动研究、改进方案。

第二节　书院制育人模式下的管理机制

一、常规制度

各书院内部实行行政会议制度、导师委员会制度。

（1）行政会议由院长主持，不定期召开，参加成员为院长、山长、书院导师代表和相关人员，商讨决定书院建设、人才培养、学生管理、成绩评定等工作中的重要事项。

（2）导师委员会主任由院长担任，根据人才培养及书院特色建设需要，建立专兼职导师队伍。导师委员会根据学校相关教学任务安排本学期教学工作，分配相关导师教学任务等重要事项。

二、协调机制

1. 书院内部沟通协调机制

书院通过行政会议、工作会、研讨会等各种形式，做好每年的工作总结及未来的工作规划，确保沟通顺畅，利用电话、网络、文件审批、相关资料和记录的传递等多种手段在书院内部进行纵向及横向沟通，确保管理体系的持续改进和有效运行。

2. 书院外部沟通协调机制

根据学校安排，书院积极组织和参与学校管理、课程建设、学生成长、学风建设等方面的工作会议。努力为学生构建适宜、合理的学业学习模式，创造优良的成长环境，从而为学生全面成长成才提供有力的帮助。

三、内部管理

1. 人员管理

（1）编制书院师资队伍建设规划，制订导师聘任拟用计划，并在书院管理委员会审定后组织实施。

（2）根据课程计划，制定相应的岗位职责和任职条件。

（3）组织对书院各类人员进行考勤管理、履职考核。

（4）设立导师委员会，按师生比例配置书院导师，建立专兼职导师队伍。

（5）建立导师准入制度：由导师委员会对导师的资格进行认定。

（6）规范导师培训制度：制定相关政策，为导师的专业成长和发展创造机会。

（7）建立导师激励机制：设定合理的薪酬和待遇，激发导师工作的积极性。

2. 财务管理

（1）严格执行国家财经法规和学校财务管理制度，管理并统筹书院资产的有效、合理的使用。

（2）根据学校事业发展中、长期计划和年度工作计划，结合学校确定的经费分类定额，编制书院自己的经费预算方案。

（3）在书院活动项目中按学校有关财务制度进行专项管理。

（4）对书院各项活动经费开支进行审批和监控。

（5）对书院预算执行情况进行分析和自我评价考核。

（6）接受学校财务部门的工作指导和群众监督，定期向书院管理委员会通报财务情况。

3. 学生发展

（1）尊重学生的主体性和独特性，书院学生管理要创新理念和举措，重在服务，促成书院学生更好地实现“自我管理、自我教育、自主发展”的现代教育理念。

（2）设立书院导生委员会，倡导、鼓励、支持书院学生社团、兴趣小组建设，加强对书院文化建设活动的激励与引导。

（3）按照学校统一部署和安排，自主组织和实施书院学生科技、文化活动，积极探索富有特色的人才培养模式。

（4）负责书院学生综合素质拓展工作的规划并组织实施和考核。

4. 书院考核

（1）管理绩效与目标考核每年进行一次，管理绩效与目标考核由院长主持，以会议方式进行。

（2）通过管理绩效与目标考核确保书院管理的针对性和有效性，提高管理服务质量。

（3）管理绩效与目标考核工作的开展应有利于书院管理体制机制的改进完善，有利于人才培养。

（4）书院作为一个单位，其管理绩效与目标考核内容必须反映三方面改进意见：书院管理及其过程有效性的改进意见；与学生要求有关的服务的改进意见；管理活动资源方面的配置需求改进意见。

第三节 书院制育人模式下的组织架构

书院制不仅仅是育人模式的重大变革，也涉及学校整个管理体制的变化。“核心通识课程班级制、特色通识教育书院制”的组织架构，借助于苏州中学“扁平化、矩阵式、项目制”的管理体制，形成纵横结合、条块结合的内部组织结构。

一、组织基础策略：核心通识课程班级制、特色通识教育书院制

核心通识课程包括语文、数学、外语三科课程，教授高考内容；物理、化学、生物、政治、历史、地理、信息技术七门，教授合格性考试所要求内容。学生以班级制形式进行学习。其他学科的高考内容则融入书院制的特色通识课程中。

特色通识课程立足于“让更多的学生有更好的发展，以科学的方法求和谐的发展”的办学理念，为学生提供多元化、多层次、多领域的选择可能。特色通识课程将国家课程和校本课程进行有效整合，着力培养学生的核心素养。

道山书院开设语文、历史、政治、地理选修课程，春雨书院开设数学、物理、化学、生物、信息选修课程，碧霞书院开设美术、音乐、舞蹈、体育全部课程及艺体特长生课程。国际书院开设卓越课程及英语选修课程。各书院课程根据国家课标要求划分不同模块，分时间段完成教学任务。

书院的特色通识课程立足于2019年新高考方案，将书院制与选课制、走班制结合，形成切实可行的课程体系。学生根据自身学业需要，在A、B、C三种课程群里自主选择组合，在规定时间内取得相应学分，一人一课表。

（1）A类课程：国家必修课程，达到学业水平合格要求。

（2）B类课程：国家选择性必修课程，达到学业水平等级性考试

要求。

（3）C 类课程：选修课程及各类校本课程群。[1]

二、校级管理的组织架构

书院制是和苏州中学各项管理工作交织的一个系统，书院功能的发挥需要组织制度的保障，需要其他行政部门的协调和配合，必须处理好书院与行政科室及各年级部之间的协作关系。

（1）学校成立书院管理委员会，指导并协调书院与行政科室及各年级部之间的关系。

（2）书院管理委员会主任由校长担任，各书院院长担任副主任。

（3）教学处、学生处、课程处、学术处、国际处、总务处等部门负责人及各年级部主任任委员，协助各书院做好日常管理、学生管理、通识教育和文化建设活动等相关工作。

三、书院的内部机构设置

书院实行院长负责制，书院工作人员实行聘任制。以院长为管理工作的第一负责人，全面主持书院工作。山长协助院长工作，负责本书院特色通识教育课程设置、文化活动及特色系列讲座安排及社团管理等相关工作。

1. 书院名誉院长

书院结合书院文化和特色课程设置，聘请苏州中学相关领域知名校友担任名誉院长。

2. 书院院长

书院实行院长负责制，院长全面负责书院工作，结合书院特色，领导制定书院特色通识教育课程体系；制定工作规划；建立明确的、操作性强的书院学生素质培养工作模式。

3. 书院山长

协助院长主持书院学生培养工作；协助院长制定书院特色通识教育课程体系；与教学处、教研组协作安排学期课程；聘请书院导师、导

［1］ A 类课程是学生必须选择的，其中语文、数学、外语三科要学习三年，其他七门在学生考试合格后结束学习。学生根据选科来选择适合的 B 类课程进行课程组合。可以自由选择 C 类课程。

生；做好书院学生选课工作；协同导师、导生开展各类书院活动。

4. 书院导师

书院设立导师委员会，导师委员会主任由山长兼任。导师在导师委员会指导下开展工作。导师实行聘任制，可在校内外进行选聘，导师人数按比例确定。

导师在课堂内外为学生提供辅导和指导；定期举行读书沙龙、报告会、讲座、团队活动等非课程形式的文化活动。

5. 书院导生

书院成立导生委员会，导生由书院聘任，从品学兼优的优秀学生中选拔，协助导师开展活动，组织学生社团和日常管理。

6. 书院学生

新生入学后，编入班级进行核心通识教育。同时对新生进行书院文化及书院活动宣讲，新生根据学业规划自主申请，加入相关书院。

四、岗位职责

1. 书院管理委员会工作职责

（1）贯彻落实学校关于书院制建设的各项决策，根据学校文化建设总体思路，制定书院总体发展规划。

（2）协调沟通学校各相关职能部门，整合资源，形成合力，建立书院工作长效机制，确保书院工作顺利实施。

（3）协助学校相关部门完善和落实书院导师管理、经费管理、课程建设、学生管理等工作。

（4）规范书院文化活动，促进书院文化活动健康有序开展。

（5）定期召开书院工作会议，协调并推进书院各方面工作。

（6）协助各书院做好名誉院长的聘任及联系工作。

（7）完成学校交办的各项工作。

2. 院长工作职责

（1）全面负责书院工作，组织实施并努力完成导师队伍建设、课程建设、学生培养等各项工作任务。

（2）领导制定书院工作规划并组织制定书院管理的有关规定。

（3）负责建立明确的、操作性强的书院学生素质培养工作模式。

（4）主管书院导师队伍建设，合理配置导师队伍。

（5）完成书院管理委员会交办的各项工作。

3. 山长工作职责

（1）协助院长主持书院学生培养工作。

（2）协助院长制定书院特色通识教育课程体系。

（3）与教学处、教研组协作安排学期课程设置。

（4）聘请书院导师、导生。

（5）做好书院学生选课工作。

（6）协同导师、导生开展各类书院活动。

（7）完成院长交办的各项工作。

五、保障机制

1. 组织保障

学校成立书院管理委员会，由江苏省苏州中学校长担任组长，全面统筹书院制的实施和运行工作；确保涉及学校各条线板块，各科室、年级部、教研组全力配合。组织各书院分项制定措施、实施计划、行动研究、改进方案。

2. 经费保障

合理合规用好办学资金，在学校各年度预算规划中划拨书院专项活动经费。保障书院建设、导师聘任、课程建设、主题活动等顺利开展。

3. 智力保障

聘请各领域专家担任书院名誉院长，对书院制的建设工作提出指导性意见和建议。组织本校及高校研究力量，对书院制进行系统研究，协助书院管理委员会为书院的有效运行提供指导。引导导师适应书院制人才培养新模式，加快转变教育教学方式，主动发展，努力做学问之师、品行之师，促进师生共同进步。

4. 资源保障

搭建各级平台，保障教师培训、教育科研、课程改革、学生活动等各项工作的顺利开展，实现教育资源的合理投入、科学配置、高效使用。

（1）搭建信息传送平台，建设网上书院选课系统。改革现有学校网络功能设置，增加网上书院选课系统，增加书院动态管理和信息发布平台。

（2）搭建师生互动平台，健全导学互动机制。建立导师与学生的定期联系机制，加强导师对学生学业和各类活动的指导，建立新型师生关系。

（3）搭建生生互动平台，即在书院的学习中，通过研究性学习、自主研修、合作探究等学习方式，打造兴趣相投者共同的学习平台。通过学术性组织和学术团体，打破班级、年级和学科的限制，通过同辈互助，打造生生互动的学习平台。

第四节　道山书院的实践探索

道山书院在书院制运行中起步最早，运行较为完善，苏州中学在经费投入、教学环境、模型建构、互动平台、课程资源、教师发展、学生实践等方面，积极行动，努力建设，取得了一定的成效。

一、道山书院的建设背景

（一）文史文脉渊源

苏州中学校址所在地是原苏州府学和紫阳书院，有着深厚的府学人文和书院文化底蕴。1035 年，北宋名相范仲淹在此地创办苏州府学，开启东南兴学之风；1713 年，江苏巡抚张伯行在此地增设紫阳书院，从府学中选拔高材诸生以进一步培养经学研究的高级人才；1904 年，江苏巡抚端方在此地扩建江苏师范学堂，为中小学校培养合格师资；1927 年，爱国教育家、杜威学生汪懋祖在此地组建苏州中学并担任校长，钱穆、吕叔湘等在此执教，蔡元培、胡适等亦来此讲学。

素以“名相办学，名流掌校，名师执教，名人辈出”著称的苏州中学，古有范仲淹、胡瑗、唐寅、顾炎武、翁同龢、俞樾等名家，近有国学大师如罗振玉、王国维、钱穆、吴梅等，著名学者如汪懋祖、胡焕庸、吕思勉、吕叔湘、叶圣陶、顾廷龙、陈去病、胡绳、匡亚明等，文艺大家如颜文樑、吴作人、陆文夫等，还有科学泰斗李政道、钱伟长、冯端等两院院士，历届校友中走出 63 位中外院士，更有诸多政治家、文学大家等。历代名师薪火相传，各类名家文章文集、论文专著、名人传记、演讲报告、碑刻馆藏等，积累了丰富的人文类课程资源。在“新学百十周年校庆”期间，苏州中学曾出版了一系列校史文化书籍。通过挖掘、整理苏州中学的文化遗存，梳理弘扬苏州中学的文化特质，目前积累了大量的研究资料，出版了《苏州府学志》《紫阳书院志》等专著，同时编辑了21期《紫阳学刊》。以上均为道山书院建设的深厚文史文脉渊源。

（二）师资储备

学校的语文组、历史组、政治组、地理组等人文学科教师有60余人，其中教育名家1人，正高级职称兼省特级教师2人，市级学科带头人10人，相关学科名师工作室2个、教师发展共同体4个。其中多人荣获国家级教学成果一等奖，以及省级教学成果奖、省级科研成果奖、省政府哲学社会科学优秀成果奖等，具有丰富的教育教学科研经历。

书院团队教科研成果丰富，主编、撰写多部论著，参编相关教材教参，撰写数百篇论文，为江苏省教材实验先进集体。

（三）课程建设

道山书院的建设整合国学、史学、文学、哲学等人文学科资源，对接学校的江苏省前瞻性教学改革实验项目“书院制育人模式实践”和学校的国家级课题“基于核心素养的书院制育人模式的实践研究”及“书院制与人文素养培育研究”等学科研究课题，建设主攻文史哲的道山书院，已建设与完善一部分场馆（如尊经阁、图书馆、道山亭等），并开展“国学基础选讲”“中国传统文化读本”“中国诗歌史”“古代诗歌赏析”“古文鉴赏”等一批课程的建设和书院制教学的探索。苏州中学将进一步深化课程教学改革，强化国家课程校本化实施力度。

（四）目标定位

1. 落实国家课改精神，培育学生核心素养

自觉贯彻党和国家的教育方针与政策法规，积极落实新时代教育工作会议精神，全面落实“立德树人”根本任务，积极迎接“新课标、新课程、新教育”的新挑战，积极探索“国家课程校本化、校本课程特色化”实施新途径，努力实践“国家课程校本化，地方课程特色化，校本课程序列化，拓展课程模块化”，以此落实《中国学生发展核心素养》中的要求，培育学生人文类核心素养。

2. 建设书院实施课程，促进师生共同发展

苏州中学通过推进道山书院建设，构建道山文史课程群，一是加强导师队伍建设，打造名师工作室和教师发展共同体，提高课程建设和实

施水平；二是探索新型的师生关系和生生关系，开展导师制、学长制、选修制，学生按志趣特长自我规划、自主选课，推进课堂教学方式和学生学习方式变革，以教师的学术引领学生的学业主动发展，通过独立研究、专家引领、师生共研、学术探讨、朋辈互助等方式，探讨提升学生全面素养的途径；三是加快构建具有中国传统文化教育与学校个性特点的校园文化，校园建设深刻体现办学思想，围绕培养目标，重点发掘、着力构建氛围更加浓厚的文史课程文化场。

3. 积累课改实践经验，引领示范区域发展

坚持科学发展原则、特色优先原则、统筹兼顾原则，统筹学校当前和长远发展需求，整合学科资源，对接《中国学生发展核心素养》中的要求，进一步强化学校学科特色，加速形成学校的道山文史课程优势学科群，正确处理近期与远期、宏观与微观、全面与重点、硬件与软件等基本关系，统筹学科发展，使基地建设有利于学生的和谐发展、教师的专业发展和学校的长期发展。在深化课程教学改革和新的考试招生制度改革背景下，实践探索国家课程校本化实施的有效途径，实践探索新形势下普通高中育人模式转型，引领区域课程教学改革，为区域教育提供可借鉴可推广的课改经验。

二、道山书院的实施探索

（一）管理团队建设

学校成立了书院管理委员会，由校长任主任，各书院院长任副主任，教学处、学生处、课程处、学术处、国际处、总务处等部门负责人及各年级部主任任委员，协助各书院做好日常管理、学生管理、通识教育和文化建设活动等相关工作。

道山书院内部实行行政会议制度和导师委员会制度。行政会议由院长主持，不定期召开，参会成员为院长、山长、书院导师代表和相关人员，商讨决定书院建设、人才培养、学生管理、成绩评定等工作中的重要事项。

导师委员会主任由院长担任，根据人才培养及书院特色建设需要，建立专兼职导师队伍。导师委员会由相关学科教研组骨干教师组成，根据学校相关教学任务安排本学期教学工作，分配相关导师教学任务等重要事项。

（二）课程环境建设

1. 核心理念——“耕道得道，学山至山”

道山以“物化平台”为课程基地的重要载体，与课程教学需求、学生学习需求和课堂教学方式变革相融合，秉承“立德树人、全面发展、培养特长”指导思想，营造课程、空间、育人三位一体化环境，重构立体化、多元化、网络化、个性化的学习空间，通过探索课程内涵建设，创新书院制育人模式，实施新途径、开发新课程、探索教育新模式，促进师生教学相长共同发展，促进学生自主学习和终身发展。

2. 学科文化开发——“学道还淳”“白鹿遗规”“通经致用”

“学道还淳”“白鹿遗规”“通经致用”是苏州中学紫阳书院内三个匾额的题词，分别为清康熙、雍正和乾隆皇帝所题。它作为紫阳书院的办学宗旨，一脉相承，绵延至今，无论是科举时代还是新学时期，苏州中学历任掌校者皆以此衡量学科文化建树。近年来，随着新课程、新教材的实施，苏州中学尤重学科课程文化开发研究，在“十三五”规划课题中，涉及文史类学科及学生人文素养培育方面的研究，有 5 个省市级课题、47 篇相关论文，相关成果结集成册，学科文化分享交流，例如，语文组的春雨读书会，普通话、苏州话、英语三话比赛，诗词大会，沧浪文学社（社刊《青果》），校图书馆日等学科文化的传统活动，均编辑成供学生阅读的论文集，或将学生的活动心得整理成刊物发行，既培养了学生的学科核心素养，又营造了浓郁的学科文化学术氛围。

3. 课程教学环境形成

千年府学，百年新学，苏中校园本身就是特色鲜明的课程教学环境，东西红楼、紫阳楼，尊经阁（校史馆）、道山亭、图书馆、道梦空间，春雨池畔，碧霞岸边，泮水居、采芹园、府学碑廊、础园、泮池，处处是课程教学之所。

苏中注重通过具有人文气息的教学环境、相关教学设施设备、课程资源平台、网络交互平台、专业图书自主阅读区、学术研讨区等，为师生营造线上和线下的文史课程学习空间，如最近改造的东西红楼与紫阳楼学生休闲吧。

注重通过国旗下讲话、主题班会课、校本选修课，引导学生日常身心健康发展，课程基地与心之家、道梦空间连为一体，为学生提供释放压力和心灵调节的互动空间，亦丰富了课程基地之国学的实践内涵。

注重通过班主任和导师制，加强对学生的日常行为、心理健康、学业规划等方面的管理和引导，构建和谐融洽的师生关系，共同营造和谐融洽、特色鲜明的课程教学环境。

（三）课程群建设

苏州中学道山文史课程基地先后召开多次专题会议，集中研讨教学内容、开设课程、组织形式、实施论证，明确各学科文史类课程重点、难点及学科分支校本选修课例。例如，语文学科以各种类型的阅读课为主体，包含古今中外的名篇，同时涉及文学史、美学史；历史课程在中国文化史、中国思想史、中西方哲学史等方面做出研究；政治开设政治经济学课；地理侧重人文地理等；经多次召开会议，统筹编写道山文史课程基地校本教材系列，计划编印教材近 40 种，目前已编印教材 11 本，分为“紫阳崇文”“游泮尊经”“道山梦忆”三个系列。

经过阶段性的课程实践，苏州中学道山文史课程群逐渐形成。语文、英语、历史、政治、地理、心理等国家课程各具特色、适度融合。校本选修课程，配以大学先修课程，界域广阔，内容通融，学段领先。综合实践活动课程则是全员参与，有指导团队专人指导，研究方向明确，研究报告质量高。各学科教学内容渐趋稳定，初步构建了学科内容教学模型。如语文类课程之“国学基础选讲”，从起初的先秦诸子之学、经史子集概论、宋明理学概要、古今儒学流变等高大上的构想，到师生共同研讨后的“文字演变与训诂”“浮声切响话音韵”“天文历法纪年时”“姓名称谓有乾坤”等，既尊重了学生的志趣取向，又对接了语文正课所学，成为“国学常识 15 讲”，不仅助力学生的语文学习与考试，更能提升其人文素养与精神品格，还可以此参与各类国学活动与竞赛，从而形成稳定态课程模型。（图 4-3）

本着课程、空间、育人三位一体的建设理念，重构立体化、多元化、网络化、个性化的学习空间。具体建设及完善的场馆有：府学遗存泮池周边场馆、道山讲堂演播室、名师工作室、学生社团活动室（国学社、文学社、史学社、诗词楹联社等）、世界文化遗产青少年活动基地等。

文史类校本选修课程，教学场地因课程而定，如讲授型、研讨型课程多在紫阳楼，诗词楹联课程在道山亭，政史类课程兼用紫阳楼与校史馆，阅读类课程多在图书馆，地理类课程会辐射到整个校园，文创课程在希文楼一楼与道梦空间，其他还有希文楼二楼的社团营地、来秀坊的艺术工作室等。此外还有课程结合教学内容，组织学生到博物馆学习或参加志愿活动等。从而将课程实施场地从教室到室外，从校园到校外，从书本到生活，让学生在多样化的设施场所，积累更为丰富的文史知识与更为扎实的文史素养。

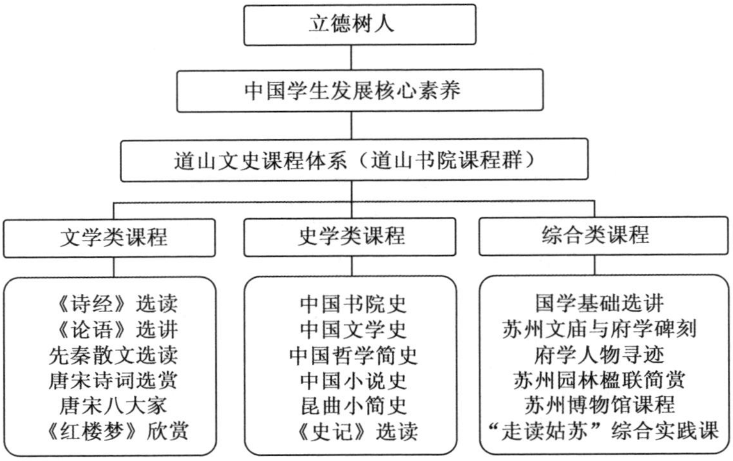

图 4-3　课程群建设结构图

（四）互动平台建设

1. 技术推动的平台建设

现代科技手段为道山文史课程的开设与开发提供了更多可能。苏州中学更新校园内所有音视频传输平台，充分引进智学通、学习星、极课等平台，开通校园网、微信、线上教育、选课平台等，积极提升道山文史课程基地的技术及资源平台建设水平，丰富了教学形式，提高了教学效果。

2. 人机互动的软件建设

学校通过多种软件平台，让学生与老师、学习与实践、课内与课外互联互通，人机互动，尤其是线上教育平台，为全校师生提供了新型的教学方式。文史类课程的不少内容，借助网络传播途径，不仅改变了教师传统的教学方式，更吸引大批学生通过网络微课深度学习。

3. 学生自主学习、互动学习

学生利用课程基地这个平台，通过通识学习、选修活动、自主学习、小组习练、讲座活动、社会活动、科研项目等获得深度的学习和体验。学生利用人机互动的软件平台，发布和展示自己的学习成果，如语文学科类的国学课，以李小帆为组长的学生小组，自己制作了趣味文学常识视频，网络点击量超多，赢得广大学生的喜爱。此外，还构建师生、家校微信群和 QQ 群，增进师生间、家校间联系与互动交流。

（五）导师队伍建设

名师工作室建在书院。苏州中学的语文、历史、政治、地理等名师工作室、教师发展共同体，均纳入道山书院建设领域，并结合新生代名师培养工程等，促进梯队建设和教师专业成长。各学科也能与书院建设相融通，切实将课题研究视作书院建设的重要组成部分。

教研组织建在书院。学校的语文、历史、政治、地理等人文学科教师有近 60 人，其中教育名家 1 人，正高级职称兼省特级教师 2 人，市级学科带头人 15 人，相关学科名师工作室 2 个、教师发展共同体 4 个，均依托书院导师委员会完善组织建设，将教研组织建在书院平台。

教研活动开展在书院。各相关学科教研组，以书院课程建设为抓手，进行各学科的课程研发，探索“国家课程校本化，地方课程特色化，校本课程序列化，拓展课程模块化”，并以此培育学生人文类核心素养。教研组专题会议、备课组集体备课，均从书院课程建设的视角，切实将教研活动的开展，立于书院课程之上。

此外，还通过道山文史课程体系的建设与实施，融合学校、有关高校、校外课程基地的教科研资源，聘请著名学者、南京大学文学院教授莫砺锋为道山书院的荣誉院长，组建课程资源建设指导团队，校内外相结合开发丰富课程资源，以书院成长教师，以教师发展学生，兼顾普及与提高、学习与实践、探究与研习、活动与竞赛等，满足不同学生的学习需求，让更多的学生有更好的发展。

（六）学生实践体验

基于道山书院，苏州中学积极探索学术型共同体和新型师生关系建设，以“有创意的问题解决者和充满想象的开拓者”为培养目标，充分发挥书院优势，引导学生学习和成长。学生在道山书院的课程中体验到了普通课堂上没有的实践过程与学习快乐，如基于语文学科阅读课的春雨读书会，让学生在阅读中感受书籍魅力，在比赛分享中收获美的历程，获奖学生作品均编印成精美书册，广为学生喜爱与收藏。

注重将书院建设成果运用于教学。苏州中学为道山书院建设的场馆，诸如道梦空间、希文楼、教学楼走廊休闲吧、社团中心等，均充分利用于各相关学科课程。学生根据自己的兴趣和特长，自主选择课程，学习空间大、潜力激发强，在各级各类比赛中获得喜人成绩。如诗词楹联社、春雨读书社与沧浪文学社联合组织了苏中第二届诗词大会，参赛对象覆盖全体学生，其中有4名同学跻身苏州大市前10名，代表苏州市参加央视南京赛区的面试选拔，庞依诺、杨悦怿获得特等奖，成为江苏《我爱古诗词》节目的“冠军双璧”。

苏中科幻女生周天行，以其原创科幻作品《地球往事》，荣获全球华语科幻星云奖最佳青少年作品奖唯一的金奖，著名科幻作家刘慈欣为其颁奖。文学才女祁佳明，在第十七届“叶圣陶杯”全国中学生新作文大赛中荣获特等奖，并获得“全国十佳小作家”称号，也是江苏省此次唯一获得该称号的参赛者。高一新生陈天一，经层层选拔，过关斩将，参加全国“学宪法讲宪法”演讲比赛，荣获现场总决赛高中高校组一等奖。另有部分学生参加了中华经典诵读系列活动，其中有以苏州大市特等奖身份，代表江苏省队，参加全国网络评选活动并获一、二等奖的。

学生社团及学生实践也成果颇丰。据社团中心统计，近两年来，学校成立的文史类课题研究小组约200个，涉及语文、历史、政治、地理等文史课程。学生在指导老师的指导下，积极拓展校内外资源，走进大学，走进专业研究所，组建社团，积极开展各项研究。更有潘云月等同学2019年自发组织“走读姑苏”读书活动，且拍摄了纪录短视频，在师生中广为传播。还有张玮嘉等来自多个班级的学生利用2019年假期自编自导自演了大型原创音乐剧《声声慢》，该作品成为苏州市在校学生中的首部大型原创音乐剧，受到苏州市部分媒体的关注与报道。文创社团还设计了精美的苏中月历文创产品。国学社的学生原创的古装话剧《沧浪亭的传奇》，参加了2019年海峡两岸暨港澳国学夏令营展演，相关作品发表于《作文通讯》杂志。

（七）师生共生合作共同发展

道山书院的建设，不仅为学生的主动学习提供了平台，丰富了文史类课程内涵与校园文化，而且促进了师生共同发展，推进了学校书院制、学术型特质的建设。

1. 教和学方式变化

道山书院的建设，转变了教师的教育观与教学方式，促使教师转变了教育观念，自觉改进教学方式，由“知识中心”转变为“学生中心”，由“指导学习”转变为“自主学习”，以教师的学术发展引领学生的学业发展，培育了学生的文史类核心素养。

2. 形成学校特色

学校以道山书院为平台，着眼教师课程设计能力、课程整合能力、综合课程建设能力提升；引导学生自主学习，合作交流，探究实践；指导学生发现问题、分析问题、解决问题；培养学生联系生活与社会、跨学科掌握知识与技能的能力等。同时，学校借道山书院建设之机，进一步强化苏中特色的校园文史氛围，充分彰显苏州府学的深厚文化底蕴。

3. 示范辐射引领

与国内外友好学校、高校和科研机构等开展现场主题交流研讨，组织名师讲学、道山讲堂、社会实践、研究性学习，充分发挥道山书院的辐射作用，以多元开放、自主体验、合作探究的活动设计理念，营造独特的课程、经历和体验。在书院阶段性成果辐射方面，苏州中学多次接待国内外兄弟学校参访团，也多次组织学科教师外出支教交流，传播道山书院的理念与实践，分享道山书院建设与感悟。

4. 课程教学文化空间一体化建设

书院建设坚持理论与实践相结合，力求知行合一。学校整合尊经阁、道山亭、图书馆、府学遗存等场馆建设“道山书院”，构建道山文史课程群，以源远流长的办学史串联起中国经学、文学、史学、哲学，同时围绕核心素养培养体系建设，促进学科融合，立足学生的终身发展和社会需要，发挥学科合力，推进课程建设，实现优质化、特色化、多样化发展，不断提升办学品质。

5. 积极探索引领学教新模式

2017 年 1 月，中共中央办公厅、国务院办公厅印发了《关于实施中华优秀传统文化传承发展工程的意见》，2020 年 9 月，教育部、国家文物局发布了《教育部　国家文物局关于利用博物馆资源开展中小学教育教学的意见》，旨在传承发展中华优秀传统文化，助力实现中华民族伟大复兴的中国梦。苏州中学道山书院的建设实践，在探索中华优秀传统文化及教育文化传承与创新的课程教学中不断开拓新途径。

各学科组积极落实《普通高中课程方案（2017 年版 2020 年修订）》及各学科课程标准，重视以学科大概念为核心，使课程内容结构化，以主题为引领，使课程内容情境化，促进学科核心素养的落实。各科教师积极探索构建“以学生为中心”的课程教学情境，充分应用信息技术和在线教育平台，使学习渠道多样化、丰富化、灵动化，使知识内容和学习过程充满生活气息和生命色彩，积极探索和引领学教新模式。

6. 促进了师生共生合作共同发展

苏州中学道山书院积极实践“教师的学术发展引领学生的学业发展，学生的学习发展砥砺教师的专业发展”。通过道山文史课程群的建设与实施，着眼于教师课程设计能力、课程整合能力和综合课程建设能力等的提升；同时转变观念，改进方法，教师在教学中由“知识中心”转变为“学生中心”。

在课程实施的过程中，努力构建以师生互动为前提的导师制，创设生生互动的学习平台，以社团学术化建设带动学生个性化更好地自主发展，引导学生主动学习、合作交流、探究实践；重视对学生发现问题、分析问题、解决问题等能力的培养，以及对学生联系生活与社会、跨学科知识与技能等方面的培养。

【本章主要参考文献】

［1］陈孝彬，高洪源. 教育管理学［M］. 北京：北京师范大学出版社，2008.

第五章　书院制育人模式的空间重构

第一节　东西方书院与现代学校的空间特点

一、中国古代书院育人空间构成特点

中国古代书院，不同于严格意义的官学，也不同于民间建筑，学院的选址十分注重环境，重视自然景观对人文教化的影响和作用，所以中国古代的书院往往建在环境优美的山川名胜之地，在清静优美的自然环境中办学，让学子置身于宁谧幽静的环境中，将自然环境的熏染纳入书院教育之中，自然成为教育的组成部分，如白鹿洞书院在江西庐山五老峰下，岳麓书院在湖南长沙岳麓山下，嵩阳书院在河南嵩山南麓太室山下，石鼓书院在湖南衡阳石鼓山回雁峰下等。

中国古代书院呈中轴对称的结构布局，沿着中轴线一般布局讲堂、藏书楼、祭祀殿阁等建筑，体现书院三大功能，即讲学、藏书、祭祀。书院建筑以讲堂为中心，讲堂是书院的主体建筑及教学中心，也是整个书院的核心所在，一般居中布置在书院的重要位置，讲堂是教师讲授教学，并针对学生的质疑问难进行答疑解惑的场所。讲堂除了对本书院学子讲学以外，还经常组织讲会或地区性学术交流。书院的讲堂区域是整个书院中最重要的公共空间，书院日常进行的大型活动一般都在这里举行。

书院具有藏书功能，一般建有藏书楼、藏书阁或书库。藏书楼是书院主要的教学和藏书地点，也往往是书院建筑群中少有的阁楼式建筑，由于藏书是书院的三大功能之一，藏书楼阁又体型高耸醒目，所以在书院建筑布局中，多将其放置在中轴线上，以显示出其重要地位和标志性功能。

祭祀也是古代书院的第三大功能，书院设置专门的祭祀区作为德育教化的专属空间，形式较为多样，书院祭祀区主要由文庙、专祠组成，建筑上不仅仅有庙、祠、堂、殿等建筑形式，一些碑、亭、廊等有纪念意义的建筑小品也往往带有祭祀性质。

书院的生活区就是师生的生活场所，包括斋舍、厨房、仓库等，其中斋舍是书院内师生日常最基本的生活场所。“学之于堂，习之于斋”，书院的讲堂主要是用来对学生的质疑问难进行解答的场所，而斋舍则是学生自己读书钻研、研习课业的地方，同时也兼作生活起居场所，[1]对称分列于中轴两侧或前或后各成院落，以满足居学读书的需要，少则数间，多则数十间直至百间，其他亭台楼阁则因地有别，相应配置不拘一格。

书院是私人或官府所设的聚徒讲授、研究学问的场所，其对中国封建社会后期学术文化的发展，人才的培养起过巨大的推进作用。藏书、供祭、讲学和园林是组成书院的四大主要元素。作为儒学思想的传播基地，书院建筑形制与布置不同于一般的府邸宅院，讲求“文以载道”，追求朴实无华、质朴庄重，亦称之为“文人建筑”。

综上所述，中国古代书院育人空间具有如下特点：

1. 教学空间与生活空间的融合

古代书院普遍集教学（教化）功能、研究功能和生活功能于一体，既是师生共同的文化教育场所，又是师生共同的生活场所。书院的物理表现形式就是布置了各种设施并融入自然山水环境中，师生开展教学的空间与他们共同生活的空间在布局上并没有明确的界限。

2. 重视自然环境的教化

书院的选址“法自然，重生气”，注重环境对人的教化作用，提倡“以景育人，以境育人”，注重人与自然的协调关系和自然环境的教化濡染作用，书院选择自然环境钟灵毓秀之地，书院学子身处于山水林泉、亭台楼阁、馆廊轩榭等空间之中，空间的结构又通过义理之学内化于学子的生命之中。把自然之理与人伦道德联系起来，赋予自然景物以道德伦理的属性，强调自然环境的感染力，寓教育于生活环境之中。

3. 具有独特的书院意境与人文情怀

古代名师大儒创建书院聚徒讲学、传播学术，并使读书讲学、相互交流、游艺园林的书院生活在书院空间内发生，使书院具有清晰的书院特性，使传统书院成为一个特殊的“场所”。书院场所的清晰特性形成了独特的书院文化，一方面，书院师生潜心钻研学术，以儒家之“道”作为追求目标，完善自我的道德情操，以此实现传道济民，实现治国平天下的抱负；另一方面，书院名师大儒皆为文人雅士，他们参与营建书院，使书院显现高雅的文人情趣。独特的书院文化反过来也决定了书院

[1] 李沈阳．传道授业：中国传统教育［M］．山东：山东大学出版社，2017：52.

的场所特质，书院的“场所精神”更是透过书院特殊的场所环境显现出来，表现出儒家的礼乐精神和文人的文化品质。书院的名师大儒还参与了书院建筑的营建和环境的美化，因此书院建筑与官式的礼制建筑和民间的世俗建筑不同，它是具有士文化特点的文人建筑，反映出士人的精神追求和审美雅好，书院的选址、亭台楼榭的命名寓意、空间的营造、室内的陈设都渗透着士人文化气息。文人理想主义色彩和艺术情怀的融入，形成了书院独特的文人意境。[1]

二、英、美高校住宿书院的空间构成特点

英、美高校的住宿书院或称住宿学院是一种萌芽于巴黎，完善于英国牛津、剑桥，并在世界范围被广泛继承与应用的融教学、研究、住宿、文化生活为一体，师生密切交流的办学模式和学生管理模式。住宿书院与大学中的专业系科分工明确，专业系科或学院主要负责专业知识的教学，住宿书院负责课程之外给予学生帮助与辅导，为学生提供学习、生活与社会交往的优良环境与空间。学生除了参加专业系科的学习生活外，通过参加不同的书院，与不同系科、不同专业、不同年级的学生和老师形成密切的人际关系，书院通过各种类型的丰富多彩的活动，如社团活动、下午茶、高桌晚宴等，通过导师制，将教育渗透到学生的方方面面，为学生构建更加丰富而良好的学习和生活环境，潜移默化中促使学生全面发展。书院不仅是学生学习和生活的社区，更是塑造品格，培养学生独立个性和集体荣誉感的第二课堂。

西方住宿书院拥有别具特色的文化景观。书院的名称，悠久的历史，古老的院徽、院歌、院刊，各式历史悠久的建筑，辅以独特美丽的自然景观，构筑了书院独具特征的文化氛围，也是书院精神的承载者，是书院精神的化身，学生在书院富有丰厚文化意蕴的场所中得到精神的滋养和熏陶，获得认同感与归属感，书院的人文自然景观和各式活动场所在潜移默化中对学生的思想、道德、观念、情感、态度等产生影响。

综上所述，西方住宿书院育人空间具有如下特点：

---

[1] 何一远. 传统书院对现代中小学校园环境设计的启示 [D]. 浙江：杭州师范大学，2017.

1. 书院成为学习生活的独立社区

西方住宿书院拥有学生和教师组成的独立教育社区，拥有各自的活动场地、住宿空间、就餐空间、图书馆及公共活动室。

书院一般有导师负责，从游共学的特点。不同书院的院长、教务长、导师及其家属都住在书院。导师与学生的关系最为密切，负责在生活和学业上给予学生最直接的指导。师生与管理人员共同参与书院的日常运行与组织相关学习社交等活动。

书院由不同系科、不同家庭背景、不同社会出身、不同政治立场和宗教信仰的人混居而成的，具有多元混住、同辈互助的典型特色。

书院教育还非常注重隐性教育，书院不仅是学生学习和生活的社区，更是塑造品格，培养学生独立个性和集体荣誉感的第二课堂。

书院不仅要为学生组织大量的讲座、讨论会等学术活动，也十分重视体育、文艺活动和饮食起居等非学术活动。比如哈佛大学的语言圆桌会议和耶鲁大学的院长下午茶，学生的社团活动及体育竞技项目也以书院为单位开展，这些活动使得书院需要提供各种不同功能的公共活动场所，能够让来自不同专业、年级、种族、社会背景的学生亲密无间地融合在一起，西方住宿书院导师制的推行也需要提供更多的导师与学生共同学习研讨与生活社交的场所与空间。书院内的公共活动空间形成别具特色的一个个小型社区，成为书院师生进行有效交流的学习与生活的环境。

2. 书院建筑具有独特的精神气质与象征意义

西方大学建筑文化作为西方文化的智慧凝结，以其独特的建筑风格、建筑布局及建筑空间展现着西方大学的精神品质、文化底蕴与时代特质，是西方大学精神与理念的物化。大学建筑具有“以物化人”的重要育人作用，它不仅为教学与教育活动提供物质环境，还充当着“隐性课程”的角色，担负着以育人为目的的文化功能。特别是通过一以贯之的传统建筑风格与调性，不仅打造出书院独有的“品牌”形象，而且能通过建筑唤起人们的美好记忆，从而增强一代又一代书院师生的归属感。

书院通常以历史上著名的科学家和哲学家等学者名字命名，院内环境经过了历代管理者们的精心设计管理与维护，也大多有着深厚的历史积淀，书院建筑已成为独特的历史人文景观，辅以古老而又具特征性的院徽、院歌、院刊，在其发展中共同形成各自独特的书院精神与气质。书院各式历史悠久的建筑，与独特美丽的自然景观，构筑了书院独具特征的精神气质与文化底蕴，是书院精神气质文化的象征，也是学生们真正意义上的精神归宿。

三、现代学校育人模式的空间构成特点及缺陷

由于素质教育的大力提倡，现代学校的育人空间已经由以往简单的教学楼和操场的简单配置，发展到建设诸多如宿舍、食堂、图书馆、体育馆、礼堂、广场、实验楼，甚至健身房、游泳池等功能化建筑空间，同时还配备了校园的景观绿化，建筑功能日益多样，校园规模日益扩大。然而在校园建设日益发展的过程中，现代学校育人空间的缺陷与弊端也日益显著。

1. 学校以教学空间为主，公共交流互动空间缺失

现代学校制度的一个显著特征就是追求效率，班级授课制就是这种追求的产物。班级授课制的引入使得教育活动以编排的班级为单位，以教室和课堂为教学的主要场所，什么时间、哪一个班级在哪一间教室上课都是提前编排好了的。传统的中小学校由于学生多老师少，往往以管理便利为核心来考虑空间格局，往往形成集中式的、监管式的以教学场所为主体的空间。学校的主功能区就是教室，学生大量的时间待在教室。教师作为知识的传授者往往是教室和课堂的中心，教师在讲台上，学生在讲台下，学生的活动和思维都围绕着教师转。除了课堂以外，教师平时的生活、工作场所与学生的生活场所是分开的。教师由此在物理场所上与学生进一步区隔开来。教师与学生在身份和场所上的双重区隔，使得学生在离开教学空间回到自己的生活空间后就几乎不再有和教师互动的机会，因而师生关系比较疏离。不仅师生之间，学生之间也同样缺失充分交流互动的空间，校园交流空间匮乏、形式单一。现有的校园交流空间主要集中在教室、走廊、楼梯间、宿舍、校园广场。然而教室排列机械，排满课桌椅，走廊楼梯间只具有交通功能，广场也只有集会的功能，学校普遍缺失公共交流互动空间。

2. 教学空间与生活空间分离，生活空间功能单一

现代学校的教学空间与生活空间分离，传统书院原本充满教化意义的生活空间在现代教育的规训下退缩为只是提供食宿的物理空间，无法

继续承担起传统书院的教化职能，更不能提供学生开展其他学术活动与非学术活动诸如社交互动的多功能需求。教学空间和生活空间分离，生活空间一般都远离教学区，大部分学校甚至用围墙大门等形式将生活空间与教学空间单独区分开并严格管理。生活空间功能单一，在很多规模宏大的住宿制中学中，学生在宿舍和食堂的时间非常有限，学生在其中也只是睡觉和吃饭。而传统书院能够借助教学空间与生活空间的融合特点，以及开设的多功能公共生活空间，通过一系列的文化活动来促进学生之间及师生之间的交流，最终目标是提高学生的综合素质。比如住宿书院中，宿舍不仅是一个物理空间，更重要的是生活空间、社会空间、教育空间、文化空间等，是一个文化生活社区，是学生的精神之家。

3. 校园建设缺少个性化特质，学生缺少归属感与认同感

中小学校园的建设呈现出更多的“共性”，不同地域的校园建筑没有明显的个性和地域特征，千篇一律。很多地方为了扩大学校规模，不惜拆毁或合并一些历史悠久的老校，或者另择新地重新建造，这些新造的校园建筑极为雷同，校园建筑布局千篇一律，缺乏个性和地域特征，更加缺少历史的沉淀感。

现代学校虽然也提倡校园文化建设，但很难构建成能引起师生共鸣，并在历史的传承积淀中形成一代又一代师生认同的价值取向，涵养师生独特的精神气质，并最终成为师生共同的精神归宿的校园文化。

四、苏州中学书院制育人空间的历史沿革

江苏省苏州中学校园在姑苏城南，占地一百三十余亩，是一块藏龙卧虎，“近水远山皆有情”的风水宝地。一千多年前此地为五代吴越王南园之一隅，早已废弛，宋仁宗景祐二年（1035），范仲淹出任苏州郡守，将所购南园宅地献出，创办了苏州地方第一所官办学校，苏州府学由此肇始。府学延聘当时颇具声望的教育家胡瑗担任教授，实施“分斋”教学，一时名师汇聚，他们的言传身教奠定了府学优良的校风。府学于是声名鹊起，为众目所瞩，所谓“劝天下之学，育天下之才”，开吴下风气之先。从此，苏州有了学校，苏州中学开始了“千年府学”的历史。

据《吴县志 · 文庙》与《府学金石目》等书载：

景祐元年，范文正公仲淹守乡郡，因州人朱公绰等请兴闻于朝。二

年乃诏苏州立学，并给学田五顷，公即以所购钱氏南园隅地，旧歇卜宅者割以创焉。

当时的格局是“左为广殿，右为公堂，泮池在前，斋室在旁”，可容纳二十多人就学。府学中间大厅为讲学堂，东西各设两处书斋，南边开阔地用来植树、种草、养花，供求学者休憩、散步，最北处则为厨房及众生员的宿舍，射圃在西侧。府学建成后，所处的环境是极其清幽的，真所谓“高木清流，交荫环骊”。原南园故地留下的水系与林木皆被保存，如种植的辛夷、百杆黄杨、公堂槐、鼎足松、大双桐、玲珑石，景物故旧宜人，至今道山亭上犹残存一棵五代的松树。府学内名木珍石掩映其间，颇具泉石林木之胜，环境清幽，庙学并存，正是先贤重视人文环境、自然环境之开拓性实践。

学校的东面紧邻着北宋苏舜钦所修之沧浪亭，它的南面为“德侔天地”的文庙，它的北面，毗邻留有林则徐、丁日昌等诸多名臣主政业绩的书院巷江苏巡抚衙门。范仲淹兴建州学时在选地、布局、营构等环节上，非常注重学校的环境，刻意求工，优化、美化，使之成为熏陶学生高尚情操的重要手段，“环境育人”自此逐渐成为学校的优良传统。

范仲淹在创建府学的同时，在府学东侧兴建孔庙，开创了“左庙右学”的办学格局，这一“庙学合一”的做法后来成为天下郡学的定制。“庙学合一”的苏州府学，将学校的教学功能和儒家文化的仁爱教化功能相结合，体现了中国传统教育理念，彰显了府学对培养德才兼备人才的教育追求。

洪武六年（1373）苏州知府魏观重新修葺庙学并绘制了《苏州府学图》（图 5-1），以及乾隆年间也修建了“苏州府学图碑刻”（图 5-2），这些都清晰地呈现出苏州府学是由两组轴对称古建筑构成，一组以大成殿、崇圣祠为中轴，一组以明伦堂、敬一亭、尊经阁为中轴，准确地反映了自范文正公创立苏州府学起庙学一体的结构未曾改变，不仅如此，沿革至今，苏州府学得以维持发展，主体建筑一直保留到今天，千年办学，源源不断，地点未变，形制依旧（图 5-3），“名臣办学，名流长校，名师执教，名人辈出”的传统不变，这在中国文化发展史上也是绝无仅有的奇迹。[1]

［1］ 蔡大镛，张昕．道山情怀［M］．苏州：古吴轩出版社，2010.

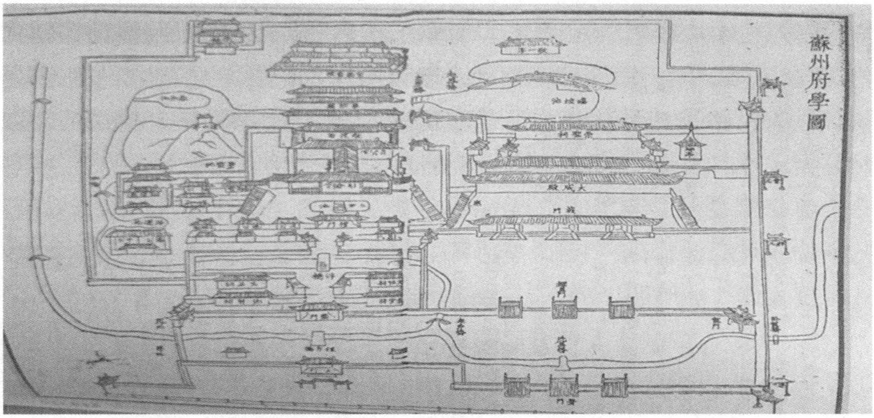

图 5-1　苏州府学图

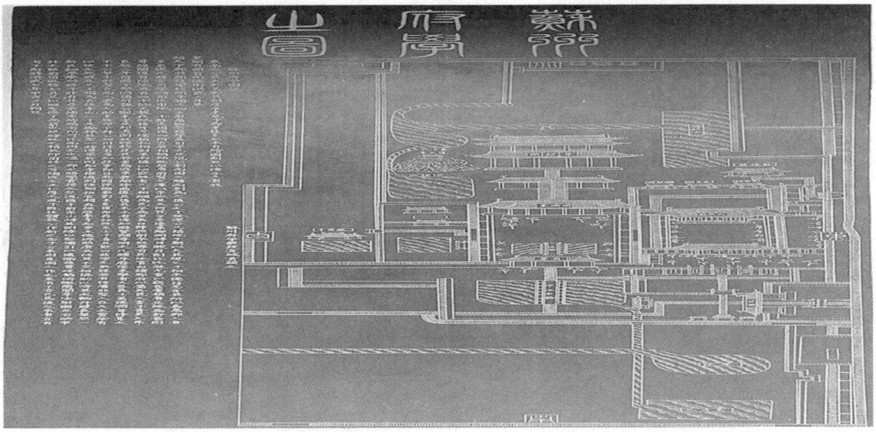

图 5-2　苏州府学图碑刻

图 5-3　苏州府学碑

苏州府学历经宋、元、明、清四朝逐步扩建、整饬，至清朝占地面积10余万平方米，南至碑记街（今新市路），北达今书院巷，东临卧龙街（今人民路），西接东大街，气势宏伟。现存文物古迹有棂星门、戟门、大成殿、明伦堂、崇圣祠、七星池、泮池和廉石等。

清康熙五十二年（1713）由理学家、江苏巡抚张伯行在校内创办紫阳书院，与府学并存，紫阳书院祭祀孔孟，尊理学，倡科举，兴考据，其目的为培养高级的人才，是一所闻名于世的官办书院。（图5-4）

图5-4　紫阳书院遗址碑刻

20世纪后期，府学被一分为二，文庙部分由苏州市文化局管辖，后改造成立苏州碑刻博物馆；学校部分在原址上继续其公办学校的教育功能，薪火相传，生机勃勃。

当下，在苏州中学实施书院制育人模式，从空间布局来看也是一脉相承的，有其深厚的历史渊源。

第二节　书院制育人模式的空间建设

苏州中学依据书院制育人模式的要求对学校的学习生活空间进行了进一步的规划和改造。建设书院实体，提升学校育人文化氛围，整合育人空间，形成道山、春雨、碧霞、国际等书院。

道山书院，是由靠近苏州文庙的图书馆、道山亭、尊经阁、碑廊等整合而成的，主攻国学、史学、文学和哲学等课程，着重培养学生的人文素养、家国情怀和必备品格。

道山书院的命名源于苏州中学的一座“吴中第一矮峰”的道山。虽然海拔仅有数米，但有着千年以上的悠久历史。残唐五代，吴越王钱镠之子钱元璙任苏州刺史，大兴土木，营造南园，以凿池之土堆筑而成此山。建府学后，曾名“泮山”。后为纪念来此讲学的著名道学家周敦颐（今湖南道县人），改称“道山”。可以说，先有道山，后有府学，最后方有苏州中学。

“道山”之道，亦是语出老子《道德经》“道生一，一生二，二生三，三生万物”之意，“道”既是万物之始，也是万物之所终。“道”源于自然而意涵万象，“道”发于生活而含蕴天下。道山上筑有道山亭，最早于南宋时兴建，后屡圮屡建，亭中有对联“耕道得道，学山至上”，意为致力于研求道的真谛，即可得道，学仁即可得仁。道山书院以“道山”命名，意在启发学生在万物中追寻道义，在生活中感悟道义，在文史哲课程的学习研究中，着重培养学生的人文素养、家国情怀和必备品格。

道山书院充分发挥已有的图书馆、道山亭、尊经阁、碑廊及邻厢苏州文庙等人文资源的教育教学功能，以道山文史课程基地建设为抓手，结合泮池边的道梦空间等的改造，融汇道山教育文史研究会、紫阳学社、沧浪文学社、国学社、诗词楹联社、红学社等社团，建设实施道山书院人文类课程群，着力培养融通传统文化、融汇西方理念、践行学做合一、对接生活世界的复合型人文英才。

春雨书院，是由量子馆、梦工场、实验室等整合而成，主攻科学和技术，着重培养学生的科学素养、创新精神和实践能力。

春雨书院的命名来源于苏中道山北侧的春雨池，该池为五代南园遗胜，建府学后原名“养正”，明嘉靖间府学教授、一任校长钱德洪，为纪念他的恩师王阳明，将“养正池”改为“春雨池”，寓春风化雨之意。

春雨书院，涵盖两个省级课程基地，即数理拔尖学生培养课程基地、梦工场——STEAM 课程中心。课程基地建设总计投入 1 500 余万元，在建设实施过程中联合高等院校和科研院所，校本化建设实施课程群，致力于培养具有“大胆质疑、缜密思考、问题导向、开拓创新”特质的数理拔尖学生，引领学生开展学术研究、科技教育和科学研究活动，学生发现自己的兴趣所在提供可选择的课程、可实践的场所、可交流的平台，孵化培养更多具备数理特长和良好科技素养的青少年人才。在服务课程教学的同时，通过教学环境布置、相关教学设施设备、动手实践平台、课程资源平台、网络交互平台、系列专业图书自主阅读区、学术研讨区等，供学生使用，为学生将创意设计变为现实提供动手实践的机会，为学生的主动学习提供各种便利服务；为师生、生生的交流研讨及成果展示提供各种平台，支持师生、生生之间主动学习、实践探索、交流探讨、观摩展示等活动的开展。通过近两年的建设实施，课程基地建设取得了阶段性成果，两个省级课程基地分别在 2017 年和 2018 年的省级视导检查中获评为“江苏省优秀课程基地”。

碧霞书院，是由来秀坊、体育馆、运动场、道梦空间等整合而成，主攻体育和艺术，着重培养学生的审美素养、身心健康和爱好特长。

碧霞书院的命名来源于苏中道山南侧的碧霞池，也是五代南园遗胜，原名“浴德”，钱德洪把“浴德池”改为“碧霞池”，源于当年他的老师王阳明在天泉桥畔、碧霞池边，用点拨启发的方式好好地教育了这位校长，也为了纪念曾经在浙江碧霞溪举行大型学术活动的恩师王阳明先生。

国际书院，是由三元楼一楼等场地整合而成，主攻国际课程，着重培养学生的国际素养、国际视野和关键能力。

除却传统的教室空间外，构建不同风格的书院是书院制育人追求的空间模式。学生除了在常规的课堂教室里面学习听课外，通过不同书院里相对独立而又相对小型的环境，师生可以用多种互动方式、跨范围地在不同层面上进行更规范和深入的交流研讨，进行师生、生生的互动。与以“教授”为主要模式的学校相比较，书院如同一个社区，它更强调学生之间的思想交流与相互促进，共同学习生活成为求学问道的重要载体。苏州中学的书院制育人空间的重构希望能够继承这样的传统，使空间服务于“共同学习生活”的需求。

无论道山书院的文史课程，还是春雨书院的科学技术课程，无论是碧霞书院的艺术与体育课程，还是国际书院的国际课程，都需要师生之间遵循“耕道得道，学山至上”的学无止境的研究精神，贯彻春风化雨般的启发式和点拨式书院制育人理念，在循循善诱、潜移默化中培养学生自我学习与自我管理的能力，注重学生的个性发展和综合成长，以适应社会对未来人才的要求。

第三节 书院制多功能公共空间建设

苏州中学的书院制育人模式除了关注学生学习之外，更强调让教师和学生深入到学校生活的方方面面，学生在学校的各种空间与场域里面都能得到道德培养及性格和个性的发展。于是精心营造尺度适宜、适合学生有效交流的生活和学习环境成为书院制的核心诉求。

学生不仅在课堂里成长，更重要的是在校园里成长。因而学校致力于为书院学生创设更多的具有良好条件的公共活动空间。学校的自然物理环境不仅一一发挥了它们各自的功能，还将学生的活动空间构成了一个更为广阔的、连续的、目标一致的和谐整体。学校在开展书院制育人模式的实践研究中，对学校的一些空间场域进行重新设计和改造，尽可能地采用开放的建筑界面和空间设计，着意营造校园公共空间设计，通过对底层、门厅、教学楼楼层公共休闲区等空间的处理，在教室、操场、庭院中引入台阶、坡道、小径等空间构成要素，以实现空间建筑对师生的开放，从而增加公共空间的使用率，为师生提供不同场域的互动空间和有趣体验，提高交流碰撞的可能。

学校精心布置多样而实用的公共活动空间，以便有效交流的“社区感”的营造。比如学校的大小餐厅，不局限于师生就餐的功能，它也可以成为师生节日聚会的场所，甚至进行音乐演奏的音乐厅和观看表演及电影的剧场。教学区也增设了休闲书吧（图 5-5），宿舍也设置了公共起居室。当然除了这些更偏休闲性质的公共空间之外，每个书院内部必不可少的还有学习功能的小型图书馆和学习室（图 5-6）。学校东西红楼前的中央草坪和香樟长廊，伟长书院的小庭院等空间，在流线设计上也会有意识地将空间中心设计为学生活动流线的必要交汇点，成为书院外部空间重要的公共活动场所，可以作为公共演讲、表演、室外音乐会等公共活动的场地（图 5-7）。书院的学习空间就不再局限于教室内，而是延伸到走廊甚至校园，随时随地学习，打破时间与空间的障碍，并且与校园自然生态空间进行联结。如校园内的木桌、长椅、咖啡吧等基础设施，可就餐、可自习的多功能食堂，可供个人或小组进行自主合作学习的全覆盖无线网络。学校充分利用环境，增加师生、生生互动交流公共空间，进而通过丰富多彩的课内外活动、主题性大单元教育活动等，丰富教育教学内容，渲染欢乐健康、和谐共生、积极向上的风貌和氛围，不断地丰富促进师生的教育教学生活。

图 5-5　教学楼内开放式书吧与自习空间

图 5-6　图书馆共享空间

图 5-7　伟长教学楼门厅与庭院的多功能公共空间

学校修建“希文楼”，以范仲淹字“希文”命名，坐落于范文正公像东南侧。一楼设有中西简餐、咖啡吧、茶饮吧，配备开架图书，设有开放与半开放的交流互动空间，兼具学习、休闲、交流、互动的功能，学生既可方便餐饮，又可以自主研习或小组研讨，纸质化和信息化阅读并存，学生可以方便地查阅各种书籍资料，满足个别交流、小型聚会、阅读与茶歇的需求。二楼设有开放式社团活动区，满足学生活动与学术研讨等的需要。(图 5-8)

图 5-8　希文楼一楼公共活动空间

学校将泮池边上一幢老平房改造一新，修建通透的大玻璃房、搭建小阁楼、增设红色英伦风的电话亭、布置家庭沙发和各种温馨的装饰品，建成名为“道梦空间”的学校心理健康教育与指导中心的新基地。而以“静”为理念的道梦空间，借鉴美国范斯沃斯住宅的设计理念：大自然高贵的单纯与静谧的伟大，不应被住宅和装饰扰乱。连接两座老房子的“玻璃盒子”通透灵巧，让人、屋和自然完美融合。这个盒子在苏州府学中轴线上，坐在这里，感受大自然的四季轮转和千年传承的历史印记，一切都会不自觉慢下来，静下来。在这个“玻璃盒子”里，人可以寻回安静的状态，和他人保持距离，腾出内心的空间，从而变得更加灵活、更加坚强。400 多平方米的空间中，还有其他不同层次的功能划分：有可以激活自性和创造性的文创产品创意空间；有可以和伙伴分享心事，并寻求支持的知心木屋；有可以畅诉心事的开心花园；也有可以在行动中改变、在团体中滋养的动心课堂。（图 5-9）

图 5-9　道梦空间

第四节　书院制文化空间建设

中国传统书院历经数百年的发展，呈现出富有人文理念的有机自然、含蓄平静的空间语境，校园诗意的来源也因于此。江苏省苏州中学具千年文脉之渊源，兼百年新学传统之积淀，历史悠久，底蕴深厚。经过千年兴学历程，校园依旧保持着独有的左庙右学的格局，传统的阁、廊、亭、台、牌坊等建筑样式，以及千年府学的人文历史遗迹，辅以苏州中学独有的山水树木等自然环境，形成了特有的文化传统、办学理念和教育精神，蕴含着丰富的人文教育资源。传统意境充盈了整个校园，隐隐传达着某种文化的传承。学校除了开展四大书院空间实体建设外，同时兼顾整个校园书院文化氛围的营造。通过一些历史悠久的、富有书院精神与文化内涵的建筑景观的呈现，打造具有独特文化内涵的书院文化生活环境。

1. 保护或重建千年府学遗存的建筑景观

保护千年府学遗存的建筑景观，如泮池（图 5-10）、道山、春雨池、碧霞池等，重修再现府学历史上有过却被损毁废弃的一些建筑，其中包括尊经阁（图 5-11）、仰高亭等。整修“泮池”极具象征意义。古代诸侯国的学校，称泮宫，所以入学又叫游泮。唐宋以来，一般州县都有学校，因此泮宫比比皆是。泮宫前的半圆形池塘就叫作泮池。苏州中学的泮池在香樟大道南端东侧，是一块三亩方塘，池上建有一座南北向拱式三孔青石平桥。从前桥面两侧有栏可供凭眺，桥下种植菱芡芙蕖，是当时府学一景。不过泮池上一般没有桥，只有苏州府学的泮池上有桥。还有宋景佑年间原为府学正门的泮宫牌楼、府学枯木，北宋政和年间的府学古井等，都是学校千年历史的见证。

图 5-10　泮池

图 5-11　尊经阁

重修后的尊经阁成为校史馆。“乾隆诗碑”（图 5-12）也重现于世，“乾隆诗碑”是清高宗弘历六次驾临紫阳书院，所作六首诗的刻碑的全称。由于年代久远，灾祸频仍，尤其是咸丰兵燹，府学、书院付之一炬，大量碑刻毁于一旦。乾隆诗碑五毁一存，灵光仅现，弥足珍贵。该碑原是苏州中学校园古碑墙五碑之一，校园整体改造时，被移入室内，配碑帽、碑座，还其本来面目，并加玻璃罩保护，足见其珍贵程度，该碑已成为尊经阁（校史馆）镇馆之宝。

图 5-12　**乾隆诗碑**

图 5-13　**府学碑廊**

与尊经阁（校史馆）相得益彰的，还有“府学碑廊”（图 5-13）。虽年代久远，战祸频仍，苏州府学历史上的碑刻毁没众多。但多年来，苏中校史研究专家精心整理历史石碑的遗存及拓片，学校领导多方筹措，复制镌刻，逐渐让存世的苏州府学拓片得以再现碑刻原貌。各种碑刻列布廊内，苏中历史之底蕴、底气扑面而来。

道山是府学开办时由开挖春雨池和碧霞池的土堆积而成的，已有近千年的历史，山顶有一亭，名“道山亭”（图 5-14）。山上树木森茂，花草繁多，一年四季都是青山，与两池绿水相映衬。道山的四角有四条上山的小路，均由凹凸不平的石板铺就，步行其中，古韵悠悠，沧桑感扑面而来。园林讲究自然之趣，忌讳人为的整齐划一，所以池沼或河道的边沿很少砌齐整的石岸，总是高低屈曲、任其自然，道山小路也是如此。山上布置几块玲珑的石头，树下设有石桌石凳，与自然融

图 5-14　**道山与道山亭**

为一体，端坐其中，鸟鸣悦耳，清幽自然，甚是惬意。因此道山是同学们读书休憩的天然场所。

道山北面是春雨池（图5-15），池中建一亭，有曲廊与岸相连，亭名“春雨亭”，取“春风化雨”之意，比喻良好的熏陶和教育，这名字用于学校是再恰当不过了。

图5-15　春雨池

道山南面是碧霞池（图5-16）。池中有一叶小舟，几只鸭子常悠闲地休憩其上，平添了这神仙居所的几分地气。两池一方一圆，取“不以规矩，不能成方圆”之意；校园有山有水，取孔子“仁者乐山，智者乐水”之意，学校的一草一木、一山一水、一墙一壁都有教化之义，都体现出府学成立时育人的核心理念。

图5-16　碧霞池

2. 保留和修缮百年新学的标志性建筑

学校保留和修缮了百年新学的标志性建筑，遵循实用、坚固和美观的基本原则，使建筑形象具有文化价值与审美价值，体现物质功能与审美功能、实用性与审美性、技术性与艺术性的完美统一。在许多地方原有建筑推倒重来，或易地重建之风盛行的情况下，学校遵循“尊重历史，挖掘底蕴，合理分区，相对统一，注重功能，讲究美观”的原则，对校园整体建筑布局改造进行充分的论证、设计，使那些体现学校特色和传统的老建筑无一例外都得以保留和修缮。

其中包括建于1936年的科学楼（图5-17），建于20世纪50年代的东、西两幢红楼（图 5-18）。校友中的一位中国工程院院士在给母校的一封信中曾这样说：“我们欣喜的是四十几年前母校在我们心中的形象依然依稀可寻。东、西红楼仍然是刚落成时我们高高兴兴搬进去在新教室上第一课时的样子……”以科学楼为中心，含东、西红楼，道山亭，南、北池塘和础园在内的校园建筑和地块，非常突出地成为学校的标志性建筑和景点。础园是学校在 20 世纪 90 年代末新辟的一个景点。取名“础园”，不仅因为这里是尊经阁的遗址，留下了不少引人注目的础石，还因为在础园安放了胡瑗的塑像，“园”以“础”名，既体现了学校悠久的办学历史和深厚的文化底蕴，又形成了一种特有的校园文化。

图 5-17　建于 1936 年的科学楼

图 5-18　东、西红楼

学校没有高楼大厦，也缺少豪华气派，但正是这样的古韵今风，尤其给人以历史悠久、古朴庄重的亲切感和震撼力，自然涵泳了一种校园文化、一种校园氛围、一种精神力量。每一位从苏州中学走出的学子无论何时回来，津津乐道的都是这些已经成为学校象征物的建筑。

东西方书院历来重视自然环境的教化，客观物体本来是没有生命和情感的，但是，经过教育建设者按照预期教育目标，根据学生成长的需要而进行精心的设计和创造，就能达到苏霍姆林斯基所说的“一所好的学校连墙壁也能说话”的境地。

3. 营造富有书院气质的自然人文景观

苏州中学是一所有山有水的、富有书院气息的学校。书院自然环境中的基本要素有山、水、亭台楼榭和楹联、四季皆绿和四季皆花的植被。校园内有一座山（道山）、三个池沼（泮池、春雨池、碧霞池），有道山亭、春雨亭、仰高亭和半亭，有曲径通幽的碑廊。树木更是遮天蔽日，且品种繁多，整个校园几乎全被树木覆盖。道山悠悠，林木繁盛，花草馥郁，春夏秋冬，四季风物，各自成景。

道山上的那棵五代古松，苍劲古老，屹立风雨数百年，是校园花木中的镇园之宝（图 5-19）。

春雨池畔的樱花（图 5-20）、红楼前的玉兰（图 5-21）每年繁花似锦，已成最美丽的校园一景。

图 5-19　道山古柏

图 5-20　春雨池旁的樱花开了

图 5-21　红楼前春天绽放的玉兰

学校特意修缮的“交叉小径的花园”（图 5-22）与“哲学家小道”（图 5-23）赋予环境以文化哲理的意味。

图 5-22　础园里的交叉小径

甚至池塘里悠游的鸭子与肥鹅（图 5-24），校园内自在生活的一代代校猫们，都已经成为学生的心灵寄托。甚至苏中的校猫也有属于它们的纪念石（图 5-25）。

图 5-23　哲学家小道

校园各处角落随处可见一些碑石楹联，其上的诗文都极富苏中特色，或藏于林间，或刻于石上，或置于亭中，随处可见。（图 5-26）如校门处范仲淹石像后的《岳阳楼记》（图 5-27）；紫阳楼门厅内的“诚思信勇”的校训

图 5-24　碧霞池里的鹅、鸭

图 5-25　校猫纪念石

（图 5-28）；智德之门旁汪懋祖校长“有转移环境之能力，而不为不良环境所屈服”的寄语；道山上“耕道得道，学山至山”的楹联；科学楼前“指示周详，安定之规模犹在；转移神速，文翁之化育常青”的楹联；图书馆前的楹联是曾在苏州中学执教的吕叔湘先生“立定脚跟处世，放开眼孔读书”的名言；泮水居与采芹园畔“思乐泮水，薄采其芹”的《诗经》名句；道梦空间旁的“活泼泼地”（图 5-29）等石刻楹联碑文等，都在自然而然地濡染着身处其中的莘莘学子。

图 5-26　尊经阁前的楹联

图 5-27　范仲淹石像与《岳阳楼记》碑文

图 5-28　紫阳楼门厅内“诚思信勇”校训

图 5-29　汪懋祖校长“活泼泼地”石刻

卫新校长说过：“我心里的苏中，是一个有诗意的四度空间。”学校的文化空间的建构正是学校的“长度、宽度、高度、温度”四个维度的充分体现。

校园环境中的一个个鲜明形象带给了学生感受和体验，使学生所处的不再是一个自然状态的生活空间，而是富有教育内涵和文化品位、富有美感的、充满智慧和情趣的一方天地和动感地带。这样的情境和活动处于相互依存的变量状态，形成一种向着教育教学目标的整合的“力”。在这种力的推动下，学生主动学习的态度、情绪、语言和行为使已创设的环境更为丰富，情境渲染的氛围也就更加浓烈。这种环境有利于学生不断改善认识结构和心理结构，因而不增加负担、不受强制而能主动学习、自我教育的书院制育人模式的理想境界得以实现。

第五节　书院制数字化空间构建

一、建设未来教室

为推进数字化环境中学生个性化学习、网络课程资源应用、学科教学与教育信息化深度融合，促进教学方式的变革，苏州中学一是建成了配有 StarC 3.0 云端一体化学习平台的未来教室。全新的一体机和计算机终端 StarC 3.0 云端一体化学习平台进入每一间教室，倡导以“学生的学为中心”来组织教学，并结合苏州市未来教室的种子教师培养项目，提高教师的信息技术与学科教学深度融合的能力，提高课堂学习即时评价效益。二是引进极课大数据系统。应用网络评价平台极课系统，为课程评价提供信息化手段，丰富学生评价数据来源，实现管理信息化，将过程性评价计入学业评价管理，做到教育教学信息采集全程化，确保对学生评价的公正、公开、透明，为多模式发展环境下的管理提供有效的评价工具。

二、引入大数据系统助力精细化教学

苏州中学引入大数据系统，迄今已有五年时间。五年来，大家对大数据系统的认识，也在不断地“升级换代”。一开始，大多数教师认为大数据系统只是阅卷统计工具，用起来烦琐、费时、费力，而且作用不大，但学校还是坚持了下来，一方面，相比原先期中、期末考试使用的网上阅卷方式，手阅加扫描能够在学生的卷面留痕，便于学生事后有针对性地订正和反思；另一方面，持续地使用之后，学生也能对自己的学科学习总体状况有一个纵向的比较，便于师生根据数据来做精准的分析。

目前，大数据系统的使用已经做到所有年级考试科目的全覆盖，当然学科之间使用的程度还存在差异，英语、数学学科使用频次较高，2019 年秋季开始，高三数学已经做到日常作业的常态化使用，数学作业读卷达到 195 次，高三英语读卷累计 80 次，从而积累了大量的学生答题数据，为有效提升学生成绩提供了有力保障。

据不完全统计，在 2019 年秋季学期开始，高一、高二合计网阅考试 97 次（含期中期末 12 次，周考 85 次），手阅小测验 597 次，练习 276 次，覆盖多数考试学科和全部班级。

三、让资源与数据“存”在云端

苏州中学在信息化基础建设上投入很大，但大多数基础建设投入在中心机房、服务器、交换机等硬件设备方面，所以信息化工程的“存在感”很低。为了让教师们也能感受到信息化建设给日常工作带来的便利，学校也购置了存储服务器并尝试部署了校内云盘，为每位教师提供了 20G 的云盘空间，提供“7×24”小时的全时段访问。只要有网络，教师可以在教室、在办公室、在家里、在路上……任何位置访问网盘，可以使用电脑、手机、平板等任何设备访问网盘，真正做到了将工作的数据存在云端，方便老师利用云盘进行课件等教学资源的编辑、演示、存储、分享。

网盘的启用，极大地方便了教师，尤其是那些任教班级数较多的教师，因为每个班级都有对应的网盘账户，所以教师只需要将文件夹一次性分享给指定的班级，就可以直接到班级内的大屏电脑上打开相应的课件进行教学。正如一位教师在信息交流群里留言的那样，“我再也不会丢U盘了”，的确，有了网盘的助力，教师们应该不需要携带U盘连接教室电脑了。

【本章主要参考文献】

［1］李沈阳．传道授业：中国传统教育［M］．济南：山东大学出版社，2017.

［2］何一远．传统书院对现代中小学校园环境设计的启示［D］．杭州：杭州师范大学，2017.

［3］蔡大镛，张昕．道山情怀［M］．苏州：古吴轩出版社，2010.

第六章 书院制课程体系的建设与实施

优质的学生需用最好的方法培养，苏州中学通过书院制育人模式下的课程开发、实验与挖掘，通过课程改革建设多选择、个性化、高水准的书院课程，加大学生特长培育力度，激发学生的内动力，注重对学生分类指导，注重过程管理、目标管理、个体管理，落实因材施教，实现立德树人的目标。

依据“让更多学生有更好的发展，以科学的方法求和谐的发展”的办学理念，以“终身的自主学习者和自我教育者”为育人目标，苏州中学构建了完善的书院课程体系的顶层架构。

书院制课程体系包括核心通识课程班级制、特色通识教育书院制两大类。

核心通识课程包括语文、数学、外语三科课程，教授高考内容；物理、化学、生物、政治、历史、地理、信息技术七门，教授合格性考试所要求内容。学生以班级制形式进行学习。其他学科的高考内容则融入书院制的特色通识课程中。

特色通识课程将国家课程和校本课程进行有效整合，着力培养学生的核心素养，为学生提供多元化、多层次、多领域的选择可能，形成道山（人文）、春雨（理工）、碧霞（艺体）、国际（卓越）四个类别的课程体系。由相关领域的专家教授、学校在本领域长期钻研的名特教师和骨干教师共建“普及·兴趣·特长”课程群，面向全体、自主选择、高级研修，选编相关课程标准、实施方案和校本教材，着力打造四个类别的书院课程群，并在教学过程中不断改进完善。建立、健全与“行政班+走班”教学管理模式配套的管理制度，在课程建设和实施方面做更多的探索和尝试。

苏州中学通过书院制育人模式下的课程开发、实验与挖掘，构建完善书院人文、理工、艺体、卓越四个不同类别的课程体系，打破普通高中以高考为主的教学教研，为不同学生提供适合的发展通道，助力拔尖创新人才的个性化发展。

第一节　书院制课程体系的顶层架构

一、书院制课程体系重在特色通识课程

书院课程体系的顶层架构是以国家课程为基础，结合国学、史学、

文学、哲学、数学、科学、技术、工程、艺术、心理、体育等学科，整合校内外课程资源、专家资源，围绕书院课程群的建设实践、书院课程学习、空间建设使用等方面展开研究实践，注重对人才的多元化培养。

苏州中学的书院制课程体系立足于高考方案，将书院制与选课制、走班制结合，形成切实可行、独具特色、课程完善的体系。学生根据自身学业需要，在A、B、C三种课程群里自主选择组合，在规定时间内取得相关学分，一人一课表。

（1）A类课程：国家必修课程，达到学业水平合格要求。

（2）B类课程：国家选择性必修课程，达到学业水平等级性考试要求。

（3）C类课程：选修课程及各类校本课程群。[1]

苏州中学的书院制课程体系建设重在以教师的学术发展引领学生的学业发展，设立道山、春雨、碧霞、国际四大特色书院，分别侧重于人文、科学、艺体、国际四大发展领域。每个书院选聘国内外享有盛誉的优秀校友代表或高校教授、知名学者担任山长（荣誉院长）。

道山书院开设语文、历史、政治、地理选修课程；春雨书院开设数学、物理、化学、生物、信息选修课程；碧霞书院开设美术、音乐、舞蹈、体育全部课程及艺体特长生课程；国际书院开设卓越课程及英语选修课程。四大书院各有侧重目标，道山书院的苏州府学文化基地培养文科高精尖后备人才，春雨书院的数理拔尖学生培养课程基地培养优秀理科生，碧霞书院的艺体课程培养身心健康的人，国际书院的卓越课程基地则是培养面向世界的外语精英人才。各书院课程根据国家课标要求划分不同模块，分时间段完成教学任务。

四大书院的建设与实施的定位为“课程教材开发、课程教学实施、学术研究和师生共同发展的孵化器”。其中，书院所开展的“普及·兴趣·特长”课程群的开发、组织、管理和服务，是一种新型校本课程创新组织管理的实践探索。通过书院建设项目，整合各方资源，构建书院课程体系，开展导师制、选课制、走班制、学分制等教育教学实践研究。

---

［1］ A类课程是学生必须选择的，其中语文、数学、外语三科要学习三年、其他七门在学生考试合格后结束学习。学生根据选科来选择适合的B类课程进行课程组合。可以自由选择C类课程。

二、书院制课程以项目制方式开展

各大书院的课程以项目制方式开展，在项目学习的过程中，需要考虑的核心问题是：学习过程中以学生为中心，使学生参与到某学科的核心概念与原理的学习中；项目活动不是常规课程的附属品，它本身就是教学的中心；通过高度精练的驱动问题激发学生兴趣，引导学生对真实且重要的专题进行深入探究；在学习、自我管理和项目管理过程中，使学生能够应用科技手段和其他关键的工具与技能；对项目作品的详细说明；采用基于表现的评价方法；鼓励学生以某种形式相互协作。[1]

为完善课程体系的设计与实施，书院分别设立四个任务组。

一是书院课程开发建设项目组。由相关领域的专家教授、名特教师、骨干教师等组成导师团队，做好书院课程群的顶层设计，选编相关课程标准、实施方案和校本教材等，并在使用中根据课程教学反馈不断改进完善。选拔品学兼优的学生，形成导生团队，协助导师开展活动和日常管理。

二是书院群落规划建设组。建设书院课程实施空间，并将书院建设成为一个多功能综合体，是集课程专题教室、动手实践场所、专业图书馆、主题活动区、师生交流社区、创想讨论区等为一体的立体化的学习生活空间。

三是书院课程选修实践组。依托教学处落实课程选修，融目标、资源、教学、评价为一体。通过强化国家课程的校本化实施和书院特色课程的选修实践，着力培养学生的核心素养，加强培养学生创新意识和创新能力；通过在书院课程实施空间的学习实践，开展课题研究、行动研究，借助工作坊、小组学习、导师制等形式，提高学生自主学习能力、独立研究能力、小组合作能力等；鼓励有共同兴趣爱好的学生组成研究社团，自主选聘导师，开展项目式研究；鼓励学生深度学习，跟随相关领域的教授从事课题研究活动，成为相关领域的后备力量；组织开展各种学术及文化艺术活动，促进学生文理渗透、优势互补，鼓励不同兴趣爱好与特长的学生互相学习交流，建设学习生活社区，鼓励学生开展社

---

［1］ 巴克教育研究所．项目学习教师指南：21 世纪的中学教学法：第 2 版［M］．北京：教育科学出版社，2008.

团活动，促进学生个性化发展。

四是书院制课题研究项目组。收集整理过程性素材，具体开展书院制育人模式的理论研究和实践研究，推进教学方式变革。

三、书院制育人模式的课程架构

四大书院的课程以“基于整合、基于探究、基于挑战”为原则。“基于整合”意为设置有灵气的课程，打破学科藩篱、跨越学科边界；“基于探究”意为设置有兴趣的课程，注重培养学生的学术兴趣、学术探究和学术表达的能力；“基于挑战”意为设置有深度的课程，如大学先修系列课程、学科竞赛系列课程等。

书院制育人模式不同于学生常态学习的“普通班”通识培养模式，而是依据个性进行培养，以四大书院、4 个学习领域、7 个科目、16 个专题，跨班级、跨年级实施选修，融目标、资源、教学、评价为一体，为学生提供丰富的、可选择的百余门课程。

学校根据时代发展需要和学生发展需要，结合道山文史课程基地、数理拔尖学生培养课程基地、梦工场——STEAM 课程中心、卓越国际课程基地等课程项目的建设推进，不断培育新的课程群和课程学习模块。通过书院课程体系的建设，融合苏州中学、有关高校和科研院所、校外课程基地的教科研资源，联合校内外导师，兼顾普及与提高、学习与实践、探究与研习、活动与竞赛等，满足不同学生的学习需求，努力让更多学生有更好的发展。（表 6-1）

1. 道山书院——人文素养课程体系

苏州中学道山书院，包括图书馆、道山亭、尊经阁，主要承担学生人文素养领域的课程，涵盖国学、史学、文学、哲学几部分的课程。旨在建设实施人文类课程群，着力培养融通传统文化、融汇西方理念、践行学做合一、对接生活世界的复合型人文英才。倡导基于批判性思维的学习，用问题引导，推动学生开放性思考、研究，倡导基于课题研究的学习，梳理对比史料信息，学会判断信息的可靠性。课程评价主要包括论文评价、史料编辑等方面。

尊经阁，也是苏州中学的校史馆，两侧悬挂文徵明的对联“一代高标声未剪，千年正气节犹存”，厚重之风扑面而来。

表 6-1　四大书院特色课程体系

书院	核心素养领域	课程类别	提要	教与学方式	评价方式
道山书院（图书馆、道山亭、尊经阁）	人文素养领域	国学史学	建设实施人文类课程群，着力培养融通传统文化、融汇西方理念、践行学做合一、对接生活世界的复合型人文英才。	倡导基于批判性思维的学习； 用问题引导，推动学生开放性思考、研究； 倡导基于课题研究的学习； 梳理对比史料信息，学会判断信息的可靠性。	论文评价 史料编辑
		文学哲学			
春雨书院（量子馆、梦工场、实验室）	科技素养领域	科学课程	建设实施数理拔尖学生培养课程基地、梦工场——STEAM 课程中心课程群，鼓励学生开展独立自主的学习和探究活动，培养学生的科学精神和实践能力。	倡导基于实证研究、实验研究的学习； 指导学生立足于实证、实验进行研究，并学会有条理地表达、论证、撰写研究报告。	设计方案 实验报告
		技术课程		倡导基于项目的学习，集信息收集、自主探究、“产品”制作、成果交流于一体。	项目评价 团队评价
碧霞书院（来秀坊、体育馆、运动场、道梦空间）	身心健康领域 艺术领域	艺术课程	开设艺术鉴赏课程；开展油画、水墨画、版画、刻纸和瓷刻等创作及展览活动；开设音乐剧创作课程；开设各类舞蹈课程；组织艺术团队，开展舞蹈排练、管弦乐排演等；开设动心课程，组织排演心理剧，促进学生身心和谐发展。	倡导基于鉴赏与创作的学习； 引导学生参观各类艺术馆博物馆，体验不同艺术门类对话融合的创意魅力； 倡导心理疏导，促进心理健康。	展览、展评、活动、展演
		体育课程	开设帆船、足球、排球、篮球、棒球、羽毛球、跆拳道、健身、健美操、定向越野等课程，面向全体开展活动、竞赛，组织运动队以培养有特长的学生。	倡导基于自然运动的学习； 在自然运动课程中体验科学性与规则性，并训练勇敢精神和锲而不舍的精神。	活动、竞赛
国际书院	国际发展领域	国际课程	“卓越课程”、美国大学先修课程（AP 课程）、AP 衔接课程、学术英语课程、美国高中特色课程、大学申请指导课程等。	中外课程融合学习、网络学习、讨论式学习、演讲、辩论、综合实践活动等，促进自主学习、合作学习、探究学习、团队协作等能力的提高。	过程测评、阶段测评、综合测评、活动、竞赛

徜徉在校史馆，从范仲淹、胡瑗到沈德潜、钱大昕，从罗振玉、王国维到汪懋祖、钱穆……苏州中学千载文脉浮现眼前，灿若星河，让人由衷地对这所千年名校心生敬佩。

苏州文庙与苏州中学难分你我，一墙之隔，有门互通。文庙的泮池、明伦堂一度纳入苏州中学的校园。苏州文庙及其石刻升格为全国重点文物。苏州文庙是全国规模仅次于曲阜孔庙的文庙，向有“东南学宫之最”的美名。苏州文庙是文化的宝库，值得学生静下心来细细阅读。

苏州中学府学文化积淀深厚，府学遗存自然布落在校园各处，为文史类课程教学提供了生动的校本化学习资源。学校在原有的大量校史类研究和府学文化研究的基础上，利用现有的尊经阁、道山亭等资源，开发建设文史室和府学文化课程群，更贴近于学生，辅助他们开展文史类学术研究，也为人文类拔尖创新人才对接著名高校的文科生培养计划提供支持。

同时建设实施府学文化课程群，丰富学生的校本化选修课，校本选修与研究性学习、学术型社团活动、校内外综合实践活动相结合，让学生在体验文史类校本化研究的过程中立体化、全方位地深入了解学校、热爱学校、热爱家乡。

府学文化课程立足语文、历史、地理等学科，利用文庙、校图书馆、校史馆等，通过阅读、体验、感悟、实践等方式，培养学生的语文素养和人文积淀，提高他们的理解能力、语言表达能力、写作能力等。

2. 春雨书院——科技素养课程体系

春雨书院课程场馆包括量子馆、梦工场、实验室，旨在培养学生科技素养，包含科学课程和技术课程两大板块。具体有：建设实施数理拔尖学生培养课程基地和梦工场——STEAM 课程中心课程群。

科学课程，鼓励学生开展独立自主的学习和探究活动，培养学生的科学精神和实践能力，倡导基于实证研究、实验研究的学习。指导学生立足于实证、实验进行研究，并学会有条理地表达、论证、撰写研究报告。课程评价形式有：设计方案、实验报告。

技术课程，倡导基于项目的学习。集信息收集、自主探究、“产品”制作、成果交流于一体。课程评价形式主要是项目评价和团队评价。

近两年来，学校成立了 70 多个理科课题研究小组，涉及物理、化学、生物、信息技术等数理课程，让学生走进大学实验室、专业研究所，组建微型实验室开展各项研究。2015 级学生卢欣旸主持的课题“荷叶的秘密——对防水材料的研究”不仅对自修复防水材料进行理论研究，还在苏州大学实验室成功制作了材料成品，课题组撰写的论文已发表在《现代丝绸科学与技术》上。

据不完全统计，2016 年，苏中学生在各级各类学科竞赛中获奖达 300 人次，其中全国银牌 1 人，铜牌 1 人，全国一等奖 10 人，省一等奖 55 人。刘君达在 2016 年省青少年科技创新大赛中获一等奖和省长奖，被授予“明天小小科学家”荣誉称号。祁子涵在美国学术十项全能（United States Academic Decathlon）总决赛获经济、科学第三名（铜牌），张雨薇获经济第三名（铜牌）。学校连续多年蝉联市青少年“科技创新教育摇篮奖”。

3. 碧霞书院——艺术体育课程体系

碧霞书院的课程场馆主要是来秀坊、体育馆、运动场、道梦空间，课程兼顾身心健康领域与艺术领域。

艺术课程，秉持“以美载道、以美益德、以美导善”的教育理想，倡导基于鉴赏与创作的学习。对于艺术而言，任何对象都是一种生命存在的形式，跃动的画面、灵动的人物，无不在文化的语境中，彰显着每个人的价值追求。在来秀坊中开拓艺体空间，开设艺术鉴赏课程；开展油画、水墨画、版画、刻纸和瓷刻等创作及展览活动；开设音乐剧创作课程；开设各类舞蹈课程，如芭蕾、踢踏舞等；组织艺术团队，开展舞蹈排练、管弦乐排演等；开设动心课程，组织排演心理剧，促进学生身心和谐发展。引导学生参观各类艺术馆、博物馆，体验不同艺术门类对话融合的创意魅力。评价形式有展览、展评、活动、展演。

体育课程倡导基于自然运动的学习。在自然运动课程中体验科学性与规则性，并训练勇敢和锲而不舍的精神。评价形式有活动、竞赛等。开设足球、排球、篮球、棒球、羽毛球、跆拳道、健身、健美操、定向越野等课程，面向全体开展活动、竞赛，组织运动队以培养有特长的学生。

碧霞书院的艺术课程覆盖全年级，特点是菜单式、走班制。高中三年，每个学生都有专门的艺术课程，以选修和必修等方式接触到舞蹈、声乐、设计、作曲、油画、国画等多种艺术门类。学生自由选择班级、自由选择老师来学习不同的项目，而老师也会根据自己的特长授课。跨学段组成的舞蹈社团“梦之队”于2018年获江苏省第六届中小学生艺术展演特等奖（第一名），2019年参加全国第六届中小学生艺术展演获全国一等奖并参加闭幕式演出，这是基于舞蹈社团的长期积累传承和苏州中学艺术指导教师长期的教学实践探索所取得的成果。

4. 国际书院——卓越国际课程基地，培养创新人才走向世界

国际书院专注国际发展领域的国际课程包括“卓越课程”、美国大学先修课程（AP课程）、AP衔接课程、学术英语课程、美国高中特色课程、大学申请指导课程等。教学形式主要为中外课程融合学习、网络学习、讨论式学习、演讲、辩论、综合实践活动等，促进自主学习、合作学习、探究学习、团队协作等能力的提高。评价形式包括过程测评、阶段测评、综合测评、活动、竞赛等。

苏州中学大力推进国际化战略，和日本、新加坡、英国、美国、加拿大、澳大利亚、新西兰等国的十多所著名大学（如麻省理工学院、早稻田大学等）和知名中学（如英国伦敦德威公学、新加坡立化中学等）建立友好合作关系，积极拓展学生发展的国际通道，每年均有10%左右的学生通过学校国际合作项目出国留学。

2007年，学校引进英国剑桥国际高中课程，一大批具有较强国际竞争能力的创新人才从苏中走向世界，哈佛大学、剑桥大学、牛津大学、耶鲁大学、斯坦福大学、普林斯顿大学等世界一流大学不乏苏中学子的身影。

第二节　书院制课程体系的建设案例

案例一　道山书院：人文素养课程体系建设案例

道山书院继承千年府学渊源，打造府学文化课程基地，建设实施人文类课程群，着力培养融通传统文化、融汇西方理念、践行学做合一、对接生活世界的复合型人文英才。

为更好地建设完善贯通式培养课程体系，更好地培养学生，推进人才培养模式的变革，为基础教育治理的提高做出积极贡献，学校于2019年在道山书院的基础上，成功申报建设省级普通高中课程基地——道山文史课程基地。

（一）课程分类

表 6-2　苏州中学语文课程优化整合框架表

课程类型	课程核心	课程名称	课程内容
A 类课程	国家课程校本化	高中语文Ⅰ	优化重组探究课程
		高中语文Ⅱ	优选共生专题课程
		高中语文Ⅲ	校本自主卓越课程
B 类课程	读写课程系列化	阅读研讨课	课外阅读课内研讨
		专题性阅读	课外拓展阅读引领
		专题性写作	课内作文专题训练
C 类课程	拓展课程常态化	课内选修课	—
		拓展活动课	—

关于此表（表 6-2）的说明如下：

（1）本框架设计基于语文学科生态系统，拟在落实国家课程校本化的前提下，重点突出学生阅读积累、写作训练两条主线，辅以课内、课外拓展类语文活动课程，以期从学科能力等方面引领学生提升综合素养。

（2）A 类课程的核心是落实国家课程校本化。其中高中语文Ⅰ针对语文学力较强学生，压缩现有必修课课时，优化重组并增加读写项目探究课时；高中语文Ⅱ针对语文学力一般的学生，对现有教材优选专题，使其具备语文达标素能；高中语文Ⅲ针对意在出国的“卓越项目”学生，是国家课程校本化最具特色的语文课程。

（3）B 类课程的核心是重点突出语文读写素能提升。其中阅读研讨课，意在将学生课外阅读纳入课内管理，是课内外阅读桥梁的创新尝试，与专题性写作课构成课内读写双线结构；专题性阅读与专题性写作，均旨在优化惯性样态的无序性读写，引领学生读写训练走向序列化、体系化。

（4）C 类课程是 A 类、B 类课程的必要补充。其中课内选修课，是学生自主选择、提升语文素养的个性化课程；拓展活动课，旨在通过丰富多彩的语文活动，让学生在实践中学习语文和运用语文，并以此提升语文综合素能。

（二）教学分层

针对各学段的不同班型，坚持因材施教原则，采取分层教学法。

表 6-3 苏州中学语文课程分层教学框架表

学段	班型	课程建议
高一（上） 高一（下）	数理基地班	高中语文Ⅰ+阅读研讨课
	匡亚明实验班	高中语文Ⅰ+阅读研讨课
	国际班	高中语文Ⅱ
	双语班	高中语文Ⅱ
高二（上） 高二（下）	数理基地班	高中语文Ⅰ+阅读研讨课
	人文强化班	高中语文Ⅰ+阅读研讨课
	文理普通班	高中语文Ⅱ
	卓越项目班	高中语文Ⅲ+阅读研讨课
高三	数理基地班	高中语文Ⅰ
	人文强化班	高中语文Ⅰ+阅读研讨课
	文理普通班	高中语文Ⅱ

关于此表（表 6-3）的说明如下：

阅读研讨课被纳入语文学科周课时中，每周 1 节或双周 2 节，由相关班级的教师按阅读建议（各学段的课内外阅读篇目建议附后）提前组织学生在课前阅读，并在阅读研讨课上组织汇报研讨，旨在促进执行阅读计划，深入思辨阅读内容，培养学生审美批判，训练学生语文思维，提升学生学科素养。

（三）教材整合

教材无非是个例子，针对不同年级的不同班型，建议教师优化重组或精心挑选经典篇目组织教学，有机地将必修教材、选修教材和语文读本配套使用，并根据新的教学模块编印相关补充读本，以追求阅读效果最优化，可参见表 6-4。

表 6-4 苏州中学语文课程教材整合框架表

学段	班型	课程建议
高一（上） 高一（下）	数理基地班	高中语文Ⅰ+传统文化专题阅读
	匡亚明实验班	高中语文Ⅰ+传统文化经典选读
	国际班	高中语文Ⅱ+现当代作家作品阅读
	双语班	高中语文Ⅱ+社会生活情境阅读

续表

学段	班型	课程建议
高二（上） 高二（下）	数理基地班	高中语文Ⅰ+思辨性阅读
	人文强化班	高中语文Ⅰ+文学鉴赏与创作阅读
	文理普通班	高中语文Ⅱ+当代文化专题阅读
	卓越项目班	高中语文Ⅲ+跨文化专题阅读研讨课
高三	数理基地班	高中语文Ⅰ+学术论著专题阅读
	人文强化班	高中语文Ⅰ+论著选读
	文理普通班	高中语文Ⅱ+跨媒介阅读

关于表 6-4 的说明如下：

（1）本表所列仅为教材优化整合部分，不含课外阅读进课堂篇目。

（2）选择高中语文Ⅰ的班型，建议在学段模块范围内，对教材大胆取舍和优化重组，利用压缩产生的课时，进行拓展阅读指导。

（3）补充读本的编写，旨在配合相关专题的教学内容，进行拓展、深化、提升，在教师的指导和要求下，主要由学生进行课外自主阅读。

（4）教材整合不限于表中所列建议，还可参照国家新课程标准建议（表 6-5）。

表 6-5　高中语文课程标准・必修课与选修课・学习任务群建议表

序号	课程建议	序号	课程建议
1	语言积累、梳理与建构	9	现当代作家作品阅读
2	当代文化参与和探究	10	外国经典作家作品
3	整本书阅读研讨	11	传统文化经典选读
4	跨媒介学习与交流	12	论著选读
5	多文本专题阅读研讨	13	现当代作家作品专题
6	社会生活情境阅读交流	14	传统文化专题研讨
7	文学鉴赏与创作	15	跨文化专题研讨
8	思辨性阅读与表达	16	学术论著专题研讨

（四）阅读建议

表 6-6　苏州中学阅读建议篇目表

学段	阅读研讨课（课外阅读进课堂）	课外拓展性阅读
高一（上）	《乡土中国》 “姑苏文化”专题阅读：《陆文夫文集》《苏州园林》《苏州小巷》等	《边城》《呐喊》《彷徨》《契诃夫短篇小说选》《诗经选译》 《泰戈尔诗》等现代诗歌
高一（下）	《红楼梦》 “美学”专题阅读：《美的历程》《美学散步》《谈美书简》《傅雷家书》《生活的艺术》等	《论语译注》《雷雨》《哈姆雷特》《老人与海》《中国文学简史》《木心文学回忆录》《国学的天空》《家》《月亮与六便士》《巴黎圣母院》
高二（上）	《三国演义》 “哲学”专题阅读：《苏菲的世界》《哲学修养十五讲》《中国哲学史》《西方哲学简史》《哲学的慰藉》等	《聊斋志异》《古希腊神话传说》《欧也妮·葛朗台》《人间词话》《安娜·卡列尼娜》《西厢记》
高二（下）	“学会说理”专题阅读：《鲁迅杂文》《明亮的对话：公共说理十八讲》《自由在高处》《思想国》《沉默的大多数》《观念的水位》等	《朱自清散文》《百年孤独》《金蔷薇》《堂吉诃德》《一个人的村庄》《唐宋诗鉴赏辞典》
高三（上）	“心理学”专题阅读：《心理学导论》《爱的艺术》等	《中国文化的深层结构》《西方文学十五讲》《中国文化通论》《不能承受的生命之轻》《文艺欣赏漫谈》《精神明亮的人》
高三（下）	“科学”专题阅读：《科学十五讲》《上帝掷骰子吗》《科学的历程》《从一到无穷大》《时间简史》等	个性化阅读

关于此表（表 6-6）的说明如下：

（1）本表阅读建议篇目（仅供参考）均为教师引导学生利用课外时间阅读，其中阅读研讨课篇目建议进课堂深入研讨。

（2）阅读研讨课篇目主要用于选择高中语文 I 的班型，利用优化压缩必修课课时后产生的多余课时，以每周 1 节或双周 2 节的频次，在课堂上组织学生深入研讨。

（3）其他班型均引导学生利用课外时间阅读所有篇目，并通过阅读摘评或撰写随笔等形式予以推进和有效落实。

（五）写作建议

鉴于写作目的之多样性，建议学生将作文素材积累与课内外阅读相结合，坚持撰写读书摘评或读书随笔等；作文兴趣的培养与个性化写作的启发，则可以通过原创写作活动、文学社刊展示、推荐报刊发表等形式达成；而规范化写作与应试作文的训练，则通过专题化、系列化的训练和指导，由教师组织学生在课内落实与推进（表 6-7）。

表 6-7　苏州中学写作建议表

学段	写作专题建议	写作训练目标
高一（上）	记叙文之文体规范 记叙文之人物描写 记叙文之选材立意 记叙文之情节结构 记叙文之环境描写	以记叙文训练为主，培养热爱写作、乐于交流、勤于修改的习惯，使学生具有相当的记叙类文体写作的能力
高一（下）	应用文之书信 应用文之演讲稿 应用文之时事评论 应用文之谈话稿 应用文之辩论稿	培养学生热爱写作、乐于交流、勤于修改的习惯，使学生具有相当的应用类文体写作的能力
高二（上）	议论文之文体规范 议论文之观点鲜明 议论文之论点切分 议论文之论据多样 议论文之论证方法	以议论文训练为主，培养学生具有一定认识力、思考力和表达力，使学生具有相当的议论类文体写作的能力
高二（下）	议论文之结构方式 议论文之语言修辞 议论文之记叙描写 议论文之驳议方法 议论文之杂文评论	同上
高三（上）	记叙文之问题梳理 记叙文之升格训练 议论文之问题梳理 议论文之升格训练 考场写作优化表达 竞赛作文专题指导	以记叙类和议论类文体为主，符合考场写作规范要求，在高考中获得高分成绩，优秀者达到满分作文样态
高三（下）	考场写作基础等级 考场写作文体样式 考场写作内容丰富 考场写作深刻创新 考场写作语言文采 考场写作提分技巧	同上

（六）拓展活动

语文活动是语文学科实践课程的重要组成部分，旨在通过丰富多彩的活动形式，引领学生感知语文魅力，培养语文能力，养成语文习惯，提升语文素养。

语文学科的活动形式大致有阅读活动、写作活动、听说活动、参观访问、调查研究、专题探究、综合实践等。语文活动是课堂教学的必要补充和拓展深化，是引领和促进学生体验语文学习和实践语文学习的有效渠道。

根据不同学段教学内容的特点，设计如下常态化语文活动建议表供参考（表6-8）。

表6-8　苏州中学常态化语文活动建议表

学段	课内活动建议	拓展活动建议
高一（上）	课前微讲堂 阅读研讨课 课内选修课	苏中汉字书写大赛 苏中经典诵读朗读者比赛 苏中演说家演讲比赛 普通话、苏州话、英语三话比赛 苏中红楼梦读写竞赛 全国各项作文大赛
高一（下）	课前微讲堂 阅读研讨课 课内选修课	苏中诗词大会 苏中话剧表演 “姑苏情”诗词歌赋大赛 苏中课外阅读成果报告会 全国各项作文大赛
高二（上）	课前微讲堂 阅读研讨课	苏中专题辩论比赛 苏中原创古诗词大赛 苏州文化专题读书报告会 全国各项作文大赛
高二（下）	课前微讲堂 阅读研讨课	苏中原创歌词曲表演比赛 苏州古诗词鉴赏文评比 苏中原创文学评论比赛 全国各项作文大赛
高三（上）	课前微讲堂	语文学习方法报告会 苏中原创时评论文比赛 全国各项作文大赛
高三（下）	课前微讲堂	苏中原创文学作品比赛 苏中原创社科论文比赛

关于此表（表6-8）的说明如下：

（1）以上活动分为两部分，其中课内部分如课前微讲堂，是贯穿日常教学的环节，是课堂教学的有机组成部分，意在细水长流地拓宽学生视野、积累语文知识和提升语用能力等。

（2）阅读研讨课和课内选修课，则是基于学生高效学习并压缩必修课时的前提，将课外阅读有机引入课堂进行研讨，是课内外学习的融通桥梁，既是课内学习的拓展，又是课外阅读的提升。

（3）拓展类活动主要安排在课外时间，旨在通过不同学段的序列安排，构建高中三年听说读写思等语文素能提升的实践体系，是学生语文学习和素能积累的重要组成部分。

（七）课堂教学

（1）整合现有教学资源，将国家课程校本化。将教学行为的目标落实在学生语文学习过程中，从“教”为中心走向“学”为中心。

（2）改革课堂教学方法，教会学生自主学习。在尊重学生差异的基础上设计多样性教学，倡导采用最优化的教学方法和导学方法。

（3）倡导践行黄厚江老师“共生教学”理念。师生共生、生生共生、资源共生、读写共生、说练共生、思维共生、课内外共生等。

（4）倡导学习小组合作式“项目学习”实践。从教师带领学习、教师安排学习，转变为学生参与设计、学生自主探究的项目学习。

（八）其他建议

（1）学生午间10分钟练字、周末读书摘评。

（2）推广项目阅读，每周1课时阅读研讨交流课。

（3）优化整合必修选修教材和读本，编印补充读本。

（4）专人负责编辑学生优秀作文，每学期印刷2～3期《学生优秀作文选》。

（5）专人负责沧浪文学社指导工作，每学期编印2期社刊。

（6）专人负责各类作文大赛事宜，不定期聘请作家、教授讲座。

（7）专人负责《作文通讯》相关工作，并推荐发表师生优秀文稿。

（8）专人牵头做好语文组有关课题研究事宜，并收集阶段性成果。

（9）成立苏中读书社团、组织师生读书沙龙、举办读书汇报等比赛。

（10）教师序列分工，筹备面向学生的阅读、写作或其他专题讲座计划。

（11）共建学科学段资源库，学科组内资源共享，避免每年每届重复劳作。

（12）探索校本化学生积分制评价机制，形成全面、系统、多元的评价体系。

案例二　春雨书院：数理拔尖学生培养课程建设体系

春雨书院课程旨在培养学生科技素养领域，包含科学课程和技术课程两大板块。具体有建设实施数理拔尖学生培养课程基地、梦工场——STEAM 课程中心课程群。

为更好地建设完善贯通式培养课程体系，更好地培养数理类拔尖学生，学校分别于 2015 年和 2016 年成功申报建设两个省级普通高中课程基地：数理拔尖学生培养课程基地和梦工场——STEAM 课程中心，结合“书院制育人模式”的理论研究和实践探究，梳理提炼之前所取得的拔尖学生培养课程建设经验，建设一批有书院文化气息的课程基地场馆、互动学习空间、动手实践场所，强化国家课程校本化实施力度，构建完善系列课程群以供学生进行多样化的学习选择，通过省市课程基地建设指导中心的指导和学校的实践探索，两个课程基地均获评“省级优秀课程基地”和“市级示范课程基地”。

（一）课程提出的背景

1. 拔尖创新人才培养战略

英才教育对于国家发展具有重要战略意义。随着时代的发展，国家和社会对创新人才培养提出了更多更高的需求。2016 年 5 月 30 日，习近平总书记在全国科技创新大会上指出，在创新实践中发现人才、在创新活动中培育人才、在创新事业中凝聚人才，聚天下英才而用之，让更多千里马竞相奔腾。2016 年 9 月，教育部颁布的《关于进一步推进高中阶段学校考试招生制度改革的指导意见》（教基二〔2016〕4 号）提出：“进一步完善自主招生政策。要给予有条件的高中阶段学校一定数量的自主招生名额，招收具有学科特长、创新潜质的学生，推动高中阶段学校多样化有特色发展，满足不同潜质学生的发展需要。”2017 年 3 月，教育部等部门出台的《高中阶段教育普及攻坚计划（2017—2020 年）》提出：“推动学校多样化有特色发展。深化普通高中课程改革，加强选修课程建设，充分利用校外教育资源拓展校内课程的广度和深度，增强课程的选择性和适宜性。”2017 年 9 月，中共中央办公厅、国务院办公厅下发的《关于深化教育体制机制改革的意见》（以下简称《意见》）指出，要推进普通高中育人方式改革，深化普通高中教育教学改革，稳妥推进高考改革。

苏州中学有着区域内最优质的普通高中的教育，在兼顾升学的同时，更要为学生的主动、自主、终身发展打下坚实的基础。对于有特长的学生，不仅仅关注他（她）的考试成绩，还要为他（她）更好地发展特长提供可选择的、适合的发展通道。

2. 考试招生改革不断推进

为避免“一考定终身”，也为选拔学科特长突出、具备创新潜质的优秀人才，2003 年，教育部开始推行自主招生。随着高考招生改革的深入推进，自主招生已成为高校选拔录取工作改革的重要环节。

通过十余年的实践，高校不断推进自主招生工作。比如，2017 年，北京大学在江苏省录取了 152 名本科生。其中，提前批、一批、医学部录取 58 人；小语种、学科竞赛保送、自主招生、“三位一体”综合评价、农村专项录取 94 人。也就是说，通过裸考进入北大的考生，仅占 30%。

2017 年，北京大学在浙江共录取 200 余人，保送 29 人，“博雅计划”招 10 人，“三位一体”综合评价招 65 人，自主招生和艺术、体育特长生共招 80 余人，仅凭裸分进入北大的有多少人呢？只有 12 人，占比不足 6%；清华大学 2017 年在浙江共招 150 人，其中“三位一体”综合评价招 105 人，自主招生，“领军计划”，“自强计划”，体育、艺术特长生共招 30 人左右，裸分录取的仅 15 人，占比约 10%。

结合高校对学生提交自主招生申请的资格要求来看，学生在学科特长突出、具备创新潜质方面的佐证材料主要是国家和省级教育行政部门认可的学科竞赛等获奖证明。

作为高考“指挥棒”的考试招生制度改革的深入推进不断推动学校课程体系建设和育人模式转型。

3. 课程教学改革不断创新

课程是培养有特质学生的主要依据和重要载体，亦是学校内涵式发展的核心元素。为促进对拔尖创新学生的培养，进一步打造学术型学校鲜明特色，苏州中学以《教育部关于全面深化课程改革落实立德树人根本任务的意见》（教基二〔2014〕4号）、《江苏省教育厅　江苏省财政厅关于启动普通高中课程基地建设的通知》（苏教基〔2011〕27号）等国家和省市课改文件为课程项目建设指导，推进课程内涵建设，以精品课程群建设为核心，培养有数理拔尖创新特质的学生，实施中学阶段的数理拔尖人才培养计划，尝试回答“钱学森之问”。

4. 拔尖人才培养不断探索

基于“千年府学、百十新学”深厚办学文脉，苏州中学历来注重在学术型拔尖创新人才早期培养方面的探索与实践。1985年起，苏州中学与中国科技大学联合举办了20届“中国科学技术大学少年班江苏省苏州中学预备班”，积极探索拔尖创新人才早期培养模式。如最近荣获“2019年生命科学突破奖”的庄小威即为苏州中学首届中科大少年预备班学生等。中国科技大学在1978—2018年这40年少年班培养历程中，培养了一大批杰出人才，其中有五位成为中外院士，而五位院士中的庄小威和顾建军都是苏州中学首届中科大少年预备班学生。

2009年起，苏州中学与西安交通大学联合培养创新人才，成功引进了西安交通大学少年班拔尖创新人才培养计划。

2011年，苏州中学成为江苏省14所普通高中创新人才培养试点学校之一。为更好地探索创新人才贯通式培养新途径，苏州中学提出实施“伟长计划”。“伟长计划”是为继承和发扬苏州中学校友钱伟长先生“科学报国”的崇高精神，发现和培育一流创新人才而制定的。“伟长计划”坚持系统培养观念，致力于搭建小学、初中、高中、大学相互衔接，联合联动的人才培养链条，建立完整衔接的创新人才培养体系。

2012年起对接南京大学匡亚明学院，实践探索“南京大学·苏州中学匡亚明实验班”培养模式，尝试探索书院制育人模式。

通过近两年相关课程的建设完善，2017年起开展理科基地班课程实践，进一步探索拔尖创新人才培养途径。2018年学校和中国科学技术大学再次强强联合，探索新时代背景下“中国科学技术大学少年班江苏省苏州中学预备班”培养新途径。通过长期的实践探索，苏州中学不断明晰拔尖创新人才培养途径，不断梳理提炼形成有利于人才培养的“书院制育人模式”。

（二）课程开发的目标

数理拔尖课程的建设推动学校从关注基础建设转型到强化课程内涵，拓宽培养路径，理顺普及教育与英才教育的关系，促进义务教育均衡发展与高中特色发展之间的关系，统一性培养与多样性发展的关系。

数理拔尖课程基地建设的宗旨是培养如下特质的学生：大胆的质疑者，缜密的思考者，有创意的问题解决者，充满想象的开拓者。

（三）课程体系建设过程

（1）前期调研论证。

（2）组建研究团队，明确研究内容和思路，确定实施方案。

（3）开展数理拔尖学生课程基地和梦工场——STEAM 课程中心的基础建设和课程体系建设。

（4）开展课程基地场馆、江苏省数理拔尖学生培养课程基地网络平台、优化学习效果评价平台等的建设和使用。

（5）与国内其他地区的城市及学校交流研讨。

（6）开展相关课程体系建构、课程资源建设。

（7）开展对课程建设的评估和对数理拔尖学生的评价。

（四）课程体系建设的项目内容

数理拔尖课程基地以课程建设项目为重要抓手，深化课程与教学改革，变革教与学的方式，推进对数理拔尖学生的培养，由点及面，积极探索和实践新形势下课程建设项目的新模式，探索拔尖人才培养的新途径、新方式，促进学校内涵发展和特色建设，全面提升学校教育质量和整体办学水平。

（1）建设学科品牌。本研究立足于学校现有学科基础，依托学校自然资源、专业人才资源、课程资源和高校资源，确定优势学科和品牌建设的方向，进一步强化学校学科特色，加速形成学校的优势学科群。

（2）构建课程体系。探索满足不同层次学生学习需求的课程体系，以顺应“互联网+”时代背景，为学生自主学习提供丰富的课程资源。从学生的发展需求出发，以课程基地建设为抓手，与高校进行专业合作，构建相应的课堂学习空间，充分利用校内外的课程资源，生成线上和线下多样化、分层次、相融通的课程体系。

（3）探索课程教与学方式的变革。具体开展书院制育人模式的实践研究，实施通识教育、导师制、学长制、选修制等，学生在导师引导下规划教育路径，学校在课堂之外为学生提供全方位的学习和丰富的兴趣活动，为不同年级、不同选科的学生及导师营造关系密切、互动交流的学习空间和学习氛围，促进教与学方式的变革。

（4）促进对学生个性化发展的实践研究。实施个性化教学的系统性培养方案，促进学生在志趣特长和身心健康中多元发展，以丰富的校本课程群为学生爱好、特长、专业、职业和事业融为一体的未来奠基。

（5）探索通过课程建设项目促进高中与高校联合联动的办法。与高校联手，共同开发建设相关课程与教材，建设在线网络平台，为学生提供线上和线下的课程学习。

（五）课程体系建设的成果

1. 创建数理拔尖学生培养课程基地

创建数理拔尖学生培养课程基地、梦工场——STEAM 课程中心，并分别在 2016 年、2017 年江苏省教育厅组织的省课程基地视导检查中获评“省级优秀课程基地”。在两个省级课程基地的建设过程中，进一步明晰了课程基地建设的核心内容。比如，创设具有鲜明特色的教学环境；加强学科情境、专业特色、课程实施载体的建设；形成充分展现科学思想、学科思维、方法手段和文化品位的特色明显的学科教学环境等。

2. 建设促进自主学习的互动平台

优化教学过程，促进学生学术化发展，指导学生参加学科竞赛，激发学生主动学习、自主学习、快乐学习的内生动力，培养更多更好的数理拔尖人才。

近年来，江苏省数理拔尖学生培养课程建设项目通过从理论到实践的探索，取得了阶段突破性的成果，在反映学生“学科特长突出、具备创新潜质”的学科竞赛方面，学生获奖等级及获奖数量较往年有较大突破，处于全省前列。如 2018 年 5 月刘金禹第 19 届亚洲物理学奥林匹克竞赛金牌，保送北京大学。通过近两年的努力，学校在 2018 年数学、物理、化学、生物、信息技术学科竞赛上取得不错的成绩。

数学学科有 7 人获得江苏省赛区一等奖，其中吴雨桐进入江苏省代表队，另有 39 人获得江苏省赛区二等奖，19 人获得江苏省赛区三等奖。

物理学科有 8 人获得全国比赛一等奖，其中刘贤雨进入江苏省代表队，另有 27 人获得江苏省赛区一等奖。

化学学科有 3 人获得全国比赛一等奖，其中凌心辽进入江苏省代表队，另有 20 人获得江苏省赛区一等奖，43 人获得江苏省赛区三等奖。

生物学科有 1 人获得全国比赛一等奖，7 人获得全国比赛二等奖，4 人获得全国比赛二等奖，6 人获得江苏省赛区一等奖。

信息学科 1 人获第 35 届全国青少年信息学奥林匹克竞赛铜牌；等等。

3. 突出核心教学内容的模型建构

围绕教学重点难点等核心内容，通过物态和非物态相结合的模型展现，改进知识表达方式，以形象直观的体验，引导学生演示、验证、巩固和拓展学习内容，增强学生对抽象内容的直观理解和对具体形象内容的抽象概括，不断提高学习效率和学习效能。项目团队及时总结提炼经验与成果，发表数十篇论文，出版部分论著。

4. 构建教师专业成长的发展中心

课程基地建设为学生的发展、教师的发展和学校的发展服务。学校通过组建名师工作室和教师发展共同体，以名师引领学生发展，以项目建设促进教师成长，以教师的学术发展引领学生的学业发展，突显学校特色建设发展。

5. 形成学生实践创新的有效路径

通过建设课程基地，加强学生对课程的体验和感知，在实践应用中巩固知识、增强技能，在实际动手中培养探究、创新能力，逐步养成学生勤于动手、敢于创新、善于创造的行为习惯。学校及时总结提炼，发表多篇论文。

（六）课程体系进一步优化思考与建议

1. 具体践行习近平总书记的创新人才观

习近平总书记曾多次阐述人才观：“在创新实践中发现人才、在创新活动中培育人才、在创新事业中凝聚人才，聚天下英才而用之，让更多千里马竞相奔腾。”通过拔尖创新人才培养项目建设，将校内培养与引进优秀相结合，构建结构合理、师资精良的项目团队，通过教师的学术发展引领学生更好地发展。

2. 教育的普及化不能等同于教育的平均化发展

在教育均衡发展背景下，同样要处理好大众教育与英才教育的关系。普通高中的教育在兼顾升学的同时，更要为学生的主动、自主、终身发展打下坚实的基础。对于有特长的学生，升学时不仅要关注他（她）的考试成绩，还要为他（她）更好地发展特长提供更多适合的发展通道。对于拔尖创新人才的选拔和培养方面，目前也面临很多的困惑。如如何面对目前校外培训班对学校课程教学的冲击；在招生考试方面，如何通过现有考试方式区分“超前学习”和“超常学习”；等等。这些都是需要解决的突出问题。

3. 高中特色教育需要相应的生源基础作为培养保障

苏州中学和省内一批全国知名高中曾为国家培养了大批优秀人才。在长期办学过程中，均得到了政府和社会大力的支持，有相对优秀的生源作为培养支撑。目前，在国家和省市大力推进教育均衡发展的背景下，大多面临着优质生源均衡分配和稀释的局面，学校优质师资团队难以发挥其教育特色专长，学校特色难以为继，学校发展受到制约。对每一所学校而言，学校品牌和师资专长同样是长期培养和积累的过程，不管是特长学生得不到相应的师资教育保障，还是没有特长生源的基础保障导致不能更好地发挥师资教育专长，这些都可视为是资源的闲置和浪费。从国家发展大局和提高国家综合实力的角度，需要为拔尖创新人才的培养提供生源保障和培养保障。

4. 拔尖创新人才的早期培养立足于基础教育阶段一体化的培养

高中学段衔接教育，包括与初中、与高校的衔接，需要有一体化的设计。在应试氛围依然浓厚、更多关注升学考试教育的背景下，需要在政策层面上探索从初中到高中、从高中到高校的直通车培养试点项目，为拔尖创新人才的早期培养，为他们的全面、自由、充分发展提供相应的试点培养通道，更好地建设苏州市拔尖创新人才培养基地。此外，还要加快建设拔尖创新人才培养基地场馆和完善设施设备，建设完善拔尖创新人才培养课程体系，结合苏州市凌云计划培养项目，更好地实施苏州市层面的拔尖创新人才培养项目。

5. 为有特别专长的学生个性化培养提供发展通道

目前所有普通高中学生均需要通过高考进入高校的招生模式，某种程度上限制了人才成长途径的多样化。面对一部分学有专长的学生，如与普通班一样，采用班级授课制，难以真正地做到因材施教，不利于学生个性的最佳发展；同时这些学生面临着很大的升学压力，高考各科的均衡发展要求制约特长的发展，部分特长学生的发展通道因高考受到很大的限制，有部分学生不得不选择出国深造。因此，为不拘一格培养人才，对有特别专长的学生，建议在培养和招生模式上有相应的发展通道。

6. 更好地发挥省级优秀课程基地的示范辐射作用

结合江苏省高品质示范高中创建工作，引导学校特色错位发展。苏州中学将以省级课程基地的持续建设和省前瞻性教学改革实验项目“书院制育人模式的实践研究”等为抓手，强化数理拔尖学生培养课程体系的建设实践，力争在苏州市范围推广辐射，共享省级优秀课程基地建设成果，为苏州市范围更多的学生提供多样化、特色化、个性化发展机会，为拔尖创新人才培养创造良好的氛围，大力发挥拔尖创新人才培养的共生效应、积累效应和马太效应，为苏州市培养更多的创新人才。

案例三　碧霞书院：道梦空间生态化心理教育课程建设

（一）基本概况

1. 千年未改育人初心

公元 1035 年，北宋政治家、文学家范仲淹在今江苏省苏州中学校址上创办苏州府学，首开东南兴学之风。据记载，苏州府学是宋代历史上规模最大的官办地方学府，号称东南学宫之首。虽历经千年，但办学历史未断，校址始终未变，格局基本保存，在中外教育史上极为罕见，被誉为“教育活化石”，是苏州乃至中国教育极具文化底蕴、人文魅力的瑰宝。

秉持“天下胸怀，先忧后乐”的范公精神，苏州中学以“让每一个学生有更好的发展，以科学的方法求和谐的发展”为理念，以让学生成为“终身的自主学习者和自我教育者”为育人目标，始终在“力行减负增效，实施素质教育”上狠下功夫，下实功夫，力求为学生的长远发展和终身幸福奠定基础。如此格局，仰赖于千年传承的底气，更是一代代苏中人的坚守。

2. 廿载坚守护心使命

早在 20 世纪 90 年代中期，苏州中学校领导与大学心理教育专家紧密合作，亲自进班，在苏中开设心理健康课，是国内最早开设心理课的中小学校之一。1996 年起，开始系统探索校园心理剧在学校的应用，参与编撰并出版《校园心理剧研究》，该书成为国内首本校园心理剧研究专著，此后经过多年探索，形成了以心理剧场（剧目集）、心灵的舞台（剧本集）、心灵物语（感悟集）、心理漫画等系列校本课程。10 次参加省心理剧大赛，4 次摘得特等奖，5 次获一等奖。2014 年出版发行《阳光心态加油站》校园心理剧课程研究专著，此后开始逐渐形成以表达性心理教育为特点的“苏中心育品牌群”，心育思路逐渐从活动的资源积累和实践探索转化为课程开发与教育融合。

20 余年的时间里，苏州中学心理健康教育始终坚持科学引领，研学一体，“九五”以来，课题研究从未间断，共立项完成国家级课题 1 项，省级课题 3 项，市级课题 4 项。在实践中找规律，用理论夯基础，是苏中心育不变的方法论。

如今的苏中，心育理念深入人心，领导支持、群众认可、口碑良好、影响广泛，学生能够主动求助，求助学生都有跟踪式个别辅导、有专题的团体辅导，辅导次数超过 50 场，指导效果有目共睹。2015 年，获评首批江苏省中小学心理健康教育特色学校。

目前学校有 5 位教师持有国家二级心理咨询师证书，40 多位教师参加教育局组织的心理专兼职教师上岗培训，学校几乎每个学科、每个处室都有心理兼职教师，而他们中的大多数，在学校也担任重要的教学和行政任务。生涯导师团成员更是阵容强大，正高教师、苏州市名教师、苏州大市及市区学科带头人等；毕业校友、家长分布各行各业，许多大学教授、心理专家等也都极尽热情地为在校同学提供指导帮助。

3. 高品质示范高原筑峰

2019 年，苏州中学成为江苏省高品质示范高中首批建设立项 20 所学校之一，学校在高中教育改革发展，助推教育品质提升，提高教育持续竞争力等方面，肩负引领示范和创新探索的使命。苏州中学已有的省级优秀课程基地“普通高中数理拔尖学生培养课程基地”“苏州中学清华梦工场——STEAM 课程中心”，以及“道山文史课程基地”。在学段衔接及潜能开发、科技创新、文史研究上，形成了各具特色的课程样态，积累了相当多的课程实践探索经验。

（二）课程着力要解决的问题和建设目标

1. 落实新高考综合素质评价，探索有信度、可预测的心理素养评价方案

要解决的问题：2019 年，江苏省发布高考改革方案，综合素质评价

内容包括思想品德、学业水平、身心健康、艺术素养、社会实践、自我认识与生涯规划六个方面。综合素质评价应具有育人与选拔双重功能，一方面它可以引导学生进行有效学习与个性发展，加强自我监督和自我修正；另一方面评价结果可以作为高校综合评价的参考依据。“身心健康”维度中心理健康部分，以及“自我认识与生涯规划”维度的评价结果在许多学校都出现了比较一致的困境——评价内容流于形式，评价结果难被认同、预期效果可信度差。

建设目标：在高中阶段进行更普及、更科学的心理素养培育，促进学生在体验中调适，在调适中成长，积极思考，助人自助，并能够直面心理困惑，通过各种学习方式提升解决问题的能力。在此基础上，形成具有一定预测效应和可信度的身心健康评价体系。

2. 从心理教育到心理育人，实现从理念、内容、方法到队伍的一次系统升级

要解决的问题：随着时代的演进、观念的变革，越来越多的教育者感受到，无论是德育、智育还是体育、美育、劳动教育，都面临这样的挑战——急需由“教育人”向“服务人”转变，由“说服人”向“引导人”发展。

建设目标：心理健康教育在以学生为中心，把握学生的思想特点和心理发展需求，优化教育内容供给，改进活动方式，创新工作载体等方面具有得天独厚的优势。

用心理育人优化教育者的思维和行动，通过课程渗透，与其他育人体系紧密配合，形成育人合力，发挥协同效力，这不仅是心理健康教育从孤立活动到渗透活动的战略转变，也是整个学校教育各环节，从理念、内容、方法到队伍的一次系统升级。

3. 针对网络时代“信息迷航”现象，循证指引，个性化引导

要解决的问题：在中学阶段，许多学生都热切希望多了解心理健康教育内容，促进个人成长和人格完善。近年的学校个别辅导中“信息迷航”现象较为普遍，一些人上网查阅有关“抑郁症”“强迫症”“多重人格障碍”等相关信息，对照着自己的行为状态，贴标签，陷入无端的恐慌无法自拔。另一些人则因为信息洪流而逐渐缺乏“理解”和“建立价值共识”的能力。新冠肺炎疫情之后，这一现象更为凸显，给学校德育和教育工作带来诸多影响。

建设目标：深度挖掘校本化、专业化的课程资源，结合线上研修和线下活动，引入数据挖掘技术，在充分考虑苏州中学学生的特征、文化与需求偏好的前提下，筛选和整合信息、平台资源，提供更有针对性的信息服务。以专业化学习平台引领学生自我探索、合作互助，并形成良性的校园生态系统。

（三）课程建设内容

布朗芬布伦纳提出社会环境影响个体心理发展的“生态系统理论”，他认为真实的自然环境是影响儿童、青少年发展的主要源泉，个体是受他周围环境多种水平影响的复杂关系系统。他将影响个体的环境归纳为“嵌套式系统”。

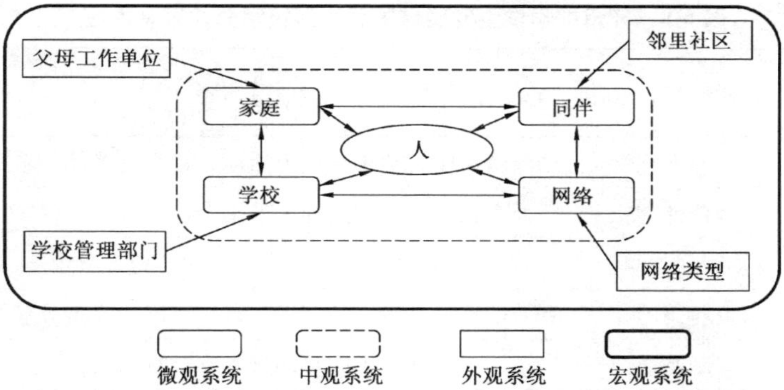

图 6-1　布朗芬布伦纳生态系统理论

如图 6-1 所示，学校与同伴、家庭、网络同处中观系统位置，但它又拥有联络其他三项的重要功能，因而学校在青少年个人成长方面发挥着平台功能，是中环境的主环境。

苏州中学生态化心理教育课程使用布朗芬布伦纳的生态系统理论，秉持在系统中解决问题，用系统解决问题的研究思路，搭建三个有利于个人成长的三个生态课程样态。

样态一　基于“保护”，以循证思路开发学生发展自主研修系统

自主研修系统遵循肇始于医学循证实践的思路，筛选和整合信息、平台资源，提供更有针对性的信息服务。专业资源和课程资源的系统建构和开发，有助于丰富、开放心理健康教育资源库。利用大数据的数据挖掘技术，为每位同学推送高品质的自主研修阅读材料。

自我探索是十分个性化的行为，传统的课堂教授不能满足学生深入

探索的需要，而课后同学间私下的交流也很难达成理想的“改变”效果。一项针对学生共同冗思现象的纵向研究发现，青少年共同冗思越多，抑郁障碍发作越早、持续时间越长、严重性越强。学生群体的调研反馈也反映了相似的情况：通过同学交流能达到的目的大多是缓解情绪，而对于改善行动结果并无太多帮助。

学分体系的建立，除了满足学生自我探索个性化需求之外，一方面可以保障学生定期参与自我探索，形成一定的学习氛围，另一方面是对学生发展动向的有效追踪和合理评估。在电子化的促进下，学生个人成长档案制度也会逐步完善，既保证学生有所得，也有利于进行公正、客观的评估，真正实现教育与评价兼顾的目标。(表 6-9)

表 6-9　苏州中学学生发展自主研修系统学分体系基本框架

研修空间	研修项目	项目内容
线下研修	必修课程	专题讲座、全年级观摩活动、社会实践体验项目等
	选修课程	比赛、专题沙龙、读书会、调查、访谈等
	活动策划与组织	有设计、有创意的活动策划与组织
线上研修	资料研习	有效的资料学习、留言提问研讨、推荐收藏分享等行为
	互动交流	提问和回答等互动行为

自主研修的核心内容包括学习指导、生涯引导、心理辅导、朋辈陪伴和家长支持。

学习指导是学生发展的“发生器”，注重学生基础学力，提升学生自主学习的能力，让他们学会学习、学会适应、学会自律。学习指导是所有学生指导的出发点，也是最有抓手的着力点。

生涯指导是学生发展的“原动力”，运用自我认知、自我反思、自我监控、自我检测等手段，建立自我与世界的有机联系，引导学生走进丰富多彩的“意义”世界，并积极体验、勇敢尝试、认真思考自己与世界的关系、在世界的位置。

心理辅导是学生发展的“平衡器”，立足于终身发展和健康成长，关注人的全面发展，心理辅导以预防性、发展性指导为主，定期开展调查研究，根据学生的心理动向，进行调频和指导，以发挥学生自我潜能、完善学生人格为重要目标。

朋辈陪伴是学生发展的“安全阀”，青少年处于人格形成的关键期，研究表明，青少年的社交情绪大脑回路相比成年人和儿童更复杂，在社交情境中他们会更不自在、更敏感，更倾向于对他人的评价保持警惕和相对悲观的态度。朋辈互动是学生健康成长的重要指标，很多时候也会成为学生成长的“安全阀”，如何利用个体向外“泄压”的过程进行有意义的指导，是值得研究的课题。

家长支持是学生发展的“稳定器”，降低家长的焦虑水平，提升亲子互动质量，促进反思性教育和反思性成长，保证学生成长最重要的“支持体系”的相对稳定。(图 6-2)

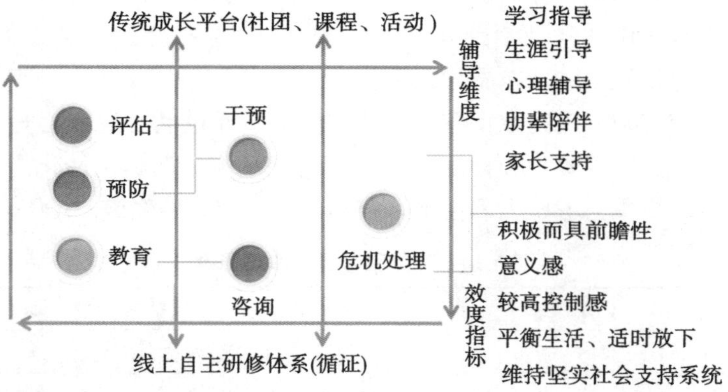

图 6-2　研修平台基本架构

样态二　基于“滋养”，以学科渗透扩大动心课程群落

● 心理与各学科知识结合，边缘学科成为融合学科

自我觉察和自我探索不应是一个特别的活动，而应成为日常的习惯，青少年的自我探索需要引导，需要与不同教师、不同学科进行碰撞，只有学科融合、价值多元，才可能真正抛开“二元对立”的思维模式，从而不断突破自我，迎接挑战。

● 课程渗透，在学科中养成“寻求知识和解决问题”的好习惯

课程组教师均为苏州中学心理健康教育专兼职教师，在了解学生和把握学生上具有一定优势，2016 年起，苏州中学在原有校园心理剧课程群的基础上，进一步扩大学科渗透范围，与音乐、舞蹈结合，在高三年级开创性地设置必修课——“动心课”，课程实践至今 4 年多，受到高三师生及家长的一致好评，成为许多同学毕业后的美好回忆。除此之

外，学校心理专兼职教师团队也在不断突破和尝试，通过与各学科结合，动心课程群落已初具规模，且还将继续完善。在学科融合和学科渗透的过程中，教师们的心理教育专业素养和专业技能普遍得到提升，学生也逐渐养成寻求知识和解决问题的习惯。

心理专兼职教师在各自的学科领域探索习惯培养方案，并给予学生切实的指导和反馈。如俞明月运用“内观法”在生物竞赛团队中开展对于“竞赛动力和初心”的探讨，解决竞赛生动力不足，彷徨动摇的矛盾，让学生有信心，让学生能安心，投入竞赛的学习。高波运用 T12 报告，对班级中个别动力不足的学生提供帮助和指导，抓住核心，发扬优势，形成科学的帮扶体系，增强学生努力向上的积极性和自主学习的主动性。徐梦运用“舞动治疗”，为高三年级学生行动力不足给予指导。张中华通过错题集的示范指导，引导 2019 届 1 班高三学生在高考前有力地实现跨越突破，最终取得理想成绩。曹莹文通过动心课和心理个案辅导，对学生的时间管理和计划执行能力进行系统培训和个性化指导，为帮助学生减少重大考试失利情况，积累了一些成功的经验。（表 6-10）

表 6-10　部分教师课程渗透探索

课题组成员	学科	习惯培养方向或反馈手段
俞明月	生物	内观法开启“竞赛动力探讨”
高波	语文	T12 报告辅助学习有困难的学生重拾信心，科学帮扶
张中华	数学	错题集示范反馈，实现高考复习的超越和跨越
徐梦	音乐	利用舞动治疗探索自我，促进知行协调
徐惠	化学	教师自主支持与学生化学学习关系
顾芸	语文	批判性思维习惯在语文教学中的运用
曹莹文	心理	利用心理学规律进行高考复习策略指导

- 适时引导，精准养成“能使才性得到充量发展”的习惯

高考对于大部分学生及其家庭是不可回避的议题，高三阶段的传统做法都是通过系统复习和反复训练，来提升学生的学科知识稳定度和应试水平。高三学习是整个高中阶段训练自主学习能力的最佳时机，它的任务不仅是让学生熟练掌握学科知识和技能，更重要的目标是通过一年的时间，利用复习，让学生的潜能充分发挥，帮助学生实现理想。因此，在高三复习的过程中，每个阶段学生都可能出现动力和执行力方面的困惑，根据学生反馈和教师经验，曹莹文带领课题组成员，用了 4 年

时间，探索出一套对接高三学生复习的指导方案，方案综合了学科学习和心态调整的内容，在最恰当的时候，给予学生最切实的指导，该方案受到历届高三学生的热烈欢迎和高度赞誉。（表 6-11）

表 6-11　苏州中学高三复习习惯养成系列课程

时间	学生主要困惑	课程内容
9 月上旬	想要痛定思痛，认真复习，但任务难度超出能力范畴，急于求成	“数学需要赋值，生活需要‘赋意’”
9 月下旬	第一轮复习节奏开始加快，发现有许多知识漏洞	“只有自己走过的路，才不会迷路：第一轮复习和高一高二学习有怎样的区别？”
10 月上旬	想要改变学习习惯，但自己意志力不够，无法按照理想效果投入学习	“意志力究竟怎么培养？从棉花糖实验和耶鲁大学校园实验漫谈开去”
10 月下旬	有时候很想集中注意力，但是总是会遇到困难	“我的注意怎么了？注意力管道模型在日常学习生活中的应用”
11 月上旬	对自我的探索，会以抑郁和焦虑的形式呈现，想要神经症常识的科普	“当中二变成‘病’”
11 月下旬	开学后第一次大型考试，急于证明自己，会有很多情绪	“情绪钟摆效应”
12 月上旬	对于情绪的识别，会让个体内耗明显	“我们的大脑——《头脑特工队》看情绪的妙用”
1 月上旬	“零模”临近，对周围人的敏感度上升	“T12 报告看高考中的自己”
3 月上旬	考试疲态初现，如何看待考试	“‘随便考考’‘裸考’背后的隐忧”
3 月下旬	出现许多低级错误，考试发挥不出正常水平	“最强大脑与最勤劳大脑——从前额叶皮层与基底神经节的关系看考试发挥”
4 月上旬	感觉学习状态大不如前，复习资料、考试内容过多，不知道从何下手，如何整理	“‘错题本’妙用”
4 月下旬	考试没有章法，每次考试都出现不一样的情形	“考试的节奏感——从奥运会看高水平运动员的应试策略”
5 月下旬	“二模”过后，哪里都觉得不对	“最好看的球赛永远不是世界杯决赛”

系列课程的顺序，是经过多年反复推敲，经学生不断反馈后制定并稳固的，考试节奏的内容放在高三上学期讲，容易让学生产生投机取巧的想法，而情绪识别和神经症的讲解放在下学期讲，又会扰乱学生的学习进程。适时引导，精准养成，课题组成员为此付出了大量的心血。

2020 年 3 月，在经过将近 6 年的实验探索和验证后，课题组向全体高三同学分发基于积极心理学、目标管理、时间管理的《幸福高三笔记》，力图通过科学手段提升学生高考冲刺阶段的控制感，从而抵御焦虑和无力，促进学生突破“高原期”。心理教育首次与教学任务联手，期待打破学校心理教育“无用论”的桎梏。此次能在全年级推广，仰赖于多年扎根于高三年级，对学生情况了解深入的教师的潜心探索，也是因为以上所说课程深入人心、效果显著——越来越多的学科教师发现动心课程的设置，可以有效改善学生心理健康情况，并提升学生的学习动力和完善学生的考试策略。

● 心理与教育教学管理结合，“心病”不用“心药”医

苏州中学将心理教育与教学管理相结合，在科学研究视域下，挖掘出传统教育教学中真正“高效”和“有效”的部分。

2019 年 6 月 1 日心理节，“‘养心殿’里过六一”的活动受到同学们热烈响应和一致好评，更有意义的是，此次活动也作为样本，被移植到 2020 年成人礼活动，进一步深入人心，再一次好评如潮。这也是心理育人的一次有益尝试。

2020 年 6 月 1 日心理节，根据疫情之后学生的心理现象，苏中精心设计“至暗寻宝”活动，用隐喻的活动，调动学生在绝境和变化中，努力调试自己，寻找宝藏的勇气。活动中学生积极和乐观的精神、勇敢逐梦的勇气，感动了所有到场的老师。

● 心理与班级管理结合，“识人”更要精准“用人”

经过 4 年的探索，苏州中学生涯教育 T12 模型已经在 4 届学生中试用，全校班主任正在慢慢开始使用 T12 模型开展班级管理、班团建设、个别疏导和学生生涯规划，取得了一定的效果，相信未来在精准测评和定期测评之上，苏中每位教师、每位学生都能做生涯分析，真正“让每一位学生有更好的发展”。在学科融合和学科渗透的过程中，教师的心理教育专业素养和专业技能普遍得到提升，让班级管理、课堂管理更得心应手。

目前对测评数据的应用，学校主要从三个层面展开。

- 学生个体层面

可视化的数据呈现方式，让学生和家长可以很直观地了解自己。（图 6-3）雷达图面积越大，生涯适应性越好；相邻维度出现明显的缩进，是生涯阻碍必须要克服的部分；驱动力指数和工作投入程度是否趋同，可以判断学生学业压力的大小；职场平衡取向是学生目前对自身状态满意程度的晴雨表。更为重要的是，数据不是告诉学生要学什么专业，而是学了任何专业，未来都可以找寻到适合自己发展的职业领域，这将大大拓展学生的生涯适应力。

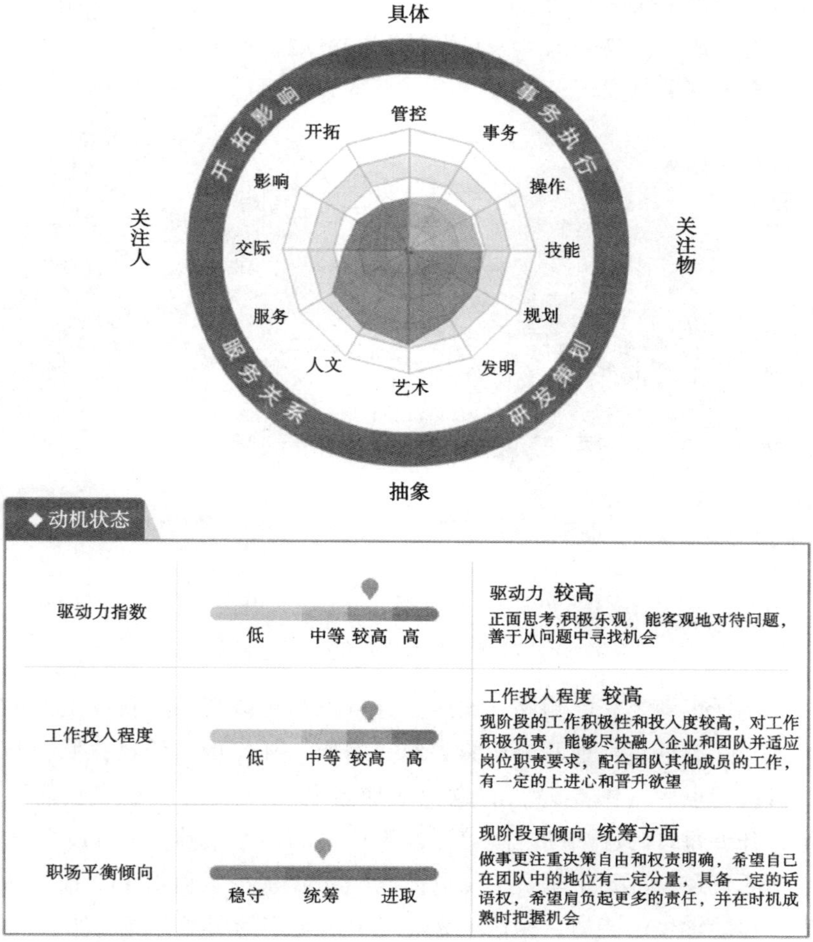

图 6-3　T12 测评数据图表化报告示例（部分）

自 2018 年 9 月起，苏州中学对全体在校生开展 T12 生涯报告解读会，课题组成员不断研究 T12 模型对学生学习习惯和未来发展的影响。

- 班主任班级管理层面

随着心理学的发展，越来越多的人相信：成长问题大多源于创伤事件或家庭教养问题。但是追寻原因，对实际的教育管理帮助甚微，反而会增加无力感和倦怠感。T12 人才测评大数据的引入，在一定程度上引导教师，尤其是班主任关注现象，思考策略，而非穷追原因（图 6-3）。

通过对不同班级的团体数据比照（图 6-4），班主任可以清晰地了解班级的总体特点。例如，数理基地班的技能型和操作型表现突出，他们能忍受高强度的练习和长时间的重复。在某些班级，管控型表现突出者几乎没有，班级容易陷入“一盘散沙”的境地，组织活动“点子多”而无法实现的现象频发。

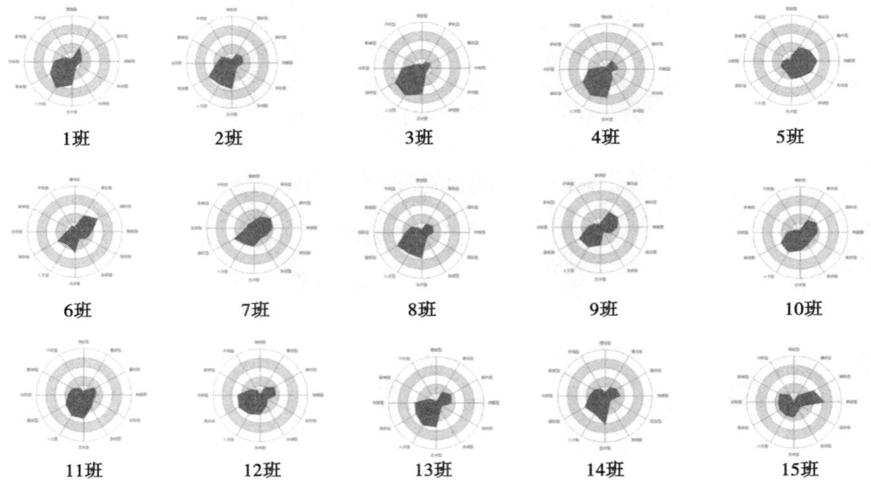

图 6-4　苏州中学学生班级特点对照图

班主任也需要完成测评，比照自身特点和班级特点，找寻最好的合作方式，并有针对性地开展相关工作。例如，某位班主任在比照自身特点和班级特点后（图 6-5），有意识地加强班级“操作”和“技能”的训练，开展每日习字活动。随着课题组成员的不断实践，和 T12 报告解读的不断普及，苏州中学班主任群体已经初步具备了利用 T12 报告认识学生、辅助学生的能力，相信未来能在更深更广的层面开展工作。

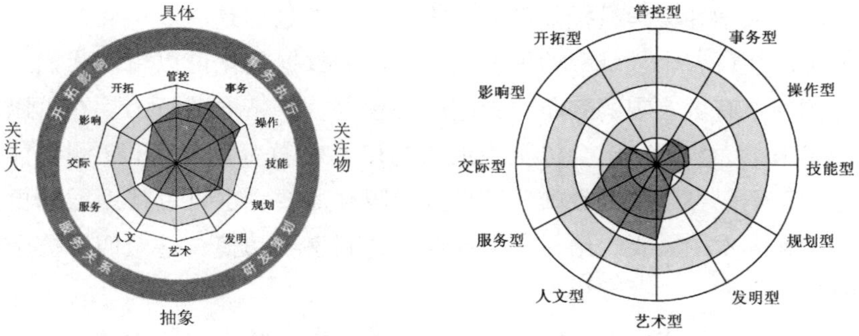

图 6-5　班主任（左）和班级（右）T12 特点比照

- 学校人才选拔及匹配层面

为了让教师也在职业中获得幸福感，让参与学生会、团委、社团等组织管理工作的学生有更好的获得感和胜任感。课题组利用 T12 模型中的岗位胜任力模型，从数据库中快速筛选出胜任人选，在选人用人上尽可能做到人岗匹配，从而大大提高留人、培人的有效性。在众多数据中快速提取有价值的数据，辅助班主任班级管理乃至辅助学校人才选拔，是正在进行，也是未来应用的主攻方向。

例如学生会要遴选骨干，在确定胜任力模型后，筛选出一位匹配度为 73. 5%的同学（图 6-6），该同学在平时生活中，确实表现出出众的领导力和沟通力，但是事务执行力不足，与模型显示特点一致，于是为他匹配了一位影响力不如他但事务执行能力出众的副手，通过这样的调整，活动的组织和执行变得更加顺畅，该同学的工作投入程度也因为事情做得圆满顺利而显著提升。

图 6-6　人才选拔和人岗匹配示例

哈佛大学社会学教授加里·金曾指出，大数据是一场革命，庞大的数据资源使得各个领域开始了量化进程。大数据量化可以帮助我们对于身边的现象有更宏观的判断、更超前的预测、更精准的行为。在可以看到的未来，大数据一定会以更大的参与度影响教育发展。T12 测评体系的运用，不仅可以帮助教师了解自身局限和需要，也可以帮助教师更深入地理解学生的需要，给予学生反馈，达到事半功倍，甚至四两拨千斤的效果。

样态三　基于空间，以物态文化积蓄师生心理正能量

2019 年 6 月 1 日，苏州中学心理健康教育与学生发展指导中心正式搬迁至道梦空间。道梦空间地处府学“庙学一体”的中轴线上，原本是两幢校园旧房，在一期改造时参考了范斯沃斯建筑风格，让屋子最大化地亲近自然，这两间旧屋被一个现代感十足的玻璃盒子连在一起，与周围的环境融为一体，相连处正好可以望尽苏州府学旧景泮池和泮桥。400 平方米的自然生态空间，被划分为六进。在接下来的二期空间建设时，将进一步与课程开发、建设、实施紧密地融合在一起，使之成为师生的“养心殿”。

- 会心时间——文创产品孵化基地

人在创造的过程中，心流状态下，自性自然流淌，创造性活动对心理健康是具有积极意义的，从自我表达和自尊的发展到社会交往和参与，都能提供一种意义感。

- 知心木屋——朋辈辅导互助空间

朋辈是青春期问题最好的解药，也促成了自我概念的整合和自我同一性的完成。在空间内将设置解忧杂货铺，朋辈互助以极为有趣的形式完成。

- 养心殿堂——静心冥想独处地

独处是每个人成长过程中的必修课，学会独处，学会静思，对澄清问题，理清思路，找回自己，帮助良多。

- 贴心工坊——教师心育研究所

心理团队、生涯导师、班级组、年级部，教师们在这里举行有关学生心理健康问题的研讨会，未来还将在这里设置一个心理书屋，供师生取阅。

- 开心花园——倾心面对面

开心花园是个别辅导空间，兼具家庭辅导和沙盘治疗的功能，表达

性艺术在个案处理中亦有妙用。

- 动心课堂——团队对对碰

在这里会举行小型专题沙龙、班级主题团辅，也有时候做深度的个案辅导，两层小楼，枯山水环绕，超时空限制，团辅效果极佳。（图6-7）

图6-7　道梦空间生态化心理教育课程模型

雅致的设计，独一无二的风景，以道梦空间为基底，开启更多元、更多样的文化创意设计，成为越来越多师生养心的打卡地。道梦空间还将每年六月，确定为苏中“养心季”，以六一儿童节为开端，唤醒师生的内在小孩，与创意、活力、健康拥抱。

案例四　国际书院：卓越国际课程体系建设体系

（一）课程目标

苏州中学国际书院，简称苏州书院（Soochow Academy），源自1927年汪懋祖校长创立的江苏省苏州中学校的西方文学和英语课程项目，名师有吕叔湘、杨荫瑜等，为中国早期培养海外留学生的摇篮之一。

国际书院一直以来致力于贯彻“让更多的学生有更好的发展，以科学的方法求和谐的发展”的教育理念和战略思想，为满足学生多元发展的切实需求，积极探索多元化办学途径，通过整合优秀教学资源，探索实施旨在提升学生综合素养和关键能力、促进学校多元特色发展的国际化课程融合项目。

2013年，学校引进了由美国维克森林大学开发的卓越课程（Naviance Advantage Program），先期举办了“卓越课程”班，为具备家国情怀、立足全球视野的学生提供了专门的培养通道，已有百名“卓越课程”班学生升入美国、英国、加拿大、日本、新加坡等国的顶尖名校。

2017年，为进一步响应国家“一带一路”倡议，构筑与国际接轨的开放式教育体系，进一步培养面向未来且更具国际竞争力的复合型人才，学校在原“卓越课程”基础上，结合学校在江苏省基础教育前瞻性项目“书院制育人模式的实践探索”的成果，进一步转型升级，尝试实验“江苏省苏州中学国际书院课程”项目，该项目以培养“终生的自主学习者和自我教育者”和“视野开阔的国际公民”为理念，以培育具有“中国心灵，世界眼光”、具备对话世界能力的国际英才为目标，努力培养学生的学术能力、逻辑思维能力、严谨的求学态度和高效的学习习惯。

多年来，国际书院课程在开齐、开足国家课程的基础上，融合更为系统的优质国际课程，如美国大学先修课程（AP 课程）、学术英语课程、升学指导课程等，并加强了对学生个人指导和评估的深度及广度。

2020 年，为进一步贯彻落实习近平总书记关于教育重要论述和全国教育大会精神，着力落实国家、省、市《中长期教育改革和发展规划纲要（2010—2020 年）》、《省委办公厅省政府办公厅印发〈关于深化教育体制机制改革的实施意见〉的通知》（苏办发〔2018〕27 号）和《苏州教育均衡、优质发展三年行动计划》等文件精神，经苏州市教育局批准，学校将“苏州中学国际书院课程”实验项目列入中考招生计划，面向苏州市区招生。学生毕业颁发江苏省苏州中学高中毕业证书。

（二）课程框架

苏州中学国际书院课程由国家课程、国际课程及生涯规划课程三部分组成。

1. 国家课程

国际书院没有像部分国际学校那样，完全或部分抛弃国家课程（AP 课程），集中精力于国际课程上，而是开设了教育部要求的普通高中的全部课程。普高课程有助于全面夯实学生学术基础，衔接全英文授课的国际课程，更是学术特长生参与国际学术活动的有力支撑。

学生在高二和高三参加省教育厅要求的普通高中学业水平合格性考试（高二：思想政治、地理、历史、物理、化学、生物、信息技术、艺术、体育与健康、通用技术、理科实验；高三：语文、数学、外语），通过考试后，获得高中毕业证书。

2. 国际课程

国际书院的国际课程采用“AP+”的模式，即以美国大学先修课程（AP 课程）为主体，增加预备课程和学术素养提升课程，全方位帮助学生拓展学术兴趣、发挥个人学术特长、养成严谨求学的态度，接轨未来大学学习。

AP 课程在国际上享有广泛的认可度，同时具有课程内容丰富、灵活性强等特点，与国际书院学生学术基本功扎实、专业特长广泛、自主学习能力强等特点非常契合。目前国际书院开设有微积分 BC、统计、物理 1、物理 2、物理 C 力学、物理 C 电磁学、化学、微观经济学、宏观经济学、环境科学等十多门 AP 必修和选修课程。从高一开始，每年 5 月，学生参加 AP 全球统考。AP 考试成绩采用 5 分制，3 分为合格，5 分为优秀。多年来，国际书院各学科的 5 分率都很高，优秀的学生可以取得 10 门以上的 AP5 分。

国际书院在高一开设英语和微积分等的预备课程，以及托福和 SAT 的语言类课程，旨在帮助学生迅速完成初高中衔接，更好地适应国际课程的学习。在高二和高三，开设文学、批判性阅读、学术写作、经济史、社会学、公共演讲等学术素养提升课程，为学生进入大学后的学习和科研打下扎实的基础。

3. 生涯规划课程

国际书院的生涯规划课程丰富而具特色，主要包括升学指导、学科素养和人文素养三大类。通过课程的学习，学生了解海外升学相关知识，培养时间管理和主动规划的能力；探索个人兴趣并进一步发挥专业特长；增加对中华传统文化的了解，增进国际理解。

升学指导课程围绕国际升学，多层次、多维度开展。专业升学指导教师在课内系统介绍海外升学的过程、特点和要素，帮助学生了解高中阶段升学准备的时间节点。课外，教师定期与学生一对一交流，根据其特点和专长，与学生一起制订个性化成长方案，建立学生的个人升学档案。在国际升学准备中，家庭的配合和助力十分重要，因此，升学指导课程从课堂延伸至家庭，通过定期开展的家长工作坊活动，向家长介绍升学知识，加强家校配合，共同关注学生学术发展和身心健康。学长和家长的心得分享、海外大学招生官讲座和国际升学专家讲座也是升学指导课程的重要组成部分。

学科素养课程旨在帮助在数学、物理、化学、生物、信息学和经济等学科中特长明显的学生进一步提升学术能力，参加相关国际竞赛和活动。

人文素养课程通过了解地方文化和中华传统文化，增强学生民族自豪感、增进国际理解。目前已开设“苏中人，知苏中”“中华诗词鉴赏”“中西方美术史”“国画与版画”“苏州园林艺术”“中华食艺研修”“古典舞与音乐剧”等课程。拟开发“中国茶文化”“走进苏博”“中国传统节日文化”“中西方音乐比较”“礼仪”“跟着校友看苏州”等系列讲座。

（三）学生个案

个案一　胡同学自述

1. 课程

国家课程中物理、化学等课程在打基础方面帮助很大，它们帮助我顺利地过渡到AP的英文体系，从而在很大程度上减轻学习压力。

我的选课：

高一：宏观经济学、微观经济学。

高二：物理（这门课把将微积分融合到物理题目当中，使得能解的物理题目变得更加广泛）、世界历史（这门课让我从更加宏观的角度了解到了世界发展的进程，极大地开拓了我的视野）、批判性阅读、人文地理、微积分BC。

高三：统计、环境科学、学术写作。

升学指导使得我能够提前为我的申请做规划，比如思考文书题目，规划活动等，加强自己对申请的掌控度，同时也能作为自我监督的工具，保证自己严格执行计划。

2. 标化成绩

托福（满分120）：116。

SAT（满分1 600）：1 530。

SAT2（满分800）：数学800，物理800，化学790，美国历史760，世界历史740，法语730。

AP：得5分的有12门（微积分BC、物理1、物理2、物理C力学、物理C电磁学、化学、统计、人文地理、世界历史、法语、宏观经济、微观经济）；得4分的有1门（美国历史）。

3. 课外活动

学术活动：参加康奈尔大学夏校、英国物理奥林匹克竞赛（获超级金牌）、美国物理杯竞赛（成绩进全球前100名）等。这些活动向学校证明了我的学术兴趣和学术能力，让我的申请更具优势。

社会活动：参加广西在线支教、“航空”微信公众号的活动等。支教活动让我明白贫困地区学生学习环境的恶劣和教学资源的匮乏，加强了我的社会责任感。“航空”的活动让我有机会和别人分享兴趣，进行科普等。

兴趣爱好：航空、钢琴等。这些兴趣不仅引导我去拓宽知识面，也让我结交到很多志同道合的朋友，在放松之余学习知识，分享经验。

4. 申请结果

获得了多所高校的肯定，具体有：

美国康奈尔大学（提前批次录取）；

英国剑桥大学三一学院工程专业（无条件录取）。

个案二　刘同学自述

1. 课程

我的选课：

高一：文学、英语语言艺术、宏观经济、微观经济、微积分预备。

高二：A 世界历史、人文地理、微积分 BC、AP 物理 1、批判性阅读。

高三：统计、物理 C 电磁、经济史、学术写作。

其中感受最深的是高二和高三的文学课（批判性阅读和学术写作），在课上学到很多有用的技能。除了文学鉴赏以外，课程内容还涉及社会学、心理学、经济学，用不同的分析角度和手法去剖析当代或者历史上发生的事，非常锻炼批判性思维和学术写作的能力。文学课的作业相当多样（并且多数时候令人意想不到），比如写自传、帮助戏剧里的人物进行国王大选之类，脑洞大开，总而言之，我觉得文学课是我感受最深、对我帮助最大的课。

2. 标化成绩

TOEFL（满分 120）：115。

SAT（满分 1 600）：1 510。

SAT2（满分 800）：数学Ⅱ 800，物理 800，化学 800。

AP：得 5 分的有 9 门（生物、化学、微积分 BC、环境科学、人文地理、宏观经济、微观经济、物理 1、物理 C 电磁学、物理 C 力学）；得 4 分的有 1 门（世界历史）。

3. 课外活动

(1) 学术活动：

参加全国中学生生物奥林匹克竞赛（获省二等奖）、全国中学生化学奥林匹克竞赛（获省二等奖）、美国化学奥林匹克竞赛（获金奖）、英国皇家化学学会化学新星挑战赛（获铜奖）、美国生物奥林匹克竞赛（获铜奖）、英国生物奥林匹克竞赛（获铜奖）、Brain Bee 脑科学大赛（获中国赛区三等奖）、澳大利亚数学竞赛（中国赛区三等奖）。

参加“国际先锋学术（Pioneer Academics）”项目，跟随加利福尼亚大学戴维斯分校的教授进行个人的研究项目，方向为合成生物学，独立完成了一篇 20 页左右的论文，最终成绩为 A-，排名为前 10%。

在苏州大学纺织工程实验室做一个月的实验，方向为高分子化学和材料化学，跟随教授和他的研究生申请了两个专利，写了一篇 20 页左右的论文。

加入金唯智基因测序质量控制部门，在实验室里做 PCR 和电泳方面的工作。

(2) 社会活动：

作为红鼓乐队键盘手，有时唱歌，偶尔打鼓和弹吉他，组织过一些学校的演出。

参加苏中好声音比赛。

担任校学生会秘书长。

支教广西百色市的新立小学，每周固定时间进行线上教学，去年暑假赴实地支教，授课以书法和科学实验为主。

陪伴社区特殊儿童，教他们算数、识字、做手工等。

(3) 兴趣爱好：书法、素描、吉他、古筝、口琴、魔方等。

4. 申请结果

获得了多所高校的肯定，具体有：

美国莱斯大学（生化和细胞生物学专业）；

美国加州大学伯克利分校（分子和细胞生物学专业）；

美国卡内基梅隆大学；

美国北卡罗来纳大学教堂山分校（化学专业）；

美国加州大学圣巴巴拉分校；

英国帝国理工大学（生物工程专业）；

英国帝国理工大学分子（生物工程专业）；

英国伦敦大学学院（癌症生物医学专业）。

第三节　书院制课程资源的建设案例

案例一　“当笔墨遇上光影”课程资源建设[1]

高中语文必修教材下册第四单元为“信息时代的语文生活”，其设定的单元目标为“提高媒介素养，更好地适应信息时代的生活”。这是对2017版《普通高中语文课程标准》学习任务群2“当代文化参与”和学习任务群3“跨媒介阅读与交流”的落实。

广播、电视、网络等媒介相继兴起，将人类带入了多种传播媒介并存的信息时代。人们借助各种传播媒介来了解社会，与他人沟通，与群体产生联系，与周围世界交换信息。电影是媒介的一种，也是反映社会生活的一种形式，很多电影本身就是一部文学作品。看电影已经成为现代人的一种生活方式，观影感受不比读一本书获得的感悟少。影片内容或某个场景可能勾起过学生对生活的回想，影片的剪辑拼接可能暗含了某种叙述模式，影片中的人物本身就具有很多激发学生潜在写作意识的特质，甚至连一句台词、一支插曲、一段音乐……都有可能会诱发其写作的灵感。

人的思维方式和语言运用也会受到多种传播媒介的影响。据此，笔者开设“当笔墨遇上光影”电影读写课程，以经典电影的赏析为依托，选取中外经典电影，解读素材，互文人生，把看电影作为语文学习第一种活动，师生共同开启电影写作课的学习之旅，共享光与影的盛宴。希望通过具体的语文活动来让学生了解不同媒介的特点，学习综合运用多种媒介获取信息、表达交流的方法；理解、辨析、评判媒介信息，辨识其立场，多角度分析问题，逐步形成独立判断；学生还要学会正确面对海量信息，恰当筛选利用。

（一）关于学习要求：跨媒介阅读与写作运用的双重聚焦

正如必修教材所说，各种传播媒介的互补与融合，是当下社会发展

[1] 此案例由苏州中学语文组张兰芳老师提供。

的一个重要趋势。如何利用多种媒介来沟通交流、传播文化、参与社会生活、促进社会和谐，是摆在我们面前的新课题。新课标任务群 2 和任务群 3 的学习贯穿必修、选择性必修和选修三个阶段。比较任务群 2 和任务群 3 的课程目标[1]，概括如表 6-12 所示：

表 6-12　新课标任务群 2、任务群 3 课程目标对照表

目标序号	任务群 2	任务群 3
1	关注当代文化生活	学习跨媒介的信息获取、呈现与表达
2	参与当代文化生活	观察、思考不同媒介语言文字运用的现象，梳理、探究其特点和规律
3	学习剖析、评价文化现象	提高跨媒介分享与交流的能力和理解，辨析、评判媒介传播内容的水平
4	积极参与中国特色社会主义先进文化的传播和交流	以正确的价值观审视信息的思想内涵
5	增强文化自信	培养求真求实的态度

比较这五个目标，其在深度、广度、基础和拓展方面的区别是能够看得出来的。这样的区别是合理的，也是必要的。需要指出的是，恰恰是这些区别，构成了“当笔墨遇上光影”电影写作课的学习目标：注重语言品质，强调媒体素养，提倡理性精神，训练写作技能。

学生感兴趣的媒介应用领域，莫过于看电影。电影这种媒介是一门综合艺术，它融合了音乐、美术、语言等艺术表现形式，集文化与历史、自然与社会、现实与理想、艺术与科学于一体，是生活的一个缩影，是可以被利用的宝贵语文课程资源。鲁迅先生曾说过：“用活动的电影来教学一定比教员的讲义好，将来恐怕要变成这样的。”[2] 文化研究学者戴锦华说：“看一部有质量的电影会改变一个年轻人的世界。”[3]

观看电影，跨媒介阅读的信息获取，是当代文化参与的一种形式，

[1] 中华人民共和国教育部. 普通高中语文课程标准：2017 年版［S］. 北京：人民教育出版社，2018：9-11.

[2] 鲁迅 . 鲁迅全集：第四卷［M］. 北京：人民文学出版社，1981：445.

[3] 戴锦华 . 镜与世俗神话：影片精读 18 例［M］. 北京：中国人民大学出版社，2004：321.

我们的电影课程是站在文学鉴赏的立场，最终指向交流写作，而不是纯粹为了娱乐。以正确的价值观鉴赏作品和以艺术的规律鉴赏作品，何者更重要？通过电影欣赏和写作运用，培养实事求是的态度重要，还是把握当代先进文化、增强文化自信重要？

电影写作课程的目标定位：一是跨媒介阅读的信息获取，观看电影是当代文化参与的一种形式，是站在文学鉴赏的立场，以正确的价值观鉴赏作品和以艺术的规律鉴赏作品；二是指向写作运用，分享电影，鉴赏电影，最终指向是写作能力的提升。

比如，中国当代电影《搜索》，就是涉及当代的网络暴力问题。小说原著发表于 2007 年，电影拍摄于 2012 年，从 2007 到 2012，作家与导演试图批判“人肉搜索”等网络暴力。如果仅从艺术上来看，这部电影并不能算得上最优秀的电影作品，但影片涵盖了网络、舆论、群众、人性等方方面面问题，值得人们深思。又是几年过去了，在“互联网+”的今天，网络暴力愈演愈烈。我们选择这一电影的学习目标定位，就是任务群 2 和任务群 3 的结合，旨在引导学生关注当代文化生活，学习跨媒介的信息获取、呈现与表达，以正确的价值观审视信息的思想内涵，培养求真求实的态度。正如，我们后来的课程成果所体现的：

“网络时代的‘人肉’技术，通常是娱乐大众的工具，但另一方面，它也可能成为一种杀人利器。无论是此前万州公交车坠江事件中遭受网络暴力的小轿车女司机，还是很多新闻事件中遭到‘人肉搜索’，被恶意曝光个人信息的事件主角，‘人肉搜索’对他们而言，都是不能承受之重。在电影《搜索》里面，网络时代的芸芸众生相被刻画得淋漓尽致。”

学生习作的题目有：《傲慢与偏见，到底是在说谁》《互联网时代，获取信息的方式决定了你的行为》《我们所追寻的事实真相到底是什么》《做一片冷静的雪花》等。

每一部电影的赏析与写作运用都有不同的价值选择和课程定位，教师要有自己的专业判断，要清楚课标产生的当下语境和跨媒体阅读的真正目的。

（二）关于学习内容：遵循课标与教材的建议并体现我们的教学意图

通过日趋融合的各种媒介，人们不仅能够更全面地获取信息，还可以亲身参与信息传播，发出自己的声音。任务群3的教学提示有明确表述：要在学生感兴趣的媒介应用领域，创设应用场景，引导学生在实践中了解有关媒介对人们学习、工作、生活等方面的影响，并归纳分析，形成学习成果。任务群2的教学提示明确表述：可与其他学习任务群组合，设计一些课内外相结合的学习活动；以参与性、体验性、探究性的语文学习活动为主，增强课程内容与学生成长的联系。也就是说，“当笔墨遇上光影”的课程内容涉及三个方面，一是学生感兴趣的媒介应用领域，二是要注重课程内容与学生成长的联系，三是要形成学习成果。

很显然，两个任务群的学习内容，课标在陈述的时候，只注意文学表达的普遍性问题，并没有过多关注它们在必修、选择性必修、选修之间的差异性。如果一定要找出差异来，任务群2的专题内容多来自当下社会生活中的活动，任务群3更多涉及的是领域，一个是从点上来，一个是面上求。从专题内容来看，参与性和体验性是两个任务群都必须重视的，任务群2无非是在参与中促进学生成长，任务群3明确提出形成学习成果的建议。实际上，注重实践和形成成果，也是2、3两个学习任务群的应有之义。

信息技术的飞速发展使人们获取信息、传播信息变得快速、简易。但简易不等于草率，电影资源丰富，不等于“捡到篮子里都是菜”，在策划电影专题赏析与写作运用时，我更多地考虑电影专题的层次和角度，体现多样性，具有一定的系统性，既要结合教材的阅读内容，同时遵循课标的建议，又要体现我们自己的教学意图。

除了历经验证的经典电影，如《2001：太空漫游》《楚门的世界》等外，每年当季热映的好片、大片，常常吸引学生走进影院观赏，如《我和我的祖国》《中国机长》等在国庆档上映的影片。

这两个任务群的修习，课标没有明确规定学段，其实是可以安排在从高一到高三的三个阶段。不同的是，任务群2在高一可以安排得更多点，体现其活动性；任务群3在高二、高三阶段可以逐渐增多，这样相对合理些。

本轮电影课内容分五个专题：滚烫的人生、生命的馈赠、惊人的旅行、时代的叩问和文明的永恒。（表6-13）

表 6-13 电影课专题片单

一、滚烫的人生	1. 少年心事当拏云——电影《哪吒之魔童降世》 2. 那是青春吐芳华——电影《芳华》 3. 为生命献上一首诗——电影《死亡诗社》
二、生命的馈赠	1. 希望是好事，美好的事永不消逝——电影《肖申克的救赎》 2. 在爱的记忆消失之前，请记住我——动画电影《寻梦环游记》 3. 最初的爱情和最后的仪式——电影《赎罪》
三、惊人的旅行	1. 世界之外，自由追寻——电影《走入荒野》 2. 纵有疾风起，人生不言弃——电影《起风了》 3. 我心有瑰宝灿烂如歌，唯有画作为我吟唱——电影《挚爱凡·高》
四、时代的叩问	1. 一种信仰，一种精神——电影《风声》 2. 互联网时代，做一片冷静的雪花——电影《搜索者》 3. 时代舞台上的自我掌控——电影《楚门的世界》
五、文明的永恒	1. 唯有土地与明天同在——电影《乱世佳人》 2. 回归自然，现代人的精神拯救之路——电影《海上钢琴师》 3. 探索宇宙奥秘，思考人文情感——电影《2001：太空漫游》

每一部电影的任务群设计为五部分：① 佳片有约，即剧情概括；② 角色分析，即对影片中的主要角色进行分析评论；③ 主题解读，要求提炼出 2～3 个关键词，结合具体剧情分析，可借鉴经典影评；④ 台词抄本，记录影片中的经典台词，注重可迁移性；⑤ 写作范例，是情境性、指示性写作对影片元素的迁移运用。

经过这样的任务群内容推进，学生对一部影片的解读是全方位的，以电影《哪吒之魔童降世》为例，洪儒非同学以《风火轮与乾坤圈》为题写作：

世界无疑是纷繁而多样的，有其复杂性。因而，我们在踏上“风火轮”，追求自我时，切莫将整个“读者群体”一票否决。

时代下的人们，仿佛都被“乾坤圈”套住了脖子。社会的分工渐细，社会为我们设置的重重标准，当代人愈发被外界的各种标准、规范所限制。熊培云就写文以“标准答案”与“标准血案”之说讽刺这个有喧宾夺主倾向的世界。

而我，则希望有更多的人能脚踩“风火轮”，勇赴“天雷劫”。

统编教材出来后，根据教材的教学内容，可以进行相应的跨媒介阅读。比如，配合高中语文统编教材必修上册第六单元的几篇文章，我们跨媒介观看印度电影《三傻大闹宝莱坞》，植根于现实，探讨当下学习中的问题，“我生也有涯，而知也无涯”。配合第七单元的几篇文章，我们跨媒介观看奥斯卡获奖电影《美丽心灵》，探讨生命的价值，“为了成为阳光，我存于世上”。

（三）关于教学建议：追求在教师指导之下，媒介主体与读者主体的融合

教学实施总是会遇到这样那样的困难，比如教学课时的限制、课外阅读时间的不足、测试评估难以量化……最后跨媒介阅读就成了赶时髦，走过场，或者干脆不作为。

我们再回到课标和教材中，课标在陈述相关内容时，两个任务群篇幅、详略稍有不同，任务群 2 的教学提示共计 383 字，任务群 3 的教学提示共计 320 字[1]。两者均占 0.5 学分，9 课时。前者有三条，后者有四条，为便于比较两者，我分条列表（表 6-14）概括，并附上我的学习体会。

表 6-14　新课标任务群 2、任务群 3 教学提示对照表

教学提示	任务群 2	任务群 3
第一条	共一句话，包含两方面内容，一是强调语文学习活动以参与性、体验性、探究性为主，强调将课程内容与学生的成长联系起来；二是强调运用的学习方法要能够提高学生语文综合运用的能力。这条重在强调在开展实践活动中学习语文，提高学生语文能力	共两句话，第一句是提出建议，引导学生自主选择有关跨媒介的普及性著作进行研习；第二句指出学习途径，突出跨媒介的特点。这条强调教师的引导作用，与任务群 2 的活动设计有所不同
第二条	共一句话，有两方面的内容，一是引导学生自主创建各类社团，二是介绍开展的语文学习活动的类型。社团和活动大多要利用课外时间，怎样与课内学习结合起来？这就需要结合其他的学习任务群	共一句话，强调教师的引导作用，包含三项内容：一是选择学生感兴趣的媒介应用领域；二是用科学方法指导“创设应用场景”；三是要归纳分析，形成学习成果

［1］ 中华人民共和国教育部. 普通高中语文课程标准：2017 年版［S］. 北京：人民教育出版社，2018：9-11.

续表

教学提示	任务群 2	任务群 3
第三条	共一句话，主要是学习文化现象过程中对各类资源的利用，第一分句是对家庭、学校场馆资源的利用；第二分句是对社会文化资源的利用。两者是由近及远的关系	共一句话，强调通过实例分析，注重学习过程的方法指导：研讨多种媒介的特点、媒介的选择及其影响
第四条	—	共一句话，强调跨媒介学习在三方面的提升：理解并获取信息，表达交流，求真求实的态度。强调教师的引导作用

通过两者分条比较，足以看出两者教学提示上的不同。但共同点很清楚，都强调教师的引导作用。信息时代，我们每天那会接触大量信息，这能助我们更好地认识周围世界，但有时也给我们带来误导和烦恼。《吕氏春秋·察传》有言："闻而不审，不若无闻矣。"因此，有辨识信息的自觉与能力，能够分辨各种媒介信息的真伪，就成了当代人必须具备的媒介素养。所以，统编教材中的学习建议指出要"辨识媒介信息"，但语文学习最终还是学习者的事情，王尚文教授认为，语文学习是在主体间性的对话中进行的。阅读应该发生在文本主体与读者主体之间，这已成为不少专家学者的共识。

所以，在"当笔墨遇上光影"教学实施中，我们也应该追求在教师指导之下，媒介主体与读者主体的融合。恰恰是基于这两者的不同与互补，"当笔墨遇上光影"课程设计了跨媒介学习任务群。

就课程而言，它至少涉及三个问题：① 电影片名从哪里来？即谁来确定？② 每部电影学什么？即赏析什么？③ 落实到写作上，写什么？

"当笔墨遇上光影"的任务群设计，始终在影像和写作间游走，最终指向写作所需之独特而深刻的洞见。既考虑电影本身的资源特质，又考虑写作本身的逻辑顺序，还要考虑学生所处的思维发展阶段。最后确定为以下七个步骤：

（1）从课程需要出发精选影片，主要是配合教材的相关主题。我们选片的标准有五条：一是世界范围内公认的经典，主要是各大电影节获奖作品；二是适切学生认知水平，能引发学生深刻共鸣；三是创作手法独到，可资借鉴；四是具有伟大的人性光辉，引导学生树立积极人生观和价值观；五是对某一母题如青春、爱情、人生、战争等进行深入探讨和反思。

（2）师生共享电影，形成固定观影时段。

（3）组织电影评论课，引导学生深入研讨，破解主题或艺术技巧，注重独特而深刻的见解。

（4）拓展阅读，推荐相关经典文本阅读和一部互文性的电影。

（5）自选角度撰写影评。

（6）汇编优秀习作，师生共评。

（7）自选写作情境并迁移到大作文写作中。

例如，在电影《寻梦环游记》热映时，我和学生一起确定了这部电影的赏析与写作专题："为了成为阳光，我们存于世上——《美丽心灵》跨媒介阅读"。

选择这部电影恰恰是基于当时的学情——统编教材必修一第七单元选文有史铁生的《我与地坛》和苏轼的《赤壁赋》，同样遭遇人生重大挫折的两个人，走出苦难，热爱生活，写就了他们人生的华章。生命对每个人来说只有一次。热爱生活，善待生灵，敬畏生命，将爱的火炬照彻整个生命的流程，把个体的生命融入丰富的世界中去，人生才更有价值。从这个意义上说，《美丽人生》不愧为电影中的经典。它像一个寓言，将战争中民众所承载着的苦难、乐观和幽默的生活态度，以及意大利戏剧元素中的情感渲染技巧发挥得淋漓尽致，传达了永恒的主题——人的生命是可贵而且充满欢笑的，激发每个人对于生活的热爱。

观影后，同时推荐阅读经典文本鲁迅先生的《生命的路》和时评《生死教育：让生命绽放得更绚烂》，拓展影片是国庆大片《攀登者》。学生的习作精彩纷呈，其中《阴影之下，美丽无畏地盛开》《以爱之名给你灿烂人生》《用游戏化解苦难》等文章，内容之丰富，思考之深入，角度之独特，令人欣喜。

经典电影是文章的一个全息系统。如果能巧妙地通过电影阅读与交流，借一部电影进行多层面的阅读，并分解为写作素材的一个母题或阐释多个普适性母题，然后在多个电影专题及专题内部的影片之间建立一定的关联，连类而及，逐渐累积和夯实，必能使学生的语文素养日渐提高。

在这样的课程下，学生们提高了思维力，发挥了想象力，写作水平有极大的提高。例如，苏州中学周天行同学从小就对写作与阅读怀抱热爱，作品在多次全国大赛获奖、在各级刊物上发表后，该同学成了中国少年作家班的正式会员，多次在北京人民大会堂领奖，她时常与文学界知名人士会面，与《中国少年报》等杂志编辑彻谈，这些经历都让她无比享受创作的乐趣，也因此更加坚信她与文学之缘。她在高一写下了她的科幻小说处女作《兄弟》，并参加了第四届全国中学生科普科幻作文大赛，在两千人决赛角逐中脱颖而出，撰写的科幻小说《人类往事》荣获全国一等奖（当届江苏省唯一一个一等奖），并以优秀作品作者的身份参与了全球华语科幻星云奖——华语科幻界顶级大赛的角逐，并最终夺得青少年组唯一的一个金奖。

“当笔墨遇上光影”电影课程是一种尝试，通过跨媒介的阅读与交流，实现学生对当代文化的参与，让学生体悟人生，锤炼语言，思考社会，提升思想境界，提高语文素养。

案例二　物理英才培养课程资源建设[1]

（一）资源开发目标

自2003年以来，高校自主选拔录取改革试点摸着石头过河已有十多个年头了。2014年9月4日公布的《国务院关于深化考试招生制度改革的实施意见》，对自主招生进行了规范化的顶层设计。在必须参加高考的前提下，高校自主选拔录取，将促进中学实施素质教育，在发现、选拔和培养拔尖创新人才方面发挥了不可替代的作用，它是高校招生考试制度的有机组成部分，也是高校招生多元录取的重要方式之一。实施意见明确指出：招收的主要对象是具有学科特长和创新潜质的资优生。教育部出台的实施细则，要求高校选拔时，笔试科目原则上一门，最多不超过两门。以北大、清华为代表的C9、985高校，在选拔理工科考生时，大多数倾向于考数学和物理，这是由研究型大学的培养人才目标和数学、物理的学科内涵决定的。

（二）课程资源内容

物理英才培养课程共分三部分，物理Ⅰ是力学，物理Ⅱ是电学，物

[1] 此案例由苏州中学物理特级教师、竞赛主教练朱浩老师提供，他通过30余年的积累，形成了一套完整的“由浅入深，由中学到大学”的物理英才培养课程体系。

理Ⅲ是热学、光学和近代物理。

课程内容立足于《普通高中物理课程标准》，适当参考《全国中学生物理竞赛内容提要》。在编排顺序方面，强调物理学的系统性和科学性，亦兼顾教材模块的体例特点，对于自主招生考试超出《普通高中物理课程标准》范围的内容，书中以阅读材料的形式呈现。数学是物理学最精练的语言，数学工具只涉及中学数学范畴，微积分也仅限于此。

课程每部分按内容分章分节，每节由拓展、例题、练习、演练四个环节组成。每章末有综合拓展，着力于中学物理核心素养的内涵挖掘和外延引申，有别于教材的呈现方式，强调科学性和严密性，亦遵循可接受性原则；例题精选自主招生真题、竞赛题或者改编题，题上标有解题的核心概念，还有指针、解答、答案、反思四个模块，其中，指针是对问题的本质分析，解答是对问题的表达演算，答案是方便读者使用，反思是对同类问题的归纳，有举一反三之意；练习环节是与例题配套的1～2个练习题，两者有相同的知识背景和相近的物理模型；每节末的演练题，也与例题匹配，有相应的提示。例题、练习、演练，题前都标有1—5不等的难度系数，有的题目亦标明其出处。每章末的综合题尽量选择自主招生真题，使读者熟悉考题的特点和风格；亦选择少量杂题，使考生拓宽视野，增强适应性。

（三）课程资源利用

苏州中学物理英才培养课程资源开发中，拓展、例题、练习呈现形式科学，过程精细，适合课余自学温习功课之用，并能检验学习效果。自学时研究解题方法很重要，各种类型问题的解法多次呈现，以便寻找解题规律，提炼解题方法。

例题的核心概念、指针、解答、反思、练习，意在检查对所学内容的理解程度。首先，自己尝试解答，若不会做，则可以阅读指针。阅读完指针后再次尝试解答例题，并将尝试解与解答做细致比较，反思极为重要，有助于理解解题过程。最后的练习是对例题理解的再次确认。如不会做，应重新理解指针、解答及反思，再次进行解答和练习。

对于演练首先自己尝试解答，若不会做，重新领会对应例题的所有环节，再尝试解答，可以用铅笔直接写在书上，最后再阅读解答。

课程目录上的章节标题，与教材名称不尽相同，是在教材基础上拟的专题名称，便于复习时依据教材进行有针对性的学习与研究。学习时以例题为中心展开练习与演练，其中的演练题每页下面都有提示。做练习题、演练题时先研习相应的例题，如不会做，研习下面的提示。尝试解答，用铅笔写在书上，然后对照答案，若有误，翻阅解答。

本课程所采用的教学方式可以从 2018 年荣获第 19 届亚洲物理学奥林匹克竞赛金牌、目前在读北京大学物理学院的刘金禹同学的《我的竞赛之路》感悟中所见一斑：

朱老师讲知识点时一定是亲力亲为，力求准确清晰；但是讲习题时则鼓励学生发表自己的想法，在交流中不断将方法优化，把思路拓宽，把步骤精细。我有一段时间一直是主要的讲题人，那段时间我的习题过程确实越来越简练严密，而且讲题时与同学交流往往会有新发现，确实感觉到了提升。

……

在复赛里我考得很好，在决赛里也考进了全国前 50 名，进了集训队。其实当时已经有点不想考下去了，毕竟已经保送，而且确实太累了。但朱老师提醒我坚持下去可能就会有更大的奇迹、更好的未来。于是我在集训队里坚持了下来，最后进了亚洲队，拿了国际金牌。

……

在我的印象里，每位学生都可能凭自己的天赋在竞赛的道路上跑得很快。但这毕竟是个陌生的地方，路怎么走方便、什么时候要拐弯、在岔路口该选哪条路、什么时候该休息、什么时候该咬牙挺一挺都不知道。如果有一位熟悉这条路，也了解你的导师一直在身边，一路监督，鼓励你向正确的方向前进，给予你最迫切需要的帮助，相信每个人都能取得属于自己的最好的未来。

（四）课程成果

2018 年 5 月 12 日，第 19 届亚洲物理学奥林匹克竞赛在越南河内落幕，中国队 8 名参赛选手全部进入比赛前 10 名并获得金牌。其中有 1 人来自苏州，即江苏省苏州中学高三学生刘金禹，他也是此次江苏省唯一入选第 19 届亚洲物理奥林匹克竞赛国家队的选手，并已经获得北京大学保送资格。刘金禹的成绩是苏州教育培养拔尖创新人才的一个缩影。刘金禹从竞赛现场返程回到苏州，他在接受苏报记者采访时说："学习是我的爱好，物理是我的信仰。"

入围亚洲物理奥林匹克竞赛的人可谓"十万里挑一"，而苏中至今已获该赛事8枚金牌。

回顾苏州的物理学奥林匹克竞赛金牌史，有一个值得关注的现象。1999年，苏州中学的蒋良拿下大市范围内第一块国际物理学奥赛金牌。此后除了江苏省梁丰高级中学曾在2000年获得过国际和亚洲物理学奥赛金牌之外，苏州中学包揽了这些年苏州市获得的所有的金牌。截至目前，苏州中学已在该赛事上斩获8枚金牌。

案例三：园林元素艺术主题课程资源建设[1]

对于艺术而言，任何对象都是一种生命存在的形式，跃动的画面、灵动的人物，无不在文化的语境中，彰显着每个人的价值追求。多年来，苏州中学艺术教研组秉持“以美载道、以美益德、以美导善”的教育理想，注意挖掘学校、家乡文化资源。

2020年9月开始以园林元素为主题，苏中的美术老师们，创设了极富特点的艺术创作课堂。而课程的引导者是四位爱美的老师。

（一）课程目标

以来秀坊空间为依托，苏州中学艺术选修课，从兴趣出发，寓教于乐，淡化育人痕迹，唤起学生对生活的热爱和柔情。

（二）课程资源

选修课程涵盖水彩、国画、油画、木刻（图6-8、图6-9）、版画（图6-10）、剪纸、泥塑、设计、装饰画、色粉、书法（图6-11）等多个领域。

图6-8　学生木刻作品

图6-9　著名版画家顾志军老师介绍并体验桃花坞木刻年画

[1] 此案例由苏州中学艺术组全体老师提供。

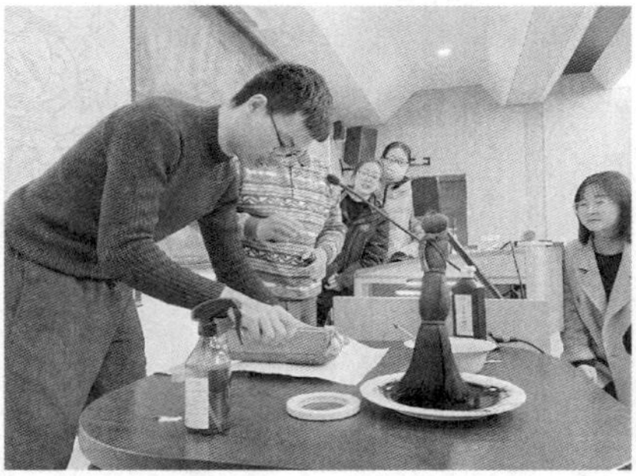

图 6-10　学生制作版画

图 6-11　著名书法家葛鸿桢老师书法魅力讲堂

苏州之美藏在一个个精巧的园林中，庭院、太湖石、花街纹样、窗花、廊桥，处处皆是匠心和匠造。审美情趣透露着人伦之美和生存境界，也让学生以更新的眼光审视我们朝夕相处的城市。

（三）开发过程

同学们用一把剪刀、一张剪纸，勾勒园林别致的花窗，手捏陶泥制作太湖石，自制版画印出园林建筑，捡拾落叶拼贴园林的地面花街，在一段段专注而美妙的时光中，以更微观，也更可感可触的方式，洞悉传统文化，体验和享受艺术之美。

匠人匠心，技艺永恒。

为了让学生能更切身体验到艺术和技术的融合，学校邀请各领域艺术大师，为学生解读艺术，解读大家眼中的美。

在家乡文化中体悟家国情怀，在艺术殿堂中体验能动创造，在苏中碧霞书院的艺术选修课程中，更多的学子感受和体验了艺术的情与行，提升了个人的审美境界和精神境界。

案例四：讲述苏州人的“碗底闲话”课程资源建设[1]

现如今，“吃货”几乎成了一个人人自封的称谓，特别能吃、特别爱吃的都叫吃货，就连各路明星也喜欢在综艺节目上卖吃货人设。但是，真正的吃货，境界远不止此，苏州中学六名高三毕业生拍摄了一部苏州美食纪录片，展现美食背后的苏式生活和苏州文化，寄托舌尖上的乡愁，引起了不小的关注。

[1] 此案例由苏州中学国际书院2017届卓越班学生提供。

苏州中学国际书院2017届六位卓越班学生：肖福鹄（现在塔夫茨大学）、俞嘉瑞（现在威斯康星大学麦迪逊分校）、徐心怡（现在纽约大学）、刘星磊（现在普渡大学）、葛明旻（现在罗切斯特大学）、黄桑旎（现在维克森林大学），在2017年3月，用五个月的时间，以爱好和共同的志趣为纽带，联合起来自费独立拍摄6个视频作品，他们用自己的视角和方式，走遍了整座苏州城，讲述苏州人的“碗底闲话”，召开了视频发布会和摄影作品展览，利用微信平台、电视台等媒体推广他们的作品，作品还被收录进苏州市旅游局的微信公众号，在苏城引起广泛转载。

6集纪录片呈现近70种苏州美食，受到4万多美食爱好者关注。

让你心心念念的早饭，是什么？是葑门横街上的大饼油条小馄饨？是苏式面馆里的一碗红汤焖肉面？还是上学路上一块热乎着的蛋饼？在苏州，叫醒人们的不是闹钟，而是他们内心惦记着的清晨味道……

这段堪比《舌尖上的中国》的解说词，是苏州原创美食短片《晨起》中的开场白，带着热烘烘、油腻腻的烟火气，勾勒出了苏州人的早餐百态，引发了网友的强烈共鸣。

整部纪录片共分为6集，除了讲述苏州早餐文化的《晨起》以外，还有呈现苏帮菜精髓的《甜蜜》、介绍苏州物产特色的《自然》、向游客推荐苏州经典一日游的《行走》、展现外国文化在苏州演变扎根的《融合》，以及以团圆饭为主题的《团聚》。粗略估算里面大概有21家店的将近70种美食。

为了推广这部原创的纪录片，团队专门申请了一个微信公众号“碗底闲话”，每两周推送1集短片。目前，已经推送的5集短片微信阅读总量已经接近4万人次。

此次拍摄团队的6人都是苏州中学的学生，他们有个共同的爱好——美食。高三下学期，徐心怡成功申请到美国的大学后，空闲时间多了起来，就萌生了拍摄一部苏州美食纪录片的想法，没想到大家一拍即合，根据各自的特长简单分工后，今年4月份剧组就正式开工，拍摄了整整5个月。

苏州的美食很多，但很多苏州人特别是新苏州人对苏州饮食文化的了解并不深入，苏州中学“碗底闲话”团队的同学很希望用这样一部纪录片，呈现苏州美食艺术的冰山一角，让更多人透过美食了解苏州和苏州人的生活，在外想家的时候，也能解解眼馋。

凭借着这样一股子单纯的热情，剧组坚持公益原则，不接受商家广告，请教各方面行家，只挖掘呈现最地道的苏州美食。没有经费，他们就自掏腰包进餐厅点菜，再跟对方磨优惠；没有设备，他们把自有的摄影摄像器材全部用上；不是专业出身，他们就边编拍边摸索，用创意弥补技术上的稚嫩和缺憾。

困难很多，收获和感动更多。拍摄短片《甜蜜》的时候，一帮人凌晨4点半起床，顶着高温跑了很多地方拍糕团、酱汁肉和糖画，一直到下午3点多才吃到饭，是好心的厨师师傅看他们辛苦，放弃午休时间给他们做的，还腾出地方让他们休息。

这部美食纪录片受到的关注越来越多。剧组在苏州中学来秀坊举办最终集发布会暨摄影展，和热心观众分享拍摄过程的点滴和对苏州美食文化的感悟。

第四节　书院制课程教学的实施案例

案例一　“国学基础选讲”课程实施案例[1]

（一）课程宗旨

1. 课程性质

本课程全称为“国学基础选讲——语文课本里的国学常识”，课程性质为苏州中学文史类校本选修课程，课程由苏州中学道山书院和江苏省道山文史课程基地研发。

2. 课程简介

本课程以语文教材中的国学常识为切入口，分类拓展、深入研学与之相关的国学基础知识，主要涉及文字学、音韵学、训诂学、天文历法、节日民俗、姓名称谓、人才察举、文学文论等十个专题，旨在传播中华优秀传统文化、助力学生语文学习，提升学生人文素养。

[1] 此案例由苏州中学语文组教师程振理提供。

3. 课程理念

以党的教育方针为指导，坚持立德树人根本目标，落实《中国学生发展核心素养》和《普通高中语文课程标准（2017 年版）》精神，密切关联统编高中语文教材，传播中华优秀传统文化，引导学生增强文化自信，自觉传承中华文化精华，切实发挥文史类校本选修课程的育人功能。

4. 课程目标

构建完整系统的校园国学文史类校本课程，完善学校道山书院文史类课程群建设；提升教师课程建构力，优化书院制育人环境，探索书院制育人模式；传播国学基础知识，助力学生语文学习，提升学生语文素养，对接“强基计划”，培养文史类特长拔尖学生。

（二）课程设置

1. 课程设计

（1）开课对象：本课程开设对象主要为高一学生，特别欢迎爱好国学或有文史特长学生。

（2）选课流程：由学校统一发布课程信息，学生线上自主选课，特殊学生由年级组进行调剂。

（3）选课人数：本课限选学生人数为 30 人（或由年级组依学情确定人数）。

2. 课时安排

本课程每周开设 1 节，每课时长为 1 小时（周二 16：20—17：20），每学期 12 节（含期末结课与评价检测）。

本课程的学分计算，纳入学校学分系统作统一管理。

（三）课程内容

1. 教材依据

本课程教材为课程开发者原创新编。依据教育部《学校课程管理指南》和苏州中学《校本课程开发指南》，参照《普通高中语文课程标准（2017 年版）》，参考国家正规出版国学类权威书籍，结合统编高中语文教材和学生实际需求，新编《国学基础选讲——语文课本里的国学常识》教材。

2. 教学内容（表 6-15）

表 6-15 教学内容

总说	小学类	时节类	礼仪类	人才类	文学类	总结
国学之前世今生	文字演变与训诂	天文历法纪年时	姓名称谓有乾坤	察举人才应科举	古代神话暨传说	期末结课与评价考核
	浮声切响话音韵	传统节日讲习俗	谦恭礼让座有次	官职有等制有迁	文学千载情韵长	

3. 学习要求

每课按时到岗，专心上课笔记，及时提交作业，积极参与研讨，尽心汇报成果，认真参加测评。

（四）课程实施

1. 组织形式

将集中授课、沙龙研讨、活动体验、项目探究、成果汇报、综合测试相结合。

2. 实施规划（表 6-16）

表 6-16 实施规划

周次	教学内容	周次	教学内容
1	国学之前世今生	7	谦恭礼让座有次
2	文字演变与训诂	8	察举人才应科举
3	浮声切响话音韵	9	官职有等制有迁
4	天文历法纪年时	10	古代神话暨传说
5	传统节日讲习俗	11	文学千载情韵长
6	姓名称谓有乾坤	12	期末结课与评价考核

（五）课程评价

1. 过程性评价

（1）评价依据：《中国学生发展核心素养》和《普通高中语文课程标准（2017 年版）》。

（2）评价原则：根据实际需要，整合诊断性评价、形成性评价、终结性评价等多种评价方式，考查学生语文核心素养的发展情况。

（3）评价指标：每课考勤、课堂积分、笔记作业、论文提交。还可采用现场观察、对话交流、小组分享、自我反思和纸笔测试等多种评价方式。

2. 结果性评价

（1）在过程性评价的基础上，开展学生学习成果汇报、组织期末综合测试。将过程性评价与结果性评价相结合，形成学期终评。

（2）依据评价结果，反思日常教学，优化教学内容，调整教学策略，完善教学过程，为学生语文学科核心素养的发展提供有力支持。

（六）课程资源

1. 师资来源

本课程师资以课程开发者为主，条件成熟时也可培训年轻教师上岗。

2. 教学设施

本课程立足紫阳楼或红楼讲学教室或其他优宜场馆，基本设施为音频、视频等多媒体播放设备。

3. 资源开发

本课程依托苏州中学千年学府文化环境，充分发挥尊经阁、道山亭、府学碑廊、图书馆和苏州文庙等文史场馆的育人功能。还可联系利用苏州博物馆、苏州图书馆及历史文化街区资源，助力本课程的开发开设。

（七）课程管理

1. 过程管理

本课程开设过程中，以周次为单位，及时收集课程相关资料，包括保障课程健康运行的相关制度、教学参考资料、教学进度计划、学生作业笔记论文和其他学习项目成果等。并根据学情反馈，及时调整教学内容、难易程度或教学策略，确保本课程育人功能最优化。

2. 成果管理

学期结束后，将对学生成果汇报、期末综合测试等数据进行统一处理，结合过程性管理资料，形成学期综合性评价材料。同时对课程成果进行分类整理，上交学校有关部门评估归档。

案例二　电子编程技术课程实施案例[1]

（一）开发

电子编程技术课程由物理组查斌老师开发。

[1] 此案例由苏州中学物理组教师查斌提供。

（二）实施（表6-17）

表6-17 教学实施简案

课节次	教学简案
1	课程名称：电子技术编程介绍 教学目标： ① 了解电子技术编程软件。 ② 认识常见元器件。 ③ 进入编程界面认识各元素。 教学过程： （1）介绍硬件，认识常见元器件。 （2）介绍编程常见软件。 （3）介绍本课程所用编程软件：介绍各模块，了解各模块的作用，以一个实例，让学生了解编程软件 Scratch。 （4）学生实践：教师示范后进行简单的总结，然后学生自己动手操作，完成编程小任务。 （5）结束：总结课堂学习内容。 作业练习： 寻找可编程电子器件、游戏等产品。
2	课程名称：钢琴弹奏音乐编程 教学目标： ① 通过了解钢琴音乐的编程过程，了解一个编程作品的编程思路。 ② 更加深刻地体会到利用互联网搜索自己所需素材的技巧与方法。 ③ 从所学习的钢琴弹奏编程出发，发挥自己的想象力与创新力，利用语句里面的其他功能。 教学过程： （1）导入新课：播放《划小船》音乐，演示钢琴弹奏编程作品，引入编程教学，布置一个编程小任务，完成一个简单的编程作品。 （2）案例分析： ① 作品效果分析。 ② 角色分析：白键、黑键、音符、“播放”字样。 （3）示范操作：提问与示范操作相结合（这里仅列举一个角色的创建及其语句功能实现）。 ① 角色的创建。 提问：这个编程作品都有哪些角色？角色都有哪些造型呢？ ② 角色语句。 提问：要实现这个功能，要用什么语句呢？ （4）学生实践：教师示范后进行简单的总结，然后学生自己动手操作，完成编程小任务。 （5）结束：总结课堂学习内容。 ① 四大编程语句的使用。 ② 捋顺总结编程的思路。 作业练习： ① 控制钢琴弹奏的节奏。 ② 加入一些角色动画。 ③ 变换钢琴曲目。

续表

<table>
<tr><th>课节次</th><th>教学简案</th></tr>
<tr><td>3</td><td>课程名称：Scratch 小游戏——比大小，猜数字
教学目标：
① 让学生在学习中能掌握在较大数字之间比较的能力，并能快速地进行反应。
② 学生能掌握 Scratch 软件的基本使用技巧，了解软件的菜单及各个模块，学会将积木式的图形拖拽到相应的位置。
③ 学习了解编程基本的语句，懂得各个语句之间的逻辑关系，学会将简单的语句衔接起来形成简单的场景。
教学过程：
第一部分：认识小游戏
（1）课题导入：先向学生介绍什么是 Scratch 软件，让他们对接下来要使用的工具有一个基本的了解。
（2）向学生介绍要学习制作的小游戏的玩法，然后在 Scratch 软件上进行演示，吸引学生的注意力，并让他们对这个游戏的制作产生兴趣，便于接下来课程的开展。
第二部分：剖析小游戏
（3）新课学习：给学生介绍 Scratch 软件的基本使用界面，大概分为四个板块来介绍，让学生在具体实操之前对软件使用技巧有一个基本的掌握。
（4）根据游戏编程具体介绍小游戏的原理，将编程主要分为三个部分，对每一部分的内容进行讲解，这也是整个教学的重点和难点，抓住重点，给学生化解疑点，突破难度。
（5）在 Scratch 软件上进行操作，给学生演示整个制作过程，让他们从感官上对制作方法有更加深刻的理解和认识。
第三部分：拓展小游戏
（6）进行思考练习，学生在学习之后有了自己的理解，试着对小游戏进行改编，让游戏更加有趣，也让学生在练习的过程中对所学知识有更加深刻的了解和新的认识。
作业练习：
① 如何将随机抽选的数字设置为小数或者数学运算？
② 如何改变角色及其语言或者让它运动起来？
③ 如何对回答问题的次数进行统计，并制作出计分栏？</td></tr>
<tr><td>4</td><td>课程名称：用 Scratch 制作趣味小游戏——《逃跑章鱼》
教学目标：
① 学习使用 Scratch，了解基本语句的含义与排列。
② 能够做到思维与行为相结合。
教学过程：
（1）演示游戏的玩法。
（2）在 Scratch 中演示制作步骤。
（3）演示完成后，让学生开动脑筋对游戏进行完善和修改。
（4）总结：学生通过 Scratch 的学习利用，将英语学习、计算机学习与娱乐活动相结合，让学习充满趣味性。
作业练习：
在现有游戏的基础上，增加关卡，增加中学阶段的重难点单词。</td></tr>
</table>

续表

课节次	教学简案
5	课程名称：Scratch 趣味加减法制作 教学目标： ① 初步培养学生的观察能力和动手操作的能力，体验动手操作的快乐与意义，加强学生的学习兴趣。 ② 理解运用 Scratch 中的不同类模块，设计不同脚本控制角色的移动、造型切换、说话、计算等效果。熟练掌握 Scratch 画图处理图片的方法。 ③ 掌握常用的设计脚本方法，并能灵活运用到创作中。 教学过程： （1）课程介绍：通过课题介绍及简单内容提要激发学生的学习兴趣。 （2）游戏设计介绍：对游戏的设计原理、角色、操作方法进行介绍。 （3）游戏演示操作：先对设计好的游戏进行一遍演示，让学生知道接下来的课程要做什么内容。 （4）游戏制作相关知识点介绍：Scratch 操作界面的介绍、声音制作的不同方法等。 （5）Scratch 制作过程讲解：包括图像、音频的导入，图形的绘制、声音的录制，脚本的使用，不同类模块设计不同脚本以控制角色的移动、造型切换、说话等效果，制作过程中要注意的问题，等等。 （6）完成测试：制作完成后，进行演示确保制作成功。 （7）启发引导：用简短的话语引发学生的思考，激发学生在此基础上进行再次开发创作的意识。 作业练习： ① 发动想象力、创造力，根据自己的喜好对页面布局、音效处理进行改进提升。 ② 随着课程学习的加强，进行其他算法的制作。
6	课程名称：用 Scratch 画正多边形 教学目标： ① 学会使用 Scratch 软件中的“画笔”工具。 ② 学会运用“旋转”语句来画出多边形。 ③ 学会运用“重复执行”语句实现程序自动画出多边形。 教学过程： （1）创设情景，引出主题：展示两张包含多边形的图片，引出主题。 （2）讲授新课： ① 首先，教大家画正方形。在“画笔”语句中，找到“落笔”（画笔开始画了）。接着开始分解动作：让画笔移动 50 步，之后，让画笔旋转 90 度，再移动 100 步，这样，重复四次后，一个正方形就画出来了。 ② 简化这个程序，用一个重复执行的语句来代替。 ③ 思考：怎样确定画笔旋转角度？（旋转角度等于外角） ④ 如何确定正 n 边形外角度数呢？外角 = 180 - 内角，内角 = 内角和/n，内角和 = (n-2)/180，再把内角和带入回原来公式，我们就可以求得外角的公式：外角 = 360/n。 ⑤ 大家有没有发现，正多边形的边越多，就越接近圆呢？

续表

课节次	教学简案
	⑥ 画出多个正多边形组成的规则图形。 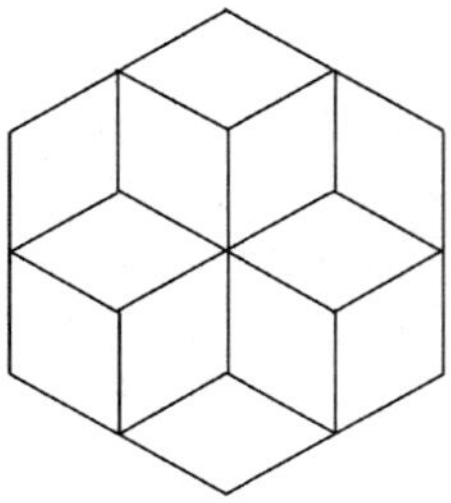 作业练习： 学生根据制作的作品，发挥想象，结合学过的 Scratch 知识点，画出更复杂的图形。
7	课程名称：Scratch 编程之《躲避幽灵》 教学目标： ① 掌握“变量”的意思。 ② 能独立制作出《躲避幽灵》小游戏。 ③ 锻炼学习的逻辑思维能力。 教学过程： （1）重点：掌握变量的应用方法。 （2）难点：变量的应用。由于学生之前从未接触过此类的知识点，变量对他们来说是一个很陌生的概念。 （3）运用 Scratch 这个软件向学生演示制作《躲避幽灵》小游戏的过程。 作业练习： 学生课后发挥创造力用 Scratch 制作出一个小游戏。
8	课程名称：Scratch 计算偶数之和 教学目标： ① 学会利用 Scratch 制作程序计算偶数之和。 ② 在制作的过程中掌握在整数中找出偶数的思路和方法。 教学过程： （1）先跟学生介绍本次微课主要的内容。 （2）介绍偶数及找出偶数的方法。 （3）在 Scratch 中一边操作，一边讲解代码的含义：首先新建两个之后需要用到的变量，并选取需要的代码，根据自己的要求提出问题，并选择计时器计算时间，并解释计时器的用处；接着将计算方法用代码表现出来，最后加上表达计算时间的代码。 作业练习： 通过掌握偶数求和的编程方法，举一反三，修改程序，完成对奇数求和的编程，对寻找质数的编程。

续表

课节次	教学简案
9	课程名称：《生词识记连连看》游戏编程 教学目标： ① 利用 Scratch 软件制作不同角色，并通过广播机制协调多个角色。 ② 探索更复杂程序的编写方法。 ③ 初步尝试“构造角色→动作设计→脚本设计→协调角色动作”的规划过程。 ④ 尝试运用其他学科知识，自主设计连连看游戏。 教学过程： 将讲授法和案例教学法相结合，边讲解边操作这一实践案例，逐步引导学生完成连连看这一游戏。在案例的操作过程中，以 PPT 的形式讲解课程中的技术难点及脚本语句，直观、具体地使学生理解抽象的概念。在教学中间，以穿插问题为形式，让学生更好地掌握知识内容。 （1）创设情境，提出主题。 （2）案例讲解。 作业练习： ① 增加连连看游戏的范围和学科类型，比如英语翻译、数字求和等。 ② 增设背景音乐及改变游戏进行时的背景。 ③ 利用其他方式来控制舞台中角色的出现、动作等。 ④ 增加角色特效，比如加渐变、阴影、闪光等。 ⑤ 思考如何更好地把文化知识添加进去。
10	课程名称：用 Scratch 制作《草船借箭》游戏 教学目标： ① 学习运用 Scratch 软件中的控制语句、外观语句、动作语句、侦测语句、数据和指令语句进行简单编程创作，引导学生用自然语言写出设计作品的过程并能将它转换成 Scratch 语言。 ② 进一步理解和运用八大指令搭建脚本，表达自己的想法。 ③ 联系语文、历史知识，了解草船借箭这一历史典故，感悟《三国演义》中的人物形象，感受文学魅力。 ④ 形成良好的编程习惯，理解脚本编写和角色运用之间的逻辑联系。 教学过程： （1）创设情境，引入主题： 本课结合人教版小学语文五年级下册第五单元的第 2 课课文《草船借箭》的知识点，诸葛亮同周瑜斗智，用妙计向曹操“借箭”，进行 Scratch 软件的游戏编程脚本设计。通过创设周瑜与诸葛亮斗智的情景，引入《草船借箭》的游戏设计，引导学生进行编程。 （2）教师演示，模仿创作： 在演示之前，先对 Scratch 软件的控制语句、动作语句、外观语句、侦测语句进行简单的介绍，为接下来的编写程序学习做铺垫。 （3）任务导航： ① 舞台：草船借箭的场景。 ② 角色：周瑜、诸葛亮、草船、弓、箭。 ③ 游戏大纲： 场景 1：周瑜与诸葛亮进行智斗对话，周瑜要求诸葛亮一个月内制造出十万支箭。

续表

课节次	教学简案
	场景 2：按下空格键使箭向移动的草船射击，同时统计射中的箭的数量。 看到游戏剧本后，大家肯定跃跃欲试了吧！ ④ 任务分析：创建舞台背景，编辑角色、画流程图、编辑脚本。 作业练习： ① 增设背景音乐。 ② 增设游戏暂停、结束按钮。 ③ 增设计时器。
11	课程名称：算术我最行——Scratch 小游戏制作 教学目标： （1）能力目标： ① 灵活地运用软件制作简单的 Scratch 编程小游戏。 ② 学会自主编程，举一反三。 （2）情感目标： 激发学生对 Scratch 编程小游戏学习的热情，提高学生的自我创作水平。 教学过程： （1）创设情境，引入主题： 本课结合人教版小学语文五年级下册第五单元的第 2 课课文《草船借箭》的知识点，诸葛亮同周瑜斗智，用妙计向曹操“借箭”，进行 Scratch 软件的游戏编程脚本设计。通过创设周瑜与诸葛亮斗智的情景，引入《草船借箭》的游戏设计，引导学生进行编程。 （2）教师演示，模仿创作： 一共分为四个部分：抽签部分、答题部分、规则部分和测试游戏。 ① 抽签部分：进行三个小部分的制作，一是“开始”按钮，先制作它的造型，之后设置相对应的编程模块；二是“停止”按钮，先制作它的造型，之后设置相对应的编程模块；三是数字转动区域制作，在这部分需要设置 1—9 九个数字造型，之后将其拖动到动画展示区域，调整相应的大小和位置，最后设置相对应的编程模块，并设定一个“题目数量”的变量，作为记录，从而引出后面的游戏内容。 ② 答题部分：这部分是本课程的重点和难点所在，一共分为两个分块的制作，一个是教师负责的造型和编程的制作，另一个是学生负责的造型和编程的制作。由于这部分的内容比较烦琐和复杂，因此使用 PPT 展示和软件展示交替的办法将内容讲述出来。 在教师部分的制作中，除了造型的选择外，还需要录制音频，也就是在算式形成时，会有相应的音频将算式正确地读出来；这部分的代码也是极其复杂和有难度的，因此在必要的地方教师规划了简单的流程图来讲解编程，使学生形成一个正确的逻辑思考方式，从而更轻松地制作这个小游戏。 学生部分的制作，相对于教师部分的制作就简单了许多，因为学生作为一个信息的接收者，只需要回答问题，其他的动作基本没有，这部分也是最容易上手的。

续表

课节次	教学简案
	③ 规则部分：这部分需要制作两个角色，一个是“规则”按钮，另一个是“规则的细则”，这与前面抽签部分的制作是十分相似的，因此采取 PPT 展示的形式将其展现出来，学生就能很好地理解这方面的内容了。 ④ 测试游戏：在小游戏各部分制作完成之后，需要调整画面中各个角色的位置，还需要运行游戏，查看是否有疏漏及错乱的地方，及时作出更改与记录，将疑点难点记录下来，在学习中不断地进步。 作业练习： ① 根据所学的内容，自主完成这一小游戏的制作。 ② 在制作完成的基础上，对小游戏进行整改，比如改变游戏规则、增加功能等。 ③ 自主开发完成一个小游戏。
12	课程名称：打气球游戏 教学目标： （1）知识与技能： ① 能够熟练掌握设置背景和导入新角色的方法。 ② 能理解 在 1 到 10 间随机选一个数 模块可以产生指定区间的随机数，并学会模块的嵌套，如图：等待 在 1 到 10 间随机选一个数 秒。 ③ 学会新建变量，掌握变量的使用方法。 ④ 学会使用“如果…那么…”和“重复执行”语句。 （2）过程与方法： ① 根据实际情况导入所需要的角色。 ② 通过角色的运动要求进行代码的编写。 ③ 教师演示制作打气球游戏的完整过程，让学生自行操作并掌握。 教学过程： （1）导入新课（播放打气球的游戏效果），简单讲述今天要学习的内容。 （2）让学生了解学习目标，明确课堂学习内容。 （3）教师正式讲解课程内容，结合 PPT 教学资源，阐述打气球游戏的制作原理。 （4）教师动手实际操作，边演示制作过程边再次讲解。 （5）学生自主学习探究，使用教师提供的软件进行实际操作。 （6）评价环节：教师检测每位学生最终的实验成品，给予鼓励。 （7）讨论环节：学生展示成品，分享学习心得。
13	课程名称：自动抽题库 课程目标： ① 利用链表实现对题库的储存。 ② 合理利用变量。 ③ 实现随机抽题。 ④ 使用控制语句。 ⑤ 利用消息实现不同角色的同步。 教学过程： （1）题目的抽取： ① 选择“题库”角色，建立题目链表和答案链表。

续表

课节次	教学简案
	② 将准备的题目和答案导入到各自的链表中。 ③ 利用“随机”模块，将其中的区间改为 1 到 8，实现题库中的 8 道题目的随机抽取。 ④ 利用“重复执行”模块，实现题目的 8 次随机抽取。 ⑤ 利用“说出”模块，实现被抽中的题目的展示。 ⑥ 利用“等待秒数”模块达成题目展示的时间要求。 （2）答案的判断： ① 选择“题库”角色，建立变量：“抽中的题号”；将“抽中的题号”作为“随机”模块的变量，使之代表随之抽到的题目；另外，将“抽中的题号”作为“说出”模块的变量。 ② 选择“选项 A”角色，利用“当角色被点击”模块、“如果……那么……否则……”模块、“等于”模块、“……或……”模块、“音效”和“说出”模块实现对答案的判断。如果抽中了答案是 A 的题目，那么发出音效并说出“恭喜你，答对了”，否则说出“再想想”。 ③ 选择“选项 B”“选项 C”“选项 D”角色，分别作出与“选项 A”角色一样的操作。
14	课程名称：《中国地图拼接游戏》编程 课程目标： ① 学习运用 Scratch 软件中的动作语句、外观语句、控制语句、侦测语句等进行简单的编程创作，引导学生熟悉设计作品的思路并将步骤转换为 Scratch 语言制作游戏。 ② 进一步理解和运用八大模块搭建脚本，将自己的想法创作出来。 ③ 联系地理知识，牢记各省份、自治区、直辖市简称及其行政中心。 ④ 形成良好的编程习惯，先理清制作思路并将步骤与 Scratch 语句联系，理解脚本编写和角色运用之间的逻辑联系。 教学过程： （1）创设情景，提出主题： 本课结合初中八年级地理中国省份简称的知识点，介绍中国各省份、直辖市、自治区的简称及其行政中心，帮助学生更快速、更准确地记忆省份知识。游戏的设计要领是不同地区使用不同颜色区分开，并与有相对独特颜色的名称匹配。本课主要围绕形状的区分与对应名称的匹配，进行 Scratch 软件的编程脚本设计，以完成简单的编程和逻辑关系设计，引导学生进行编程。在进入本课案例前，教师先对 Scratch 软件的界面板块以及各个板块的功能进行简单的介绍，为接下来的案例学习做铺垫。 （2）模仿创作： 进行 Scratch 软件的教学，首先带领学生整理以下的几个问题： 问题一：小猫角色是否需要被用到？ 问题二：地图在整个游戏过程中是否要被操作？ 问题三：如何实现游戏设计？ 作业练习： ① 将中国地图扩大到世界地图。 ② 增设不同国家地图的切换。 ③ 利用其他方式来控制舞台中角色的出现、动作等。 ④ 思考地图设定的意义。

（三）课程综合考察

1. 考察目标

总结所学知识，制作一款产品。

2. 考察过程

结合课程所学软件知识点，为一款常见的游戏编程。要求学生自主完成逻辑关系的设计和简单的编程。

3. 检察验收

针对所做的游戏进行检验考察。

案例三　化学实验探秘选修课程实施案例[1]

（一）课程开发

课程项目开发组精心选取化学教学中经典教学内容设计实验和实验的探究过程，以及教学实验的实施过程。在教师和学生的通力合作下，学生在实验过程中学习化学知识，形成化学基本认知和化学核心素养。教师在研究学生通过化学实验学习化学知识过程中的行为方式、思维层次等一手资料的基础上，探析化学实验本身内在的规律，以及实施化学实验进行教学应有的途径，以期调整实验及教学流程，使得化学实验更利于中学化学教学。师生在合作的过程中共同实现对于化学教学内在奥秘的探析。

（二）课程实施：以问卷为主要载体

关于中学化学实验的问卷调查

亲爱的同学，你好，感谢你选择这门选修课！

我们的选修课立足于中学化学实验的教学价值探索，即为什么中学化学教学需要化学实验？

同时我们也希望通过研究学生学习化学过程中不同的化学实验对大家产生的不同影响，来研究什么实验才是好的化学实验，才是能够促进大家学习的实验。所以你的意见和你在课堂上的表现对于我们的课程十分重要，在我们的课上请尽情享受实验带给你的一切，请你如实表达各种实验对你的影响，第一次课请填写下列问卷，谢谢！

[1] 此案例由苏州中学化学组团队提供。

（一）基本信息

性别______（男/女）你觉得自己最擅长的学科________________

（二）关于你和化学实验的过去

1. 从最初接触化学实验开始，令你印象最深的一个化学实验是什么时间什么地点，谁做的哪个实验？请根据你的记忆记录如下。（尽量详细描述该实验完整的实验过程，如有实验装置，请尽量描绘，用图或文字均可。）

该实验为什么给你留下如此深刻的印象？它对你产生了哪些影响？

2. 你认为化学课老师要不要做演示实验？如果要做是为什么？不要做又是为什么？

你觉得演示实验和学生实验哪个更好？为什么？

你觉得化学实验对于上化学课的你，有哪些意义？请举例说明。

3. 你学习化学这么久以来，心里有没有评价过老师做过的各种演示实验？你觉得课堂上什么样的演示实验是好的演示实验？请具体阐释你的观点。

4. 从下一节课开始，在我们的课堂上也会做一些实验，你希望是哪些类型或内容的实验？为什么？

第一课　反应的限度

一、观察老师的演示实验并记下你的所见所思。

演示实验1

实验	现象	你在思考的问题	你具体怎么想的	你的结论
(1) $FeCl_3$溶液与KI溶液反应				
(2) 在反应(1)的溶液中加CCl_4，振荡，静置				
(3) 取(2)的上层溶液，滴加KSCN溶液				

演示实验2

实验	现象	你在思考的问题	你具体怎么想的	你的结论
(1)铜与硝酸银反应				
(2)在铜与硝酸银反应的清液中加KBr				

二、你自己做一遍实验并记录下你的所思所想。

演示实验1

实验	现象	你在思考的问题	你具体怎么想的	你的结论
(1) $FeCl_3$溶液与KI溶液反应				
(2) 在反应(1)的溶液中加CCl_4，振荡，静置				
(3) 取(2)的上层溶液，滴加KSCN溶液				

演示实验 2

实验	现象	你在思考的问题	你具体怎么想的	你的结论
(1)铜与硝酸银反应				
(2)在铜与硝酸银反应的清液中加 KBr				

三、听老师讲一遍实验后你又有哪些思考？

演示实验 1

实验	现象方程	你在思考的问题	你具体怎么想的	你的结论
(1) $FeCl_3$ 溶液与 KI 溶液反应				
(2) 在反应 (1) 的溶液中加 CCl_4，振荡，静置				
(3) 取 (2) 的上层溶液，滴加 KSCN 溶液				

演示实验 2

实验	现象方程	你在思考的问题	你具体怎么想的	你的结论
(1) 铜与硝酸银反应				
(2) 在铜与硝酸银反应的清液中加 KBr				

第二课　氨基酸的结构与性质

请记下你在观察实验过程中的每一点、每一滴感想。

序号	操作步骤	现象、绪论或解释、化学方程式
1	取约 2 mL 饱和味精水溶液于试管中，滴加约1 mL浓度为 2 mol/L 的盐酸，分装于两支试管中，振荡，静置，仔细观察，记录现象。	

续表

序号	操作步骤	现象、绪论或解释、化学方程式
2	向其中一支获得谷氨酸的试管中滴加约1 mL浓度为 2 mol/L 的盐酸，振荡，观察，记录现象。	
3	向另一支获得谷氨酸的试管中滴加约 1 mL 浓度为 2 mol/L 的 NaOH 溶液，振荡，观察，记录现象。	
实验反思		

你的点滴想法/关于今天的实验你想说的话：

1. 下列物质既能与盐酸反应又能与氢氧化钠溶液反应的是（　　）。

① $NaHCO_3$　　② $(NH_4)_2S$　　③ $Al(OH)_3$

④ NH_4Cl　　⑤ 甘氨酸　　⑥ CH_3COOH

2. 完成下列方程式。

如：$\underset{\displaystyle NH_2}{\underset{|}{RCH}}COOH+NaOH \longrightarrow$ ________________；

$\underset{\displaystyle NH_2}{\underset{|}{RCH}}COOH+HCl \longrightarrow$ ________________；

第三课　离子反应

一、下列这四种物质可以发生哪些反应？用实验验证并记录。

反应物质	现象

二、滴有酚酞的 Ba（OH）$_2$溶液分别与 HCl、H_2SO_4、Na_2SO_4溶液反应的情况。

反应物质	溶液颜色	沉淀情况
HCl		
H_2SO_4		
Na_2SO_4		

通过上述实验你发现了什么？

三、进一步探索。

实验 3

实验 4

通过本节课，你对离子反应的理解如何？

第四课　分子间作用力

一、什么是分子间作用力？

分子间作用力是分子与分子之间的作用力，是一种较弱的相互作用力。

（1）我们能通过实验证明分子间存在作用力吗？

演示实验 1：

你看到了什么？为什么图线会按照这样的趋势变化？你觉得实验结果能够得到什么结论？有哪些疑惑或想法？

听完老师的讲解，你如何评价该实验的设计？

（2）分子间作用力大小受哪些因素的影响？

演示实验 2：

你看到了什么？为什么图线会这样？你觉得实验结果能够得到什么结论？有哪些疑惑或想法？

听完老师的讲解，你如何评价该实验的设计？

（3）分子间作用力有哪些类型？

演示实验 3

你看到了什么？为什么图线会这样？你觉得实验结果能够得到什么结论？有哪些疑惑或想法？

听完老师的讲解，你如何评价该实验的设计？

二、自己动手部分——实验步骤：

（1）组装实验仪器：将计算机、数据采集器、温度传感器三者相连接，打开 Edislab 软件，准备做以下实验。

（2）用方块滤纸作滚筒状包裹温度传感器探头的头部位置，并用橡皮筋扎紧固定。

（3）把包裹滤纸的探头竖直插入盛有甲醇的试管中，注意滤纸要完全浸没。待示数稳定点击“开始”，检测 20 秒以上确保取得液体初始温度，取出探头，平放在桌上。

（4）当温度达到最小值并开始回升时，停止采集数据并保存。查看“全景”，记录初始温度和最小值。

（5）利用其他的醇和己烷、环己烷重复上述实验步骤。

数据记录：

	结构简式	相对分子质量	初始温度 t_1（℃）	最低温度 t_2（℃）	温差 Δt（℃）
甲醇	CH_3OH				
乙醇	C_2H_5OH				
正丁醇	C_4H_9OH				
正戊丁醇	$C_5H_{11}OH$				

结论 1：______________________________

	结构简式	相对分子质量	初始温度 t_1（℃）	最低温度 t_2（℃）	温差 Δt（℃）
正丁醇	C_4H_9OH				
己烷	C_6H_{12}				

结论 2______________________________

第五课　配合物的形成

观察并记录：

（1）取 1 支试管，往其中加入 2 mL 的 $CuSO_4$溶液，再逐滴加入浓度为 2 mol/L 的氨水溶液，观察现象：

____

你觉得这里发生了什么：________

对应的化学方程：________

你的分析：________

（2）继续滴加氨水，观察现象：

____

你觉得这里发生了什么：________

（3）加入2 mL浓度为95%的乙醇振荡试管，观察现象：

____

你能得出什么结论：________

（4）过滤，分离出晶体。

此时你想到什么：________

（5）在滤纸上逐滴加入浓度为2 mol/L溶液使晶体溶解，在漏斗下端放一支试管承接溶液，将溶液分为两份。

a. 往一份溶液中滴入2滴浓度为0.1 mol/L的$BaCl_2$溶液。

现象：________

你能得出什么结论：________

b. 往另一份溶液中滴入2滴浓度为0.1 mol/L的NaOH溶液。

现象：________

你又能得出什么结论：________

归纳总结上述所有实验结果，你能得出什么结论：

____

第六课　浓硫酸的特性

一、酸的通性

（1）电离：在水溶液中的电离方程式为________

（2）使紫色石蕊试液变________

（3）与碱作用生成________和________，即

$H_2SO_4+Ba(OH)_2$________

（4）与碱性氧化物作用生成________和________，即

$H_2SO_4+Na_2O$________

（5）与活泼金属作用生成________和________，即

$Fe+H_2SO_4$________

（6）与盐反应生成新盐和新酸：

H_2SO_4+Na_2CO_3 ____________________

二、浓硫酸的物理性质

浓硫酸的特殊性质

（1）吸水性

（2）______性

【趣味实验】蔗糖与浓硫酸反应：

在烧杯中放置的少量蔗糖，加入几滴水，搅拌均匀，再加入少量的浓硫酸，迅速搅拌。

现象：____________________ 结论：____________________

____________________ ____________________

根据蔗糖与浓硫酸反应的现象，推测产物是什么？

____

三、强氧化性

（1）与金属单质的反应

（2）与非金属反应

第七课 铁盐的相互转化

一、初识铁盐（铁盐的物理性质）

（1）亚铁盐

$FeSO_4$：____________________

（2）硫酸盐

$Fe_2(SO_4)_3$：____________________

二、铁盐的检验方法

1. 铁盐

（1）NaOH 法：

（2）KSCN 法：

2. 亚铁盐

（1）NaOH 法：

现象：____________________

方程：____________________

（2）KSCN 法：

现象：____________________

方程：____________________

三、铁盐、亚铁盐的相互转化

选用试剂	操作	现象	结论

$Fe^{2+} \rightleftharpoons$ ____________

第八课　原电池的工作原理

一、基本观察

将约 10 mL 浓度为 2 mol/L 的硫酸倒入小烧杯，往烧杯中加入锌粒观察现象。

现象：____________　方程：____________

结论：____________

二、拓展观察

（1）迅速将锌粒置于培养皿中，加入少量的硫酸，将呈 U 形的铜丝一端触抵锌粒，另一端浸没于酸液，观察浸没于酸液中的铜丝，见右图。记录现象。

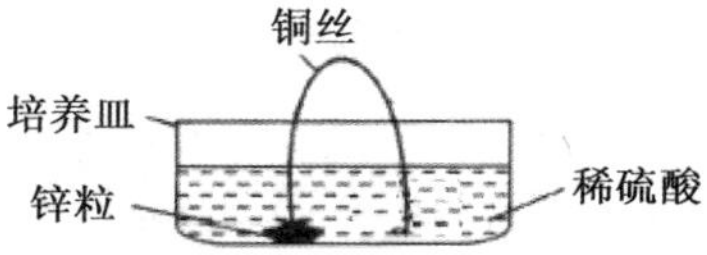

现象：____________________

结论：____________________

（2）取等质量的两小条镁条，各取 15 mL 浓度为 2 mol/L 的 H_2SO_4 溶液，置于相同的烧杯中，将两小条镁条，分别夹在弯曲的螺旋线中（铜丝密度较大，夹持镁条有助于镁与酸液的接触与反应，而相同的铜丝螺旋线可以保证实验条件的一致性），如图所示。

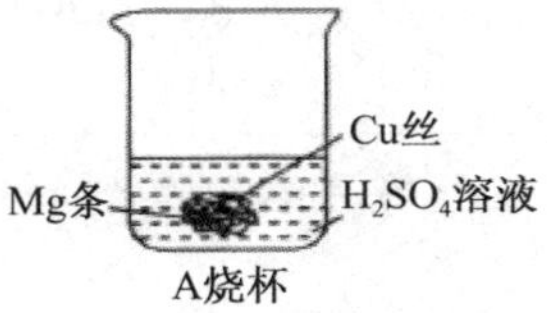

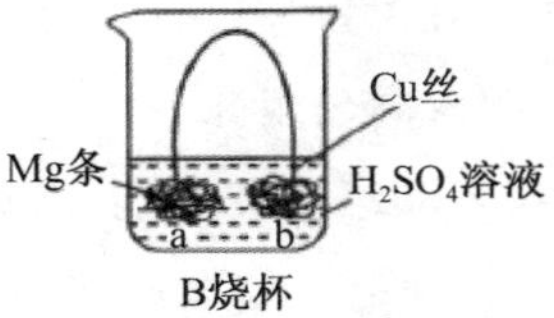

现象：______________________ 结论：______________________

升温：（A）__________________ （B）__________________

三、演示实验

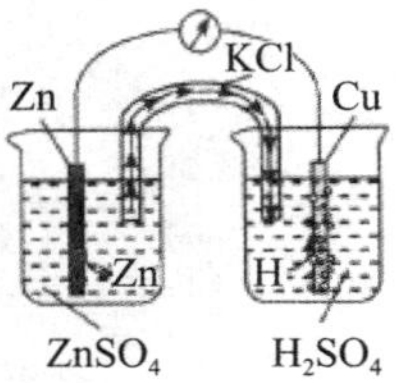

现象：__________________

结论：__________________

《中学化学实验探秘》学期测试

姓名：______________ 组号：______________

1.（1）取 2 mL 饱和味精（谷氨酸钠）水溶液于试管中，滴加约 1 mL浓度为 2 mol/L 的盐酸后的现象为____，所得的物质为__________________（填名称）。

（2）将上述实验所得物质分装于两支试管中，向其中一支滴加约 1 mL浓度为 2 mol/L 的盐酸，振荡，观察出现的现象为______________________，由此得出的结论是____________________________；向另一支试管中滴加约 1 mL 浓度为 2 mol/L 的 NaOH 溶液，振荡，观察出现的现象为__________，由此得出的结论是______________________________________。

（3）下列哪些说法符合你的现实情况，从 1—10 中做出选择，1 表示你十分不同意，10 表示十分同意。

a. 该实验特别能说明氨基酸的性质，实验设计特别合理。（　　）

b. 该实验真的很有趣，我觉得很能激发我学习氨基酸的兴趣。（　　）

c. 该实验有很好的演示效果，很吸引我注意。（　　）

d. 该实验做完很久之后我想起来还觉得有意思。（　　）

e. 该实验取材于生活中的物质，却能说明问题，我觉得对我很重要。（　　）

2. 已知 $FeCl_3$溶液与 KI 溶液能发生如下反应：$2Fe^{3+}+2I^-=2Fe^{2+}+I_2$，

取 5 mL 浓度为 0.1 mol/L 的 KI 溶液，滴加浓度为 0.1 mol/L 的 $FeCl_3$溶液 5～6 滴，你看到的现象为＿＿＿＿＿＿＿＿＿＿＿＿＿＿。

继续加入 2 mL CCl_4溶液，充分振荡。静置后观察到的现象为＿＿＿＿＿＿＿＿＿＿＿，CCl_4的作用为＿＿＿＿＿＿＿＿＿＿＿＿＿＿＿。取上层溶液，滴入 KSCN 溶液，你看到的现象为＿＿＿＿＿＿＿＿＿＿＿＿＿＿＿＿＿，这一步实验检验出＿＿＿＿＿＿＿＿＿，所以整个实验说明＿＿＿＿＿＿＿＿＿＿＿＿＿＿＿。

3.（1）我们利用温度传感器研究分子间作用力，还记得甲醇、乙醇、正丁醇三种醇挥发时温度计记录的温度变化图吗？请在下图中画出，并标清楚三种物质所对应的具体图线温度。

该实验数据为什么呈现如你所画图示的情形，请以文字解释：＿＿＿＿＿＿＿＿＿＿＿＿＿＿＿＿＿＿＿＿＿＿＿＿＿＿＿＿＿＿＿＿＿＿＿。故该实验说明分子间作用力大小影响元素为＿＿＿＿＿＿＿＿＿＿＿＿＿＿＿＿＿＿＿＿＿＿＿＿＿。

（2）我们用正丁醇和己烷重复了挥发实验，还记得这两种物质在挥发时温度又是如何变化的吗？

请在上图中画出温度变化图，该实验又说明了分子间作用力的什么问题？

（3）下列哪些说法符合你的现实情况，从 1—10 中做出选择，1 表示你十分不同意，10 表示十分同意。

a. 该实验借助于数字传感器，我觉得设计很巧妙，能把抽象问题说明具体。（　　）

b. 该实验有很好的演示效果，很吸引我注意。（　　）

c. 该实验很吸引我，且操作简单。（　　）

d. 我越做实验越喜欢化学。（　　）

e. 实验问题设计有一定的探究性，这样很能让我集中注意力想要继续探寻下去。（　　）

4. 结合 $Fe+2FeCl_3=3FeCl_2$ 反应，阐述你对“化学反应有限度”的理解。必要的时候可以设计实验予以说明。

5. 盐酸滴定氢氧化钡过程中的电导率变化如下图所示，请分析图像每一段变化的原因，以及整个图形所呈现出的意义。写出对应的离子反应方程式。

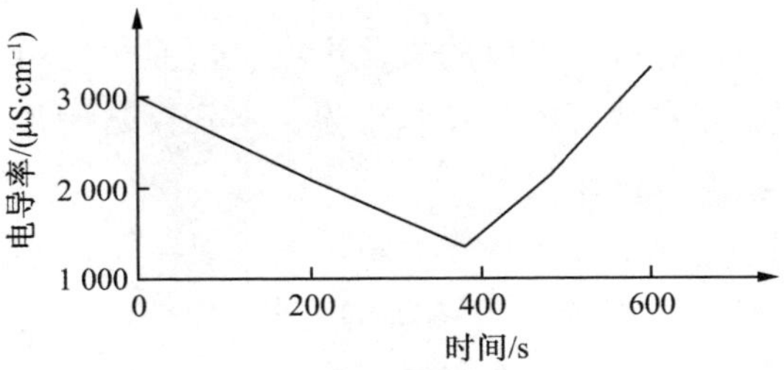

在框内作答

6. 今年的选修课我们一直通过实验来学化学，你觉得在这些课堂上的化学实验中，哪些要素比较重要？可多选。

（　　）A. 实验能够很方便地完成

（　　）B. 实验有趣

（　　）C. 实验中设置层层思考的问题

（　　）D. 教师对实验进行充分讲解

（　　）E. 实验新颖

(　　) F. 实验设计比较科学

(　　) G. 实验比较安全

(　　) H. 实验现象明显

(　　) I. 你的补充：________________________________

分别选择 5 个要素，阐述为什么这些因素对你很重要。

你选择上述原因的理由是________________________________
____。

案例四　一曲《绣色》舞青春

——苏州中学舞蹈“梦之队”课程实施案例[1]

（一）课程成果

江苏省苏州中学原创舞蹈作品《绣色》以 98.54 分总分第一的成绩荣获江苏省第六届中小学生艺术展演舞蹈专场（中学甲组）特等奖。

在苏州中学任教十几年的徐梦，是苏中舞蹈团“梦之队”的负责人，巧的是，不管是舞蹈队的名字还是徐梦的名字，都带着“梦想”的寓意。

等以后团员们回忆起自己舞蹈的时光，将会看到一段闪亮的日子。

（二）课程目标

1. 培养学生的创新精神和审美能力

苏州中学重视艺术教育，为其提供了丰厚的文化土壤，培养学生的创新精神和审美能力，注重遵循艺术教育的特点和规律，不仅仅是提升了个人的修养，更是弘扬了地域的特色文化。

2. 提升学生文化底蕴，培养全面发展的人

舞蹈注重的是过程，而不是一个结果，舞蹈跳的是艺术、是文化，更是一个人的底蕴。苏中的舞蹈课程在每一个年级浸透，高三学生也可以根据兴趣选上课程。苏州中学对艺术教育的培养向来看中，作为综合素质教育的重要内容，苏州中学通过舞蹈艺术培养了一批又一批优秀的学子，更有不少学生将其作为终身前进的目标。

3. 用艺术演绎生活，挖掘地方文化特色

要表演传统的元素，又要不局限于传统，展示在全国面前的，是苏

[1] 此案例由苏州中学艺术组教师徐梦的团队提供。

州学生独有的模样，是苏中女孩独有的风貌，这是我们的初衷。

（三）课程实施

1. 开发特色课程

何为绣色？

一方面指江南水乡中那群姑娘们大家闺秀般的羞涩；另一方面指那个个正值韶华的少女们用手中的针线，绣出的满园春色。同时，这群姑娘们也融入了景色之中，成了景色的一部分；亦可以说，这群姑娘就是景色。

——张苏晨

那些翩若惊鸿、婉若游龙的游园小梦，
透过苏州园林的琐窗，
把翠竹和姑娘的芳华照在绣绷上。
然后被年轻的绣娘们用江南的丝线描绘
在雪白的纱上……

——鲁芸彤

光影错落间，花窗典雅，竹叶参差，绣绷翻转，绣面飞舞，蒙蒙细雨中嫣然一笑，江南绣色有了跃动的生命，凝结成满园春色里一首古老的诗，让艺术与文化流淌。

——董倩

王永刚说："舞蹈跳的就是文化，跳的就是一个人的文化底蕴。"我于江南风情文化的理解，和苏州水乡情韵于我的熏陶，都会在《绣色》一舞中淋漓尽致地展现。这些超脱阅读理解与代数几何的情感，是年轻一代在应试教育以外对地域风土人情的深度接触与自我表达，是对于历史文化的寻根溯源的独特感受，是对自我修养与品行性格的更高磨炼。

——鲁芸彤

江南水乡中的一群姑娘，正值豆蔻年华，她们用手中的针线，绣出满园的春色，透过苏州园林的锁窗，翠竹光影和芳华脸庞相映，成了最美的江南景色……

这是苏州中学的舞蹈《绣色》，是苏州中学舞蹈团倾心打造的作品，这支《绣色》亮相于 2019 年 4 月的全国第六届中小学生艺术展演。

2. 建设一支队伍

和其他学生不一样的是，苏州中学这支舞蹈队是一支高中生队伍，一共 18 人，高中生学业众多，准备各种考试，在这样的时间里，如何有效安排学生时间非常关键。

台上一分钟，台下十年功。光鲜的背后，是无数人努力的付出，6 分 59 秒的表演，凝聚了多少汗水和泪水，又排除了多少困难与艰辛。

从自主训练到集中训练，学生对《绣色》的把握一次比一次熟练。

每一次完美的创作都会遇到瓶颈，《绣色》也不例外。舞蹈队要创作的不是一支简单的舞蹈，而是代表苏州学生青春的模样，同时考虑到在苏州举办全国性的展演，舞蹈队希望能在舞台上有苏州的元素，作为非遗项目的苏绣最合适不过。

学校邀请了著名编导尹震来为《绣色》指导编排，18 个生动的艺术形象在他们的脑海里慢慢浮现。同时，舞蹈团组织了多次采风活动，让学生走进真正绣娘的生活，领悟他们"绣"的动作，从而在舞蹈中更好地表现。

这是一个舞蹈，更是一场生活，我们这群苏中女孩用艺术演绎出来的生活。

——高彭琪

当音乐响起的那一刻，所有队员无一例外，打起精神，踮起脚尖，扬起绣绷，动作轻灵，笑容灿烂，一幅温婉的江南少女图被勾勒得淋漓尽致。

——李依栩

3. 课程反思

2017 年，苏州中学舞蹈队开始着手准备舞蹈节目，那个时候是准备参加江苏省第六届中小学生艺术展演活动，经过暑假 40 天的集训，姑娘们不负众望获得了特等奖（第一名），并荣幸地代表了江苏走上全国的舞台。

舞蹈团成员之一，苏州中学高二学生朱锦怡受到家里人的熏陶，从小就被"刺绣"耳濡目染，此次能把刺绣的元素融入《绣色》舞蹈作品中，对她自己也是一个意外之喜。"因为要表演《绣色》，还特意让家人教我一些手法和体态。"

捋顺线，整好绷子，这里绣朵花，那里添片叶。一根根银针上下飞舞，凌乱、有序，绵柔、清脆，激情、稳重……

这是"绣色"的世界！绣罢，相互展示自己的成果。一方小小的绣布上是另一个春天，春色满园关不住，一枝红杏出墙来。那令人欣喜的春意，属于“绣色”佳人的春意，悄悄地爬上了我们的脸庞。下雨了，竹叶又闪着春天的光芒……

《绣色》是献给苏州的一封情书。跟着江苏省苏州中学校舞蹈团，我们用婀娜的舞姿诠释着苏州的吴侬软语。柔和的粉、淡雅的青，勾出小桥流水，亭亭玉立的江南女子，穿梭在粉墙黛瓦的园林间。清晨的朦胧，编织的繁忙，收获的喜悦，少女的灵动和羞涩被展现得淋漓尽致。

——王冰叡

婀娜的舞姿将苏州的吴侬软语，清晨的朦胧，编织的繁忙，收获的喜悦，少女的灵动和羞涩展现得淋漓尽致。《绣色》表现的是年轻人对地域风土人情的深度接触与自我表达，是对于历史文化的寻根溯源的独特感受。

案例五　姑苏艺匠课程实施案例[1]

第一课　望亭火车站

一、望亭火车站简介

望亭火车站（图 6-12）估计是苏州最早的一个站了，当时铁轨（图 6-13）变道是靠人工手动的，叫“扳道岔”。根据史料记载，清光绪三十四年（1908）三月，沪宁铁路全线建成通车，铁路望亭段全长 4.60 公里，是年，设望亭火车站。1975 年 12 月 3 日，沪宁铁路复线工程望亭段通车，车站向东南迁移 1.52 公里，即距沪宁铁路 105.85 公里处（何家角村大坟头）。

图 6-12　望亭火车站实景照片一

图 6-13　望亭火车站实景照片二

［1］ 此案例由苏州中学教师王苏明提供。

渐渐地，火车已不在望亭停靠，只是每当列车来临时，工作人员仍要接车。

二、制作步骤

1. 制作站台部分先粘顶部，再固定到底板上。注意顶部两块板的方向，外侧宽，内侧窄。（图 6-14）

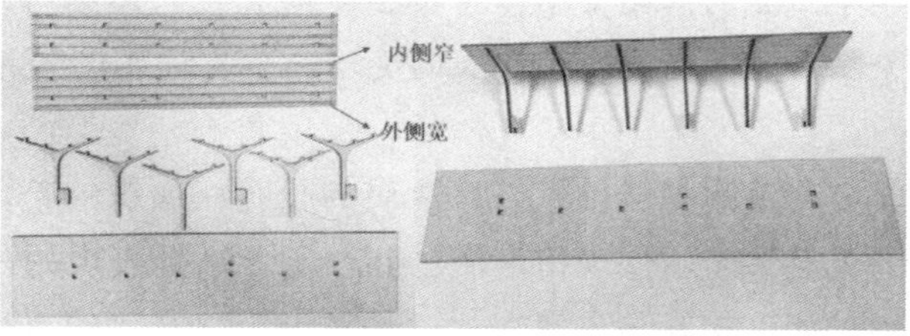

图 6-14　步骤一

2. 制作中间部分。柱子两个重叠时要仔细，不要有高低左右差别。（图 6-15）

图 6-15　步骤二

3. 粘贴主体部分。可以先将望亭粘贴好。（图 6-16）

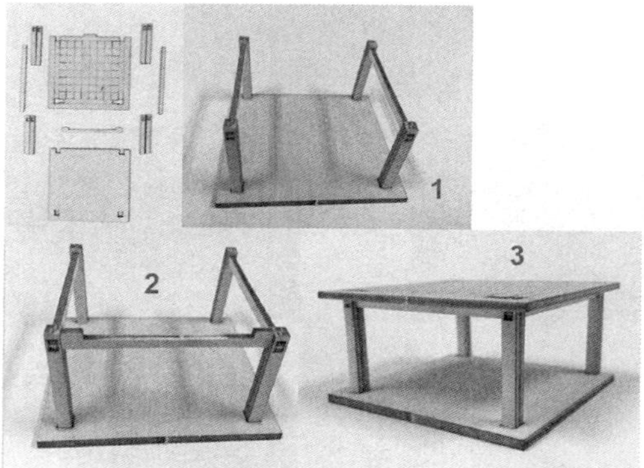

图 6-16　步骤三

4. 先粘中间两块板。如有插口不吻合就先打磨再粘贴。（图 6-17）

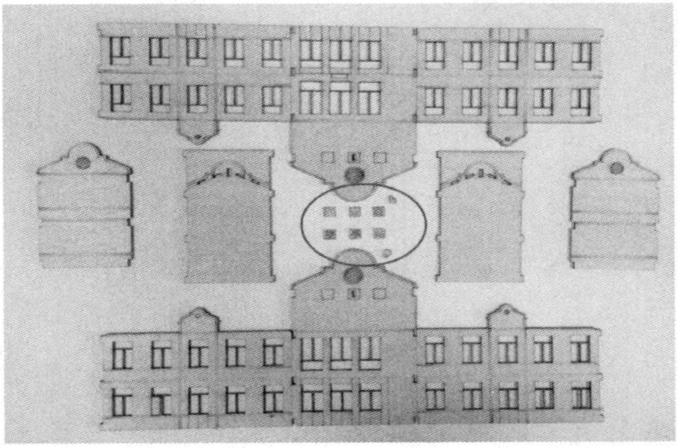

图 6-17　步骤四

5. 粘外侧两块板。（图 6-18、图 6-19）

图 6-18　步骤五 a

图 6-19　步骤五 b

6. 粘贴内侧三角支架和横梁。（图 6-20、图 6-21）

图 6-20　步骤六 a

图 6-21　步骤六 b

7. 粘贴瓦片。注意要贴牢固，瓦片底部要与建筑粘牢。不要有缝隙。（图 6-22）

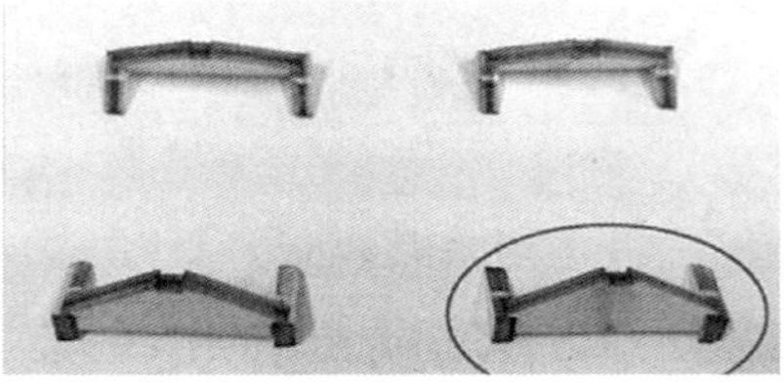

图 6-22 步骤七

8. 将小三角支架与两侧小零件粘贴成 90 度。再固定到建筑上，并加上横梁。（图 6-23）

图 6-23 步骤八

9. 粘贴瓦片，不要有缝隙。（图 6-24）

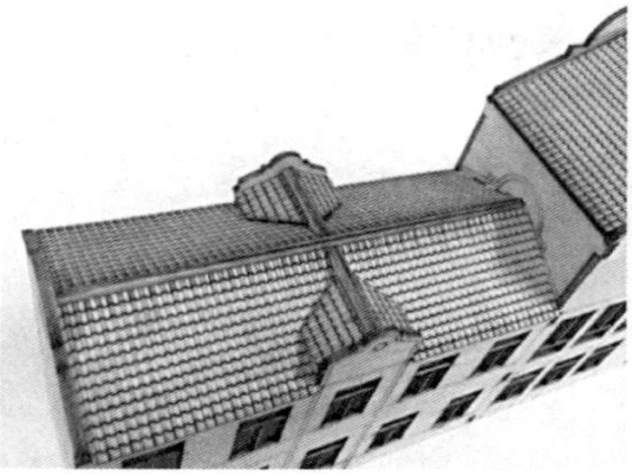

图 6-24 步骤九

10. 粘贴飞檐注意分辨内外侧的飞檐不要贴错。(图 6-25)

图 6-25　步骤十

11. 将三个部分连接固定，可以在底部加固连接。(图 6-26)

图 6-26　步骤十一

第二课　南　桥

一、苏州陆慕南桥简介

陆慕南桥（图 6-27），亦名“太平桥”，始建年代不详，光绪二十八年（1902）重建。单孔石质拱桥，全桥为青石、花岗石混建，分为主桥和引桥两部分。

图 6-27　苏州陆慕南桥实景照片

主桥是半圆形的独拱桥体，高出水面 7 米多，由 6 道拱圈拼成，就像同样大小的半圆合拢在一起，组成一个完整的大拱，倒影于碧波中，仿佛一块晶莹的圆璧，又好似一轮冉冉升起的明月。每道拱圈都可以独立支撑上面的重量，如果其中一道拱圈坏了，也不会影响负载。桥洞东侧刻有楷书“放生官河”，西侧楷书为“禁止捕捉”。南桥南面的桥柱上刻有“光绪壬寅孟春涓吉”“藩宪拨款同人集资”。北面的桥柱上则刻着“重建中桥南桥两座”“开浚全镇官河支河”。长方形的桥面上，镌刻着如意、葫芦和线板等图案。

主桥的东西两侧，各有一座同它垂直的引桥，好似两个枕头，所以引桥又叫“枕桥”。由于主桥和引桥所组成的独特造型，宛若人挑担，所以当地人又喜欢称它为“桥挑桥”。

二、制作步骤

1. 主桥制作

（1）拱顶的制作：用 18 号零件将 9 个拱形穿插重叠，并用胶水固定。再用 17 号零件将其固定在拱形底部。（图 6-28、图 6-29、图 6-30）

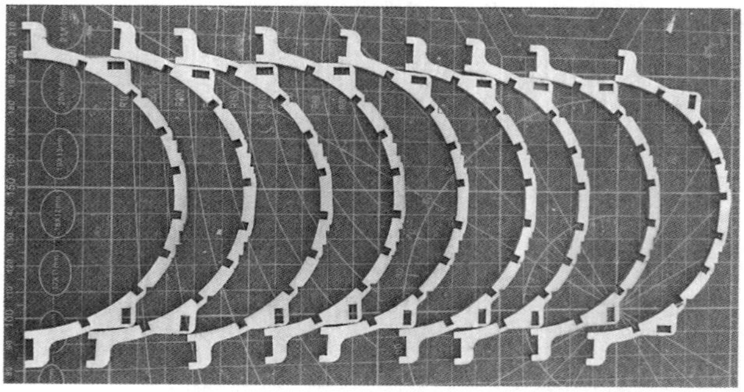

图 6-28　步骤一 a

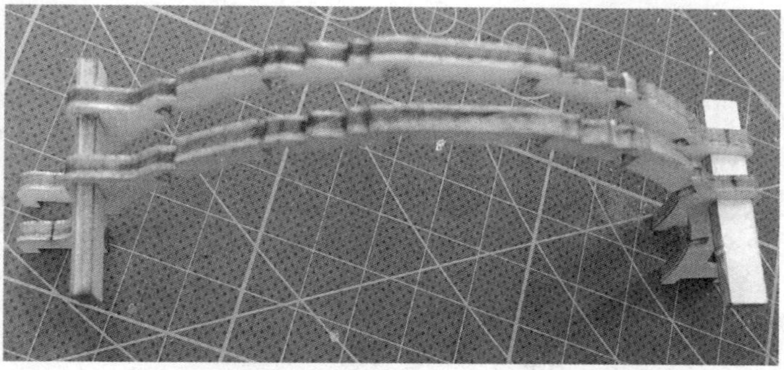

图 6-29　步骤一 b

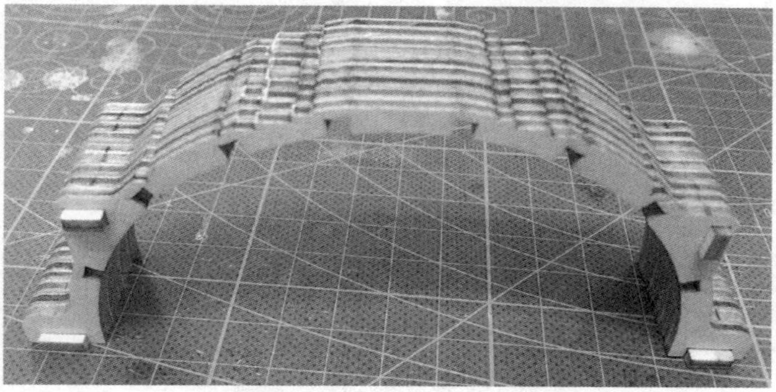

图 6-30　步骤一 c

（2）粘贴两侧的内侧桥板。(图 6-31)

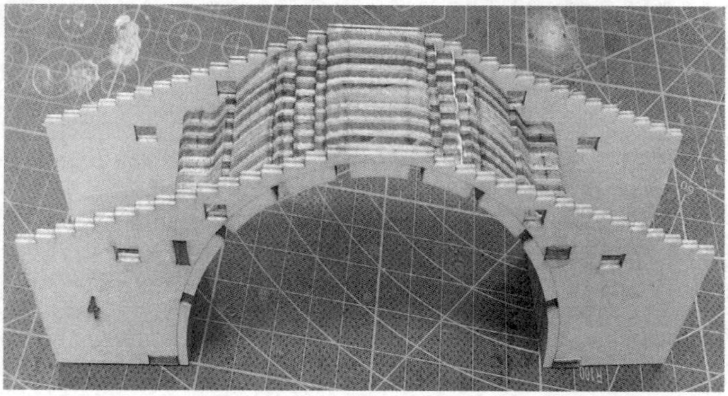

图 6-31　步骤二

（3）粘贴石阶和花板。（图 6-32）

图 6-32　步骤三

（4）将 19 号零件固定到拱桥下。（图 6-33）

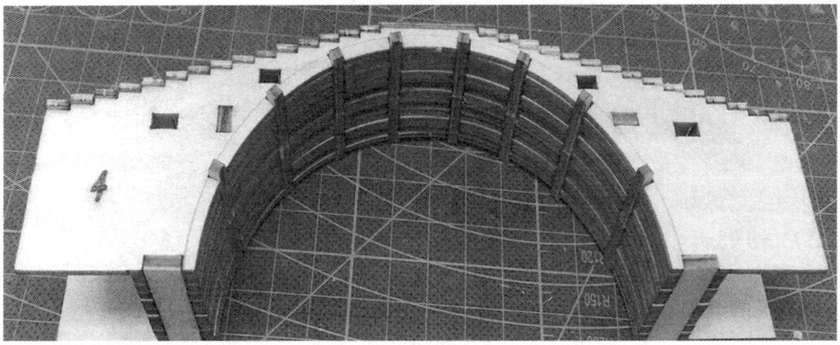

图 6-33　步骤四

（5）粘贴桥内侧的栏杆。（图 6-34）

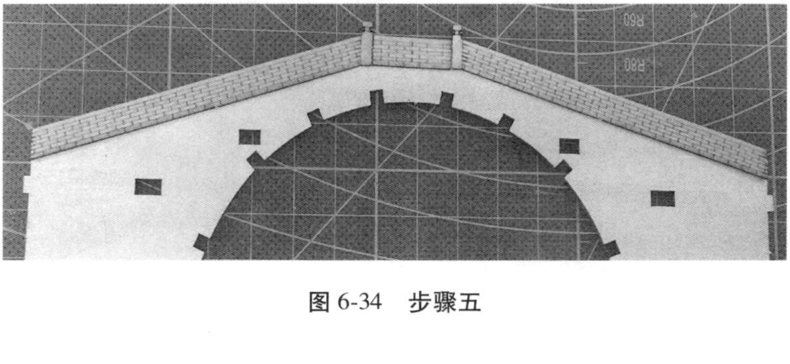

图 6-34　步骤五

（6）将桥侧面粘贴固定。（图 6-35）

图 6-35　步骤六

（7）将桥眉（零件 7、20）两两粘贴插入孔中固定。（图 6-36、图 6-37）

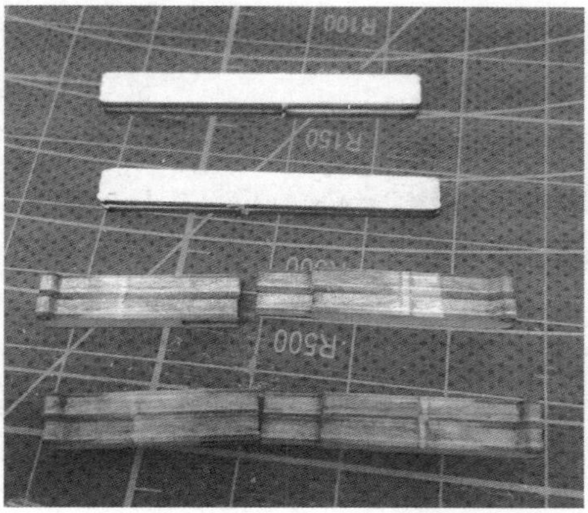

图 6-36　步骤七 a

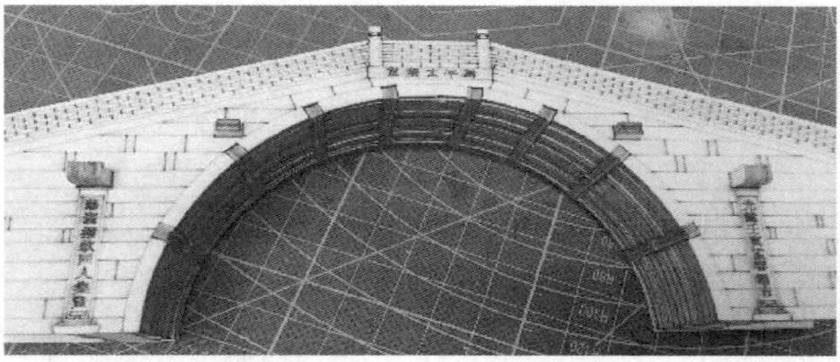

图 6-37　步骤七 b

2. 引桥制作及整桥拼接

（1）取出引桥基座零件。（图 6-38）

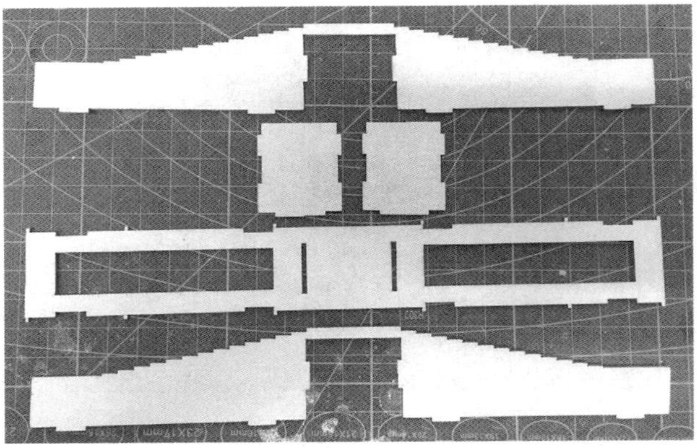

图 6-38　步骤一

（2）搭建双侧引桥、粘贴石阶、桥面。（图 6-39）

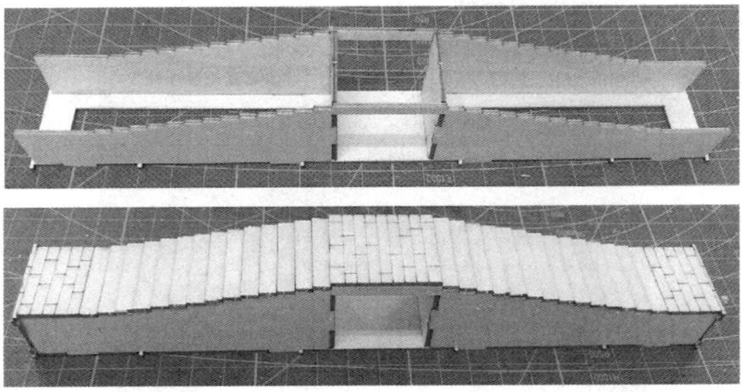

图 6-39　步骤二

（3）粘贴桥内侧的栏杆。（图 6-40）

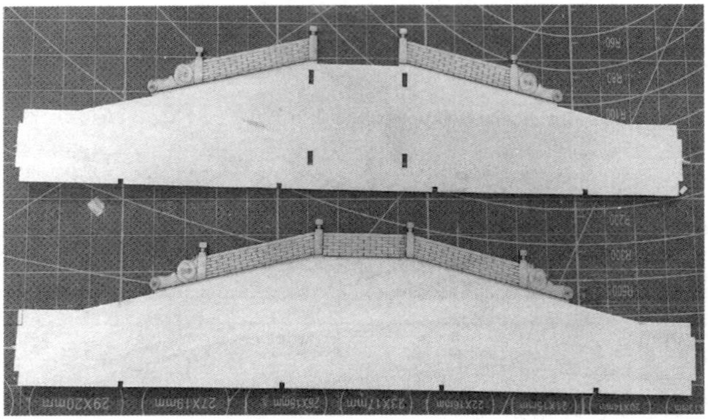

图 6-40　步骤三

（4）同样的方法制作另一侧的引桥。（图 6-41）

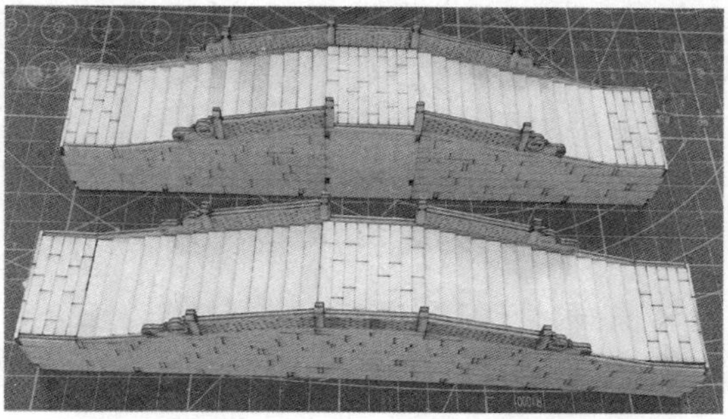

图 6-41　步骤四

（5）主桥与引桥拼接完成整桥。（图 6-42）

图 6-42　步骤五

第三课　春雨亭

一、春雨亭简介

苏州中学春雨池（图 6-43）在西红楼和西草坪之南、道山之北，相传是五代吴越王钱氏筑南园，掘土垒山而成。后人在这池上建了一座亭子，取教师循循善诱，如春雨滋润万物之义，起名“春雨亭”。池因亭名，也称作“春雨池”。到了明朝嘉靖年间，亭子因年久失修，倾毁了。后来由当时的府学教授郑午峰倡导重建，恰久旱逢甘霖，就借

图 6-43　苏州中学春雨池实景照片

《孟子》书中“有如时雨化之者”句意，改称“时雨亭”。四百多年来，春雨池与池上的亭子，又经历了多次的清淤和重建。现在我们看到的春雨池中的春雨亭，是后期重新修建的，传统园林风格，六脊尖顶，殷红亭柱和护栏，古朴典雅。身处亭中，环视四周，池水漾漾，柳絮参差，山光水色浑然一体，何等美丽！故是校园中最美的景色之一。

二、制作步骤

（1）将9号件两两配对成六个亭脊，使刻线一面在亭脊两侧，建议用白乳胶黏合，备用。（图6-44、图6-45）

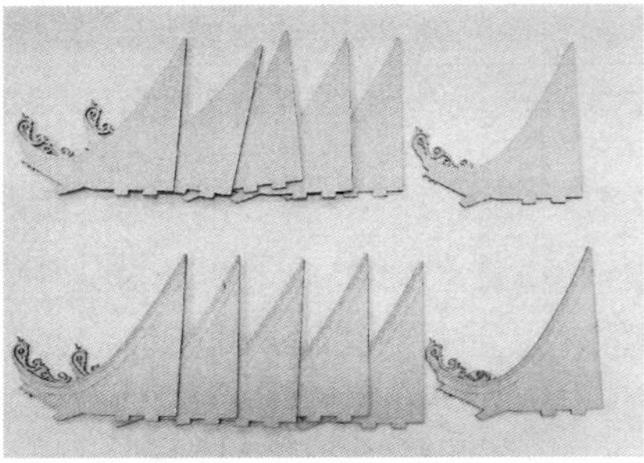

图6-44　步骤一 a

图6-45　步骤一 b

（2）将13号、14号件按刻线位置打磨成斜面，备用。（图6-46）

图6-46　步骤二

（3）将长 180 mm 直径 5 mm 的木棒一切为二，成 6 根 90 mm 木棒，备用。（图 6-47）

图 6-47　步骤三

（4）将 8 号与 20 号件对齐黏合，共六个，备用。（图 6-48）

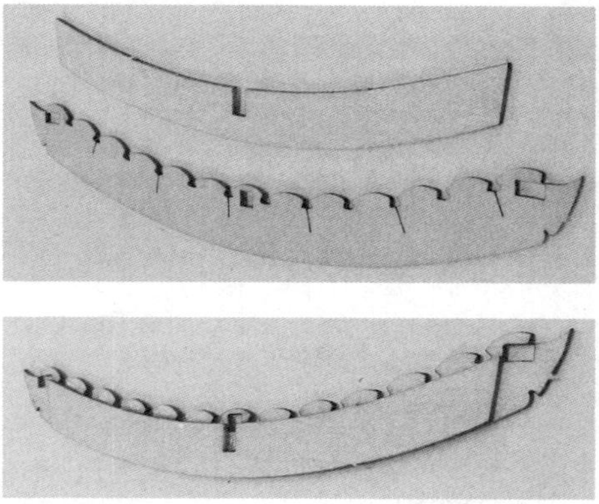

图 6-48　步骤四

（5）搭建亭子下半部分。（图 6-49）

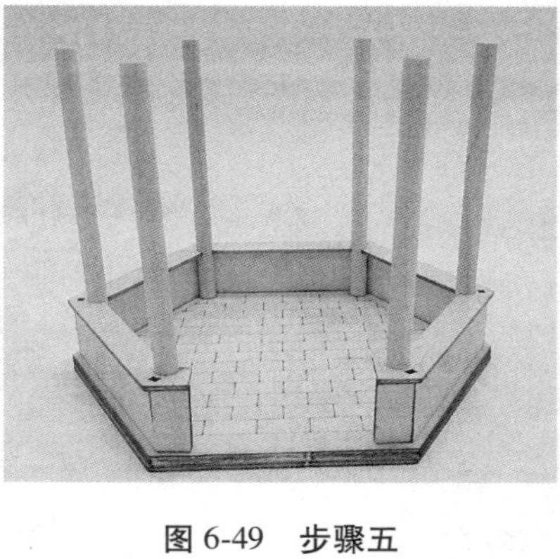

图 6-49　步骤五

（6）搭建亭子上半部分：

a. 安装亭脊，共六个。（图 6-50）

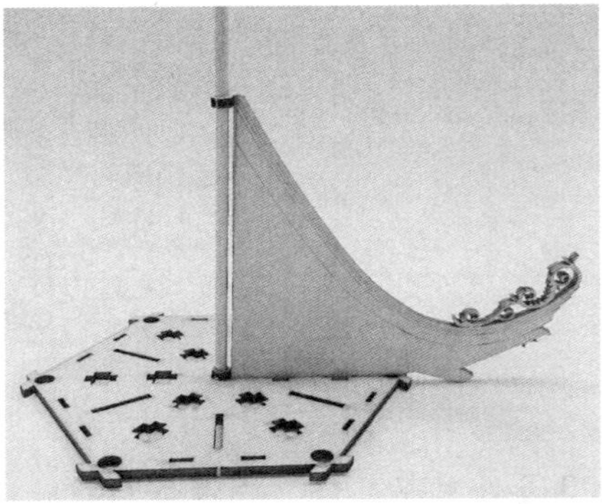

图 6-50 步骤六 a

b. 安装 15、16 号件，共六面。（图 6-51）

图 6-51 步骤六 b

c. 将 8、20 号件组合件扣入，用 401 黏水黏合牢固，共六面。（图 6-52）

d. 将 1 号件扣入相应位置，共六面。（图 6-53）

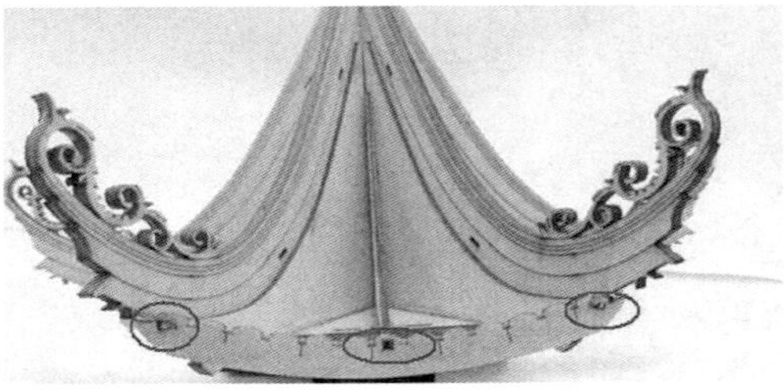

图 6-52 步骤六 c

图 6-53 步骤六 d

e. 将2号件依次贴入1号件对应条纹。(图6-54)

f. 将顶部17块六边形件依次叠加，截去多余圆棒。(图6-55)

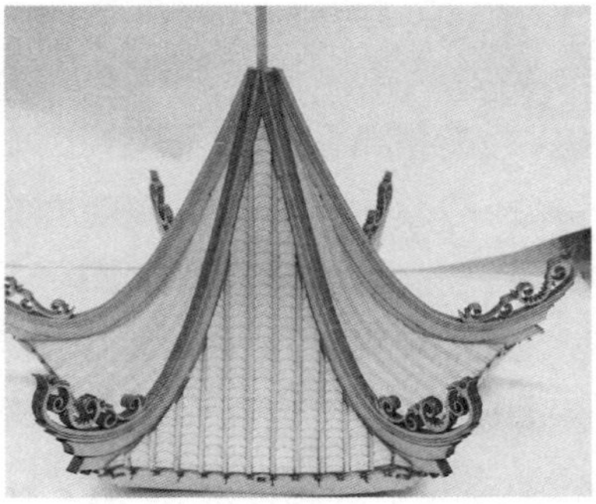

图6-54　步骤六 e

图6-55　步骤六 f

g. 将零件6（滴水）安装在相应位置后，与下半部分连接成一体。(图6-56)

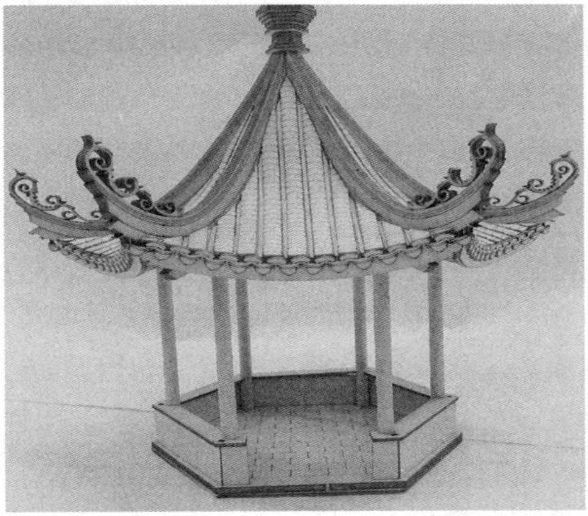

图6-56　步骤六 g

(7) 安装亭子小件：

a. 用4、3号件组合成亭子正面挂落。(图6-57)

图6-57　步骤七 a

b. 安装好六个挂落。(图 6-58)

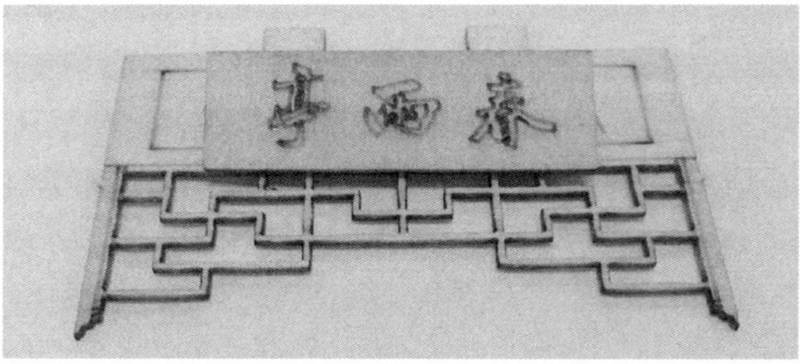

图 6-58　**步骤七** b

c. 将 19 号件插入相应位置，用 401 黏接牢固，共 6 个。(图 6-59)

d. 将 5 号件插入 19 号件相应位置，共 5 个。(图 6-60)

图 6-59　**步骤七** c

图 6-60　**步骤七** d

（8）制作完成。（图 6-61）

图 6-61　春雨亭效果图

第四课　苏州织造署

一、苏州织造署简介

苏州织造是为宫廷供应织品的皇商。明时由提督织造太监主管。清初年依旧制。顺治时曾由户部差人管理，旋仍归宦官的十三衙门。

康熙、乾隆每次南巡江南，在苏州均宿于织造府行宫。如今，著名的苏州第十中学就坐落在织造府昔日的地盘上。

图 6-62　江苏省苏州第十中学

二、制作步骤

1. 柱子和石鼓

（1）截取长 82 mm、直径 5 mm 的圆柱 12 根。（图 6-63）

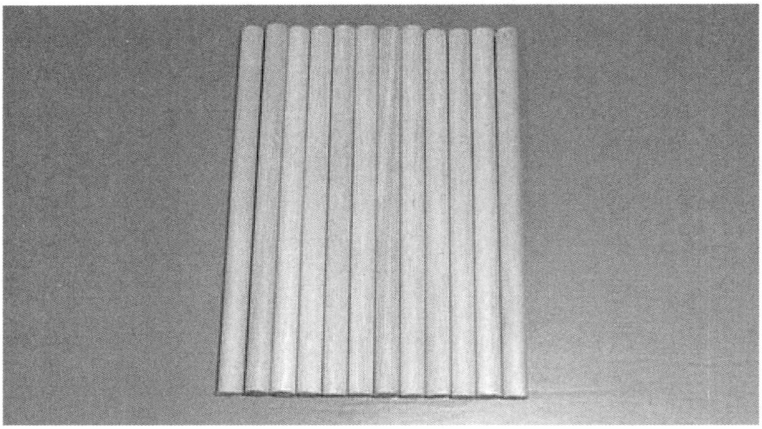

图 6-63 步骤一

（2）将零件 27、28、29、30、31 依次套入圆柱，圆柱底部留 3 mm 长，用什锦锉刀仔细打磨，使之适合零件 16 预留的圆柱、石鼓的位置。将 12 根全部制作好。（图 6-64、图 6-65）

（3）取其中 6 根圆柱，将其底部的石鼓在砂纸上打磨，磨到一边露出圆柱为止。（图 6-66）

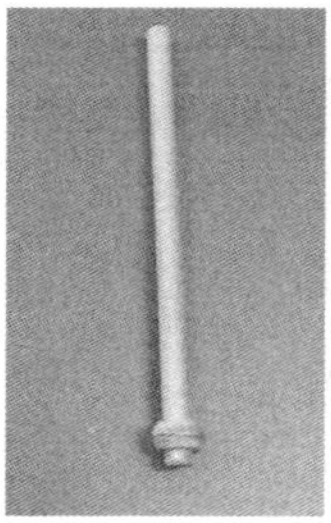

图 6-64 步骤二 a

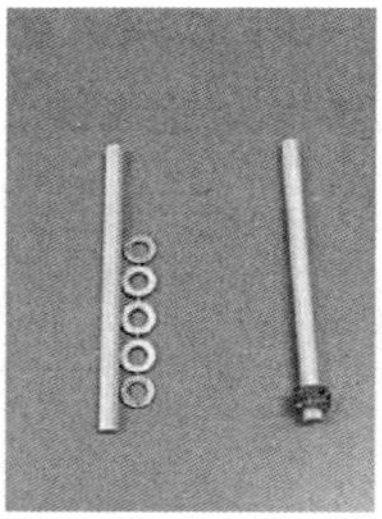

图 6-65 步骤二 b

图 6-66 步骤三

2. 房屋搭建

（1）将零件 5 两两黏合，有图案面向外，然后插入底板（32 号零件）相应的孔中，在上方缺口处放入零件 11。（图 6-67、图 6-68）

图 6-67　步骤一 a

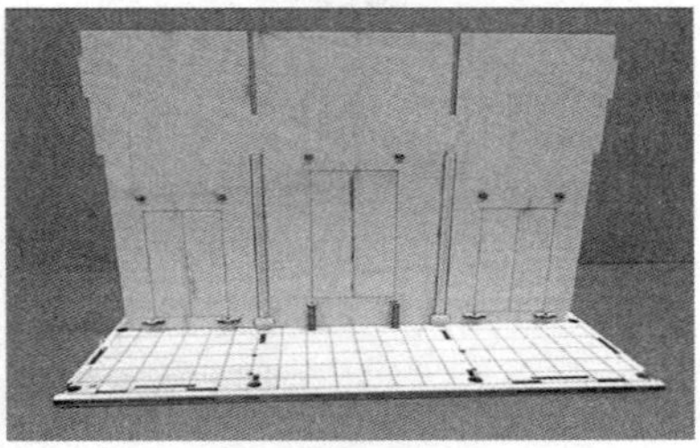

图 6-68　步骤一 b

（2）在零件 16 上安装好零件 12、13，再连同 2 根制作好的圆柱一同插入底板 32。（图 6-69）

图 6-69　步骤二

（3）将零件 7、3 按图 6-70 安装，需适当打磨两端的门轴部分，使之能灵活转动，然后用胶水与门板黏合，使大门能灵活开合。再安装 8 号零件至底板 32 上，安装前先制作好侧门相关零件。

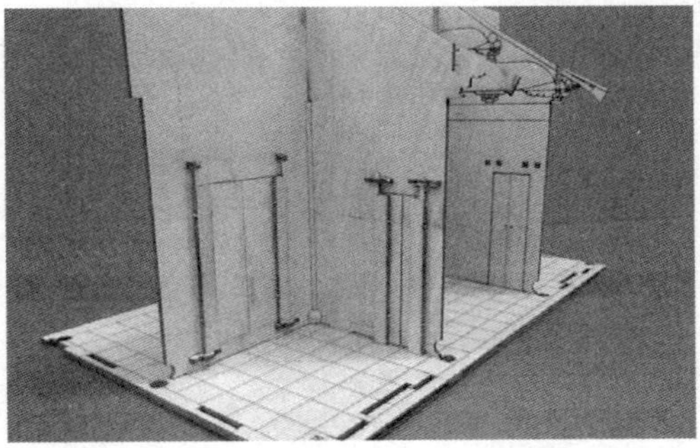

图 6-70　步骤三

（4）在底板两侧安装零件 4，放入石鼓被打磨平的圆柱。平的一面向外侧，再安装零件1。然后插入零件19和2根圆柱，再用胶水黏接零件23在下图（图6-71）位置。

图6-71　步骤四

（5）插入零件18、9、10和2根圆柱。黏接零件23、26于图（图6-72）中位置。

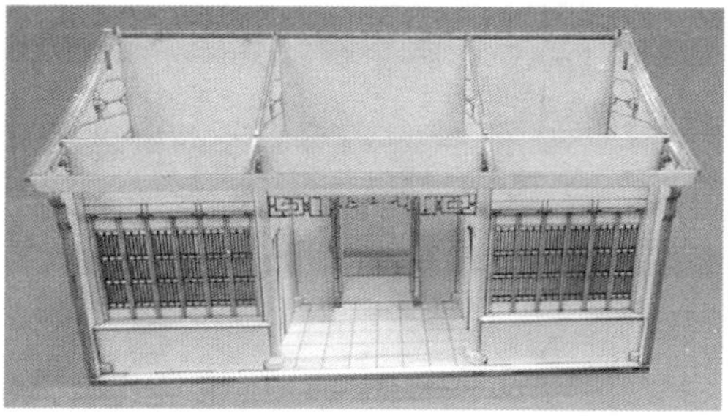

图6-72　步骤五

（6）将零件20通过零件21连接至零件19上。将零件22黏接好，两端孔中正好插入零件14，有花纹的一侧向外，在内侧粘贴零件15。再将2个零件17相对粘贴后插入屋脊位置并用胶水黏接。（图6-73）

图6-73　步骤六

(7) 将零件 25 用胶水依次粘贴入相应的位置。屋面前端贴好零件 24，两侧粘贴好零件 2，最后粘贴零件 6。(图 6-7)

图 6-74　步骤七

【本章主要参考文献】

[1] 鲁迅. 鲁迅全集：第四卷[M]. 北京：人民文学出版社，1981.

[2] 江山野. 世界中学课程设置博览 [M]. 长春：吉林教育出版社，1989.

[3] 戴锦华. 镜与世俗神话：影片精读 18 例 [M]. 北京：中国人民大学出版社，2004.

[4] 中华人民共和国教育部. 普通高中语文课程标准：2017 年版 [S]. 北京：人民教育出版社，2018.

[5] 巴克教育研究所. 项目学习教师指南：21 世纪的中学教学法：第 2 版 [M]. 北京：教育科学出版社，2008.

[6] 杨曼英. 创新教育导论 [M]. 长沙：湖南师范大学出版社，2009.

[7] 程海东，宫辉. 现代高校书院制教育研究 [M]. 西安：西安交通大学出版社，2016.

[8] 王家新. 书院制改革理论研究与实践探索 [M]. 北京：高等教育出版社，2017.

[9] 田爱丽. 世界著名中学办学之道 [M]. 上海：华东师范大学出版社，2017.

[10] 冯志刚. 与世界名校比肩：研究型、创新型高中的实践研究

[M]. 上海：上海教育出版社，2019.

[11] 王蕊. 书院制中学德育中存在的问题及对策研究：以兴义市阳光书院为例 [D]. 重庆：西南大学，2020.

[12] 卫新，张惠钰，施怡. 为每一个学生创造主动发展的最大空间：江苏省苏州中学书院制育人模式的实践研究 [J]. 江苏教育研究，2018 (2).

[13] 龚胜强. “书院制”，让创新之光照耀人才成长 [J]. 人民教育，2021 (8).

第七章 书院制育人模式的团队建设

书院制是学生在导师引导下规划教育路径，是导师在课堂之外为学生提供全方位的学习和兴趣活动，为不同年级、不同选科的学生及导师营造了一个关系密切、互动交流的师生社区。书院制育人模式的本质是教育组织方式的改革，也是校园生活环境和课程教学环境的改造变革、管理方式的变革等，书院制育人模式的成功离不开组织或参与到这场教育变革中的每一位个体。本章将梳理苏州中学在导师团队、学生团队、学术共同体方面的举措，深入对书院制育人模式的实践思考。

第一节　导师团队建设

书院课程体系的发展完善不仅需要市场建设和课程架构，一流的师资队伍更是不可或缺。书院制提倡以师生互动为前提的导师制。导师制推动师生之间建立民主、平等的和谐关系，师生注重情感交流，是共同探求学问的志趣相同者，师生间不拘泥于学科和科目，进行开放与平等的对话，激发学生积极主动地发展，为学生的全面成长创造良好的条件。可以说，导师是书院制发展的灵魂。

现代书院的导师主要分为两类：一是专业导师。由师德水平高、教学科研好的资深学者、教授担任，为学生的专业化提供学术指导，发挥导师对学生学业指导和精神引领作用，促进学生全面成长。二是生活导师，教师通过对学生的言传身教和个别指导，帮助学生找到兴趣专业、提供就业指导、进行心理疏导等，切实落实教书育人职责。学校的教职工既属于不同的学术院系，又属于不同的书院，通过一对一、面对面地交流，塑造学生品格、培养学生兴趣，对学生思想、学习、生活进行全方位指导。

苏州中学注重导师团队的建设，近千年来，无论是府学书院时代，还是新学发展的这百余年，均涌现出一大批颇有建树的苏中先生，共同谱写和传承着“先忧后乐”“匹夫有责”的苏中精神。

（一）专业导师

中学阶段，每位学生都有其学科教师充当专业导师的角色。专业导师的职责很明确，主要对学生进行循序渐进的指导，从学习方法引导和学习习惯养成指导，到专业态度和能力培养指导，到专业综合能力培养指导等，从学生入学直至毕业，专业导师陪伴始终。

苏州中学自范仲淹创始，至今已有近千年历史，1904 年改办新学以来，国学大师罗振玉、王国维、钱穆，语言学大师吕叔湘，美术大师颜文樑，史学大师吕思勉，地理学家胡焕庸，教育家孙起孟等都曾在苏中执教，蔡元培、胡适等名家亦曾到苏中讲学、授课，这些名家在各自的领域有着过硬的专业素养，培养出一批又一批卓越的学子。

血脉流贯、薪火相传，新学创办百余年来，苏州中学利用得天独厚的成长场域，充分挖掘历代先生资源，与在职数十位名师，共同打造“分层分级，协同共进”的“名师场、成长圈”，努力构建以“紫阳学术”为核心的“教师书院”，确立“学者型、专家型、教育家型教师”的教师发展目标，借鉴凯米斯行动研究模型，开展高品质教师团队建设研究与实践，通过对在职特级教师、正高级教师、青年拔尖人才、市名师和学科带头人等开展阶梯计划和进行分层管理，精心打造高品质名师团队。

对于入职前三年的新教师，苏州中学每年均通过形式多样、生动活泼的“青蓝结对”仪式，助力青年教师站稳讲台，开设“紫阳学术”“南园小窗”“图书馆日”“道山论道”等平台，激励年轻教师潜心科研、助力他们的学术成长。对于骨干教师，苏州中学运用外铄理论和个人成长主动性理论，从环境到个人，从目标到行动，从机制到实践，从考核到评价，形成“外铄内省，双圈循环”的动力模型和培养框架。通过科研课题进行学术引领，涉及学校管理、人才培养、学科研究等多领域的众多国家级和省级课题，与书院制育人模式对接、与六大课程基地相融，一并形成苏州中学学术科研的新样态，引领骨干教师专业发展。

在“互联网+”新时代，线上线下融合共生成为教学的新常态。苏州中学投入资金、引进建设“学校大脑”数据平台，引领全体教师由传统的“角色单一、知识技能偏经验型”的“漏斗路径”，转型至面向未来的“测量精准、渠道多元、有效针对、多样角色”框架下的“数据空间”，以此提升教师素养品质，促进高品质名师团队建设。

正因如此，近二十年来，苏中先后涌现特级教师、教授级高级教师 45 人，接踵传承，成果颇丰。例如黄厚江和蔡明，均荣获国家级成果奖、政府综合奖和专项科研津贴，不仅有学科教学研究成果，还有散文、小说等其他获奖著作，影响辐射国内较多省份和地区，成为本学科的“明星教师”，被誉为“苏中双子星”。此外还有杨镜如、王思俭、朱浩等一批名师，均为年轻教师的明星、偶像。在职教师出版研究成果多达近百部，一大批教师的多项科研成果荣获省级教学成果特等奖和国家级教学成果一等奖，其中湿地文化课程开发研究成果，被省教育厅批准成立基础教育国家级教学成果推广应用研究所。

在这样一批特级教师、教授级高级教师的引领下，苏州中学也相应成立了多学科名师工作坊，在各自的学科上承担学生的专业指导工作，针对具有专业特长潜质的学生，配备多学科导师团队，通过主教练制、中学与大学课程贯通式培养，助力学生特长发展。

借助导师团队的力量，近三年来，苏州中学学生在国家级各类竞赛活动中脱颖而出，欧阳霄宇荣获 2020 年国际物理奥赛金牌，刘金禹荣获第 19 届亚洲物理奥赛金牌，凌心辽荣获第 32 届中国化学奥赛金牌，鲁彬悦、马智鸿荣获第 34 届中国化学奥赛金牌，钱嘉懿同学入选 2021 国际天文奥赛国家集训队，我们必须看到这些喜人成绩的背后是专业导师团队的倾力付出，只有专业导师团队的教学科研素质过硬，才能给予学生最合适的专业指导。

案例 1 高中数学学习是一项复杂而系统的工程，不是靠做几道题目、背一些概念或短期突击就能完成的，也不是靠死记硬背就能提升成绩的，每位学生面临的困惑和难题都有差异，更需要老师一对一地采用导师制的形式，制定学习规划，指导学习方法，引领每一位学生反思与质疑，定制有针对性的学科学习方法，指导学生如何智慧地学习，从而发展自主学习能力，提升学生探究问题的能力和数学核心素养。为此，数学特级教师王思俭带领团队，不仅引导学生合作交流、智力参与、积极探究，而且指导学生撰写自己的研究成果或心得体会，如 2018 届学生邓宇琦撰写的小论文《善于联想天地宽》发表在 2016 年第 11 期《中学数学月刊》上，2018 届学生唐睿婕撰写的《关于求数列通项的几点思考》发表在 2017 年第 11 期《中学数学月刊》上，2017 届学生陈昊撰写的《知识决定下限，心态决定高度》发表在 2017 年第 10 期《新高考（高三数学）》上，等等。三年来先后有 30 余名学生在省级数学专业杂志上发表小论文。

案例 2 碧霞书院的艺术课程覆盖全年级，特点是菜单式、走班制。高中三年，每个学生都有专门的艺术课程，以选修和必修等方式接触到舞蹈、声乐、设计、作曲、油画、国画等多种艺术门类。学生自由选择班级、教师来学习不同的项目，而老师也会根据自己的特长授课。跨学段组成的舞蹈社团“梦之队”于2018年获江苏省第六届中小学生艺术展演特等奖（第一名），2019年参加全国第六届中小学生艺术展演获全国一等奖并参加闭幕式演出，这有赖于舞蹈社团的长期积累传承和指导教师徐梦长期的教学实践探索。

案例3 物理特级教师、竞赛主教练朱浩通过三十余年的积累，形成了一套完整的“由浅入深，由中学到大学”的物理英才培养课程体系。他所实施的教学方式可以从2018年荣获第19届亚洲物理学奥林匹克竞赛金牌、目前在读北京大学物理学院的刘金禹《我的竞赛之路》感悟中可见一斑（详见第165页）。在朱老师的物理竞赛课堂中，优秀学长如刘金禹经常以助教的方式指导高一、高二的物理竞赛学生，充分发挥了学长的榜样引领作用。

案例4 梦工场里的“周老师实验室”，以工作坊的形式，与苏州电视台合作，带领学生对时下市民关注的一些社会热点问题，综合应用所学，建立问题模型，开展科学实验来解释生活中的原始问题，说明其中的科学道理，不仅提高学生的综合实践应用能力，而且引导学生关心社会，培养学生的社会责任感和使命感。他所做的科学实验被央视及各大卫视播出上百次，在更大的范围内开展了科学普及，部分学生也积极参与到实验中来，用生动的科学实验解释生活中的一些现象和问题，共同参与面向社会的科普工作，也更激发学生服务社会的责任担当。梦工场墙上的一体机储存了数十个被中央电视台、江苏卫视、上海卫视、浙江卫视等电视台播放过的创意实验视频供学生自主选择和学习。

案例5 化学竞赛组为确保学生的特色发展，专门为凌心辽制订了详尽的个人发展计划，详细规划了他在竞赛学习的每个时间节点所对应的学习内容和应达到的水平。并且，在安排他参与学校统一竞赛辅导课程之外，还针对他个人学习的情况安排了专门的导师组，分别安排无机和有机化学专长的教师对他进行有针对性地、个别化地指导、答疑和竞赛试题训练。在凌心辽高一获得全国高中生化学竞赛省级赛区一等奖之后，更是指定了专门的导师一对一地辅导其竞赛的学习，从试题资源的查漏补缺，到学习心理辅导，都做到无一挂漏。在导师制的培养下，该生在2018年再获化学竞赛省级赛区一等奖并一举进入江苏省代表队，在12月初的全国决赛中荣获金牌，进入国家集训队，保送北京大学。

此外，为了进一步推进学校内涵式发展，凝聚社会资源办学，苏州中学还密切联系在高校任教的苏中校友及相关高校和科研院所的专家共计80人，聘任他们成为四大书院的导师，助推中学、大学贯通式人才培养。北京大学中文系副教授陆胤是苏中2001届毕业生，他在中国古代文学领域颇有建树，可以带领苏中学子徜徉古典文学的海洋；中国人民大学新闻学院新闻实验中心工程师罗雪蕾是苏中2009届毕业生，专注于新媒体研究，可以在媒体建设方面与学弟学妹们深入交流；美国加州大学洛杉矶分校心理学专业教师吴珏彧，或许能够给予迷茫期的学弟学妹们一些专业建议。这些在高校任教的苏中校友将从大学教师的角度出发，重新思考高中教育该如何完善，为苏州中学的导师团队注入新的活力。

2020年12月，苏州中学著名校友南京大学文学院教授莫砺锋，受聘担任苏州中学道山书院院长，指导人文学科建设与发展，带领苏中师生循先生之风，精教学之务，合力建设高品质苏中，为国家培养更多优秀人才。

（二）生活导师

高校中，生活导师一般由辅导员担任，负责学生思想道德意识、心理素质方面的引导。中学阶段，学生的生活导师由班主任担任，按照德、智、体、美全面发展的要求，开展班级工作，全面教育、管理、指导、培养学生。

苏州中学拥有一批具有崇高的师德、精湛的教育技艺、公认的育人实效、鲜明的班主任工作特色，有破解德育难题的典型经验，在区域内有一定影响的班主任队伍，在学生思想品德教育、校园文化建设、中华优秀传统文化教育、后进学生帮扶、学生社会实践活动指导、社团活动和志愿服务指导方面取得突出成绩。

案例6　苏州大市2018届高三班主任培训暨2017届高三优秀班主任经验交流活动在江苏省常熟中学举行，苏州市教科院在全大市范围内，精心挑选了七名教师作为优秀班主任代表在会上做了经验交流，苏州中学教师徐洁有幸成为代表之一，向与会者分享了自己的班主任工作经验。

徐洁以《用心守护，助生梦圆》为题，别出心裁地将“心”的英文拼写“HEART”拆分成五条宝贵的班主任工作经验：“H”代表“和谐”（harmonious），“E”代表“高效”（effective），“A”代表“巧思”（artful），“R”代表“理性”（rational），“T”代表“驯化”（tamed）。围绕这五个字母，徐洁既介绍了苏州中学高三年级的智慧管理，也分享了自己的带班经验。她用生动的案例着重点出班主任工作需要注意的五大方面：同力协契为根本、提升效率少即多、精妙设计求突破、科学规划谋发展、建立纽带赢信任。徐洁优雅的台风、新颖的设计、务实的内容，吸睛无数，博得阵阵掌声。

在班主任团队建设方面，苏州中学始终重视加强班主任的理论学习，加强班主任后备队伍建设和岗前培养，坚持请进来、走出去，邀请相关专家到苏州中学开讲座，安排一部分班主任参加外地组织的学生管理经验交流会，定期召开校内班主任经验交流会、班主任工作汇报会，通过这些方式使班主任相互交流、共同提高。同时，苏州中学积极创设宽松和谐的环境，倡导树立班主任主人翁意识，促进班主任对学校工作提出建设性、创新性的意见，使班主任创新意识与能力有展示与提高的机会。苏州中学坚持“从心出发”，注重人本化情感激励，全方位关心青年班主任的专业成长，全力解决青年班主任生活中遇到的难题。当然，苏州中学也注重班主任管理制度的建设，健全完善班主任考核制度、学生定期评价制度、优秀班主任评选制度、优秀班集体评选制度等方面的建设，并通过这些制度去强化管理，引导班主任向这些方面去努力、去奋斗，从而形成了一个学先进、争上游的局面，收获了一个学习型、创新型的班主任集体。

值得一提的是，学校重视学生心理健康教育，为学生配备专职心理辅导教师团队，成立“心之家”心理健康教育与指导中心，向学生开放心理测评体验、“快乐芯”游戏体验、按摩椅及放松反馈椅体验、沙盘游戏体验等活动。2019 年学校开辟以“静”为理念的道梦空间，将其作为新的心理健康教育与指导中心基地，安排专（兼）职心理教师值班为学生服务，秉持“心病”不用“心药”医的理念，以道梦空间生态化心理教育课程基地为抓手，苏州中学扩大心理教育和服务范畴，变问题解决为品质促进。在千年府学的文化浸润和生态环境中，打造府学中轴的苏中“养心殿”。

依托“心育+”课程融合新路径，更多学科教师找到自己和心理学融合的领域参与体验、反哺教学，导师队伍不断壮大。根据苏中学情和学生身心发展规律，苏中的生活导师们抓住学生成长的重要节点、难点，现实的痛点和青少年的兴趣点、兴奋点，用心创设苏中四季德育课程活动，为青少年成长养心赋能。

案例 7 苏州中学自 20 世纪 90 年代中期开始探索校园心理剧，如今校园心理剧课程、校园心理剧大赛作为学校传统项目保留下来，心理剧场、心灵成长、心理剧本、心理漫画等系列成果深受兄弟学校、心理健康教育同行及校内同学的欢迎，在省内乃至全国具有相当的影响力。2018 年 12 月 29 日，苏州中学学生原创校园心理剧《自愈自乐》在第九届江苏省中小学校园心理剧优秀剧目征集评选活动评选中荣获一等奖。《自愈自乐》是苏州中学 2018 年校园心理剧大赛的特等奖剧目，由 2017 级高一（4）班学生创作编排，剧目采用新颖的形式，用同一个事件串联起截然不同的两个人的心灵变化，每一种个性都有其正反两面，一个人在意和纠结的问题，在另一个人身上也许完全不是问题，故事的两个主人公因为各自的个性盲点寻求心理辅导，却意外成了彼此的心灵导师。故事的最后，高一（4）班的学生精辟地点出了当前许多同学都有的困惑："关乎我们和自己的矛盾，都会演变成一个个心理小剧场，它会有各种神展开，也会有各种受局限的视窗，让我们沉浸其中无法自拔。我们都是有着自己问题的病人，抑或是别人问题的心理专家，本来就各自活着、病着，何必非要寻一条出路，不要着急，因为青春自有出路！"

第二节　学生团队建设

书院制的本质是追求学生自由而全面的发展，核心是坚持"以学生为主体"的教育理念，为学生提供学习空间、生活空间、文化空间、社交空间，有目的、有计划地组织和规范教育活动，促进学生素质的全面提高，从而把学生培养为自主地、能动地、创造性地进行认识和实践活动的社会主体。

长期以来，苏州中学努力"为每一个学生创造主动发展的无限空间"，通过创设多种多样的学术性组织和学术团体，打破班级、年级和学科的限制，开展各类可供学生自主选择的校本课程、综合实践和社团活动，最大限度地激发学生的内在动力，充分调动学生的学习积极性、主动性和创造性。提倡朋辈互助，让有共同志趣的学生相互砥砺，共同进步。

（一）朋辈教育引领

朋辈教育被学术界广泛关注始于心理学研究，主要在早期西方国家在青少年行为规范和心理健康教育领域中被提出的。

所谓朋辈教育，是具有相同背景或共同兴趣爱好的人在一起分享经验、观念或者行为技能，借以见贤思齐、激发上进、实现优势互补、互相促进、共同成长的教育方式。[1] 书院为促进学生朋辈互动与自我发展提供了多维空间，而书院学生团队也成为书院建设及实践育人的重要力量。

当前，在朋辈教育视角下，苏州中学的学生团队以学生会为核心。学生会服务于学生成长，密切联系广大学生，做到上情下达、下情上报，及时帮助学生解决问题，是联系学生与书院的桥梁和纽带，下设主席团、组织部、宣传部、文艺部、体育部、学习部等不同的职能部门，通过不同职能部门对接书院的日常管理与服务，为学生的生活提供便利与保障。

朋辈教育视角下又一重要的学生力量，来自从苏州中学走出去的毕业生，他们形成榜样示范，引领新生成长。

案例 1 “情系母校”作为清华大学 15 年来的经典实践活动，历届苏中毕业生积极参与其中，为学弟、学妹们提供自己的智慧与经验；“情系苏中”平台自 2014 年年底上线以来，经两届清华学长的维护和各校同学的参与，已在学生和家长间形成了良好的口碑。上海交通大学孙国栋分享关于语文的干货《当我们谈阅读时，我们谈些什么》；中国科学技术大学匡薇结合自己高中三年的起伏经历，给出许多调整心态的建议。中国人民大学中法学院陈予给予文科生数学应考贴士等，迄今“情系苏中”平台累计原创文章近百篇，持续为苏中学生服务。

案例 2 2020 年五四青年节，苏州中学举行了高三成人礼。在此次活动中，在清华、北大就读的苏中校友应邀返校，和苏中高三学子互动交流，传授高考经验，分享大学生活。清北校友活泼的“教学”、精彩

[1] 姚斌，刘茹．高校朋辈心理咨询实践中的问题与对策［J］．教育探索，2008（9）．

的演讲，在校园里掀起了一波青春热浪。走向更广阔天地的青春追梦人，为正在拼搏的学弟、学妹加油打气，也引发了高三学子的诸多感悟和收获。

高三（1）班余韫琦感言："听完学长的演讲，我深深地体会到了'胸怀'二字。就学习而言，胸怀意味着在专精与博雅间找到平衡。我们既要在自己的领域内深入研究，同时也应该努力打破学科壁垒，避免自我窄化的倾向，对多元文化做到理解和尊重，对不同认识能够包容与宽待。学术无界，文化无墙。只有在各学科间融会贯通，寻找其中的共同地带，才能提高综合素质，整合知识架构，而非成为知识的'工匠'。"

高三（10）班王钱宇姝感言："让我印象最深的是丁怡婷学姐的比喻'备考就像是在黑暗的房间里洗衣服，大家谁也看不见谁，只好拼命搓手里的衣服，直到高考那天，灯光亮起来，大家把手中的那件衣服拿出来比一比谁洗得更干净。也许你手中的衣服还黏着些许污渍，也许已然光洁如新，但在漆黑一片中，你所能做的唯一一件事也是最明智的事就是接着搓洗，用看上去最笨的方式一点点提高成功的可能性'。我想起蔡崇达在《皮囊》里说的话'或许能真实地抵达这个世界的，能确切地抵达梦想的，不是不顾一切投入想象的狂热，而是务实的、谦卑的，甚至你自己都看不起的可怜的隐忍'。"

（二）学生社团管理

学校社团是学生在紧张的学习生活之外的一方乐土，以往的社团活跃在各高校之间，而如今，中学社团正在以星火燎原之势参与到学生的生活当中，中学依托社团建设促进青年学生多元化成长。

首任苏州中学校长汪懋祖先生在1929年制定的《苏中学生修养标准》中指出：苏中学生须有审美观念、艺术趣味，无论何时何事，俱能有丰富之兴趣。学生社团可打破年级、系科的界线，团结兴趣爱好相近的同学，发挥他们在某方面的特长，开展有益于学生身心健康的活动。

目前苏州中学共有学生社团33个，包括广播社、志愿服务社等服务型社团；歌舞青春社、管弦乐团社、魔方社等兴趣型社团；篮球社、乒乓球社等体育健身类社团。涉及学术科技、文化艺术、体育健身、实践服务等多领域，学生自主选择社团，广泛参与活动。

根据苏州中学社团章程，社团运行要求规范化，新成立的社团须经历申请、考核，经校社团联合会批准方可成立，新老社团在每年的社团纳新大会开展社团纳新活动，为社团运行注入新鲜血液。

案例 3 学校通过学生创业社团开展“创业教育”，提出了“要学会创业，先学会创社”的理念，以培养领袖和创业素质为目的，将学生创业社团作为孕育领袖和创业者的摇篮，运用“创社”来进行“创业”的演练，以模拟企业运作的方法，巧妙地将领导力和创业能力的培养放到中学的社团活动中来。将“法人”概念引入学生创业社团，每个社团都要经过规划、申请、自筹经费、审核、注册后才能成立，然后按照“公司模式”运行，社团“面向市场”，自主盈亏、适者生存。学生在开展活动中，自己摸索，自己“创业”，学会请律师、签协议、依法行事，学会建立财务制度、理财和廉政，学会社交、合作和协调，学会处理危机，学会策划、组织、运营和寻求发展。苏州中学的学生创业社团普遍采用利用会费或社会资助形式解决运营经费，同时，校方通过评选优秀社团、开展重大活动等形式给予一定的奖励资助，甚至不少学生创业社团都寻找到长期合作的独家赞助商。社团换届的运作机制也是相当独特的，独特在即便各届社员所展现的面貌、所代表的价值观大相径庭，其核心社团文化仍然能够得以传承。以辩论社和模联社为例，前辈们通过学术培训、经验分享，使得新生们无时无刻不浸润在演讲的氛围和哲学的熏陶之中，身体力行，言传身教，最终达到最好的效果。

案例 4 2018 年 2 月，江苏省苏州中学脚灯音乐剧社正式成立，并在国际性音乐剧平台 Music Theatre International 上成功注册。2018 年 9 月，与江苏省苏州中学戏剧社等社团一起，举办了戏剧会演，成功地将经典音乐剧《悲惨世界》的选段搬上中学校园的舞台。2018 年 12 月，在江苏省苏州中学录音棚内，实录音乐剧《悲惨世界》的经典曲目“One Day More”。2019 年 1 月，正式与江苏省苏州第十中学音乐剧社联合，开始了原创剧本《声声慢》的创作。2019 年 4—5 月，与苏州广播电视总台协商，寻找赞助商，联合苏中根与芽社团，进行合作筹备。2019 年 8 月，接受苏州广播电视总台采访，登上“看苏州”客户端。2019 年 8 月，与江苏省苏州中学根与芽社一起，共同开展义卖，并将大部分义卖所得捐给联合国儿童基金会。2019 年 10 月，苏州中学脚灯音乐剧社荣获苏州市十佳社团称号，作为 2018 年刚刚成立的新社团，脚灯音乐剧社能够取得如此成绩，体现了苏中学子非凡的才情与领导力。

案例 5 在谈及学生社团的意义时，苏州中学社盟理事长姜天悦说道："社团，它其实也是一门学科，一门包罗万象的学科。那这门课教什么呢？我很难概括，在此就与大家简单分享一些这一年亲自体验后所得的感悟。在模联社、辩论社，我学习了清晰辩证的逻辑思维、得体端庄的语言表达，获得了史学的视野、哲学的思考、美学的享受。在Single Bed乐队和歌舞青春舞蹈社，我可以用热血的音符谱写新的篇章，感受"C位出道"的别样人生。数学建模社、英语社、诗词社等专项学科社团也可以帮助我们巩固知识基础，寻找学习伙伴，一起进行深入的专题研究。音乐剧社、戏剧社、文学社还为大家提供了创作的空间与情感抒发的平台，在这里可以感受到大家一起头脑风暴，共同设计一场演出所展现出的灵动的思维。

案例6　沧浪文学社是苏州中学最古老的社团之一，自建社以来已有50多年的历史。它坐落于古城之中，沧浪亭畔，其深厚的文化积淀、雅致的氛围使我们深受影响。历届社员本着传播文学气息、提高文学素养的宗旨，通过才华横溢的文学创作和丰富多彩的活动形式，在苏中校园这片沃土上激扬文字，恣意挥洒年少的心情。在这里，社员们倾心畅谈，相互切磋，与辅导员合作探讨。社团定期开展"采风"活动，记录所思所感，在亲近自然、亲近社会的过程中寻求收获。所负责的学期期刊《青果》征集校园作品，同学们的文思闲情在此汇聚，是全校师生分享优秀作品的重要媒介。

学生在社团中发展自我认知能力、把握和创造机会的能力和进行团队合作能力等，从而为职业规划和人生定位提供一定的方向和借鉴。社团教育是一种努力提高学生综合能力的素质教育。开展学生社团活动能够满足学生自身发展的需要，充分发挥学生的自主性，为学生建立自信、展示自我、发展自我搭建广阔的成长平台。

（三）学生自我管理

当代高中生有较强的自主性，希望成为自主、自立、自强的人；有发展的独特要求，希望成为爱好广泛、持有特长的人；有潜在的创造性，希望成为有创新精神和创造能力的人。学校重视培养学生自主学习的能力，通过书院制育人模式的实践，启发引导和激励学生内在的学习需求，创设和谐、宽松、民主的教育环境，实践主动学习教育模式，尊重学生自我选择的权利，尽可能地提供学生自主发展的时间和空间。

案例7　2017届学生刘君达经过长期而艰苦的努力，在天文观测和研究方面有独到的成果，摘取了亚太地区天文奥林匹克竞赛金牌，迄今已成功发现了21颗新小行星，独立撰写的两篇论文在美国专业学术期刊 *Minor Planet Bull* 上发表；并凭借作品《基于小口径望远镜的小行星测光研究》在2016年省青少年科技创新大赛中获得双奖：一等奖和省长奖，被授予“明天小小科学家”荣誉称号（全国仅三人）。2016年12月，2017届学生夏一飞赴印度布巴内斯瓦尔，代表中国队（全国共4名学生）参加了第10届国际天文与天体物理奥林匹克竞赛，荣获银牌和最佳观测奖。

案例8 苏州中学学生周天行从小就对写作与阅读怀抱热爱，曾多次在全国大赛上获奖，作品在各级刊物上发表，也因此成了中国少年作家班的正式会员，多次在北京人民大会堂领奖，她时常与文学界知名人士会面，与《中国少年报》等杂志编辑彻谈，这些经历都让她无比享受创作的乐趣，也因此更加坚信她与文学之缘。她在高一写下科幻小说处女作《兄弟》，并参加第四届全国中学生科普科幻作文大赛，在两千人的决赛角逐中脱颖而出，所撰写的科幻小说《人类往事》荣获全国一等奖（当届江苏省唯一的一等奖），并以优秀作品作者的身份参加全球华语科幻星云奖的角逐，并最终夺得青少年组唯一的金奖。

案例9 高一年级研究性学习中涌现了一批立意深刻、生动有趣而又值得探寻的课题，“河水检测及河道净水”课题组的学生围绕学校泮池夏天总会传出气味的问题进行了研究，他们通过查阅资料、采集样本、实验探究得出初步结论，提出解决对策，并在下一步的研究中进行验证。“无助的晚年：苏州‘老漂族’生活状况调查”课题组的学生聚焦社会生活，关注那些跟随晚辈来到苏州生活被称为“老漂族”的特殊人群，这些老人来到苏州以后，面临着语言、习惯等方面的问题，可能导致生理、心理上的不适。为了更好地帮助“老漂族”走出困境，课题组的学生对苏州“老漂族”生活状况做了较为系统的调查，他们设计出调查问卷及访谈提纲，并与姑苏区双塔街道及姑苏区安澜社工服务中心联系，开展调研。在调研的基础上，他们拟从政府与社区两个层面，提出改善“老漂族”生活状况的建议。“关于苏州市物质文化遗产保护现状的调查及其对策的研究”课题组的成员们进行了实地考察，他们走访了横塘驿站、彩云桥、陆慕御窑址等18个不可移动文物保护单位，发现不少苏州的名胜古迹存在年久失修、遭受损毁的现象。在接下来的研究中，他们从政府治理、文物管理等角度入手，更加深层次地挖掘上述现象背后的社会性、根源性原因，讨论解决或改善方案，并最终向有关单位提出合理建议。学生们在自主学习研究项目中坚持兴趣导向，发挥团队合作精神，将课题研究与学习生活结合起来，真正做到了在做中学，从做中知。

案例10 近三年来，学生自主成立三百余个课题研究小组，学生在导师的指导下，走进大学实验室、研究所，组建微型实验室，积极开展各项研究。学生撰写自己研究的成果或心得体会，通过交流、发表等方式更大范围地增进对学术的交流与研讨。例如，2015级学生卢欣旸主持研究课题“荷叶的秘密——对防水材料的研究”，对自修复防水材料进行了理论学习，还在苏州大学实验室成功制作了材料成品，课题组撰写的论文《自修复疏水蚕丝织物的制备及性能》还发表在《现代丝绸科学与技术》2016年第4期，并于2018年获得了苏州市青少年科技创新市长奖。2017级学生卢冠宇于2018年入选“英才计划”，师从南京大学物理学院吴小山教授，2019年卢冠宇通过中国科学技术协会的层层选拔，作为中国代表队的四名成员之一，参加俄罗斯青年科学家论坛（Russian Youth Scientist Forum），最终获得“the Small Medal of Science”奖项，该奖项由评审团主席签发，这是俄罗斯青年科学家论坛个人项目的最高级别奖项——徽章奖，也是目前中国代表队在该项赛事中取得的最好成绩。

第三节　学术共同体建设

学术共同体这一概念由20世纪英国哲学家托马斯·布朗率先提出。布朗在一篇题为《科学的自治》的文章中，首次使用了“学术共同体”这一概念。他把全社会从事科学研究的科学家作为一个具有共同信念、共同价值、共同规范的社会群体，以区别于一般的社会群体与社会组织，这样的一个群体就被称为“学术共同体”。目前，共同体理论已经广泛应用于教育领域，形成了学习共同体、学校共同体、教师专业共同体等多种共同体形式。美国学者佩里指出：“教师专业共同体是教师专业发展过程中建立起来的，具有相同的目标，共同参与专业发展的计划、实施和反思的智力团队。在此共同体中，学习发生于行动中，专业智慧被广泛散布，知识通过社会性的途径建构出来。”[1] 我国学者牛利华认为：“教师专业共同体以学校为基地，以教育实践为载体，以共同学习为形式，在团体情境中通过相互沟通与交流最终实现整体成长的提高性组织。”[2]

教师专业共同体强调教师共同参与、集体学习与研究，通过教师间的相互建构与整合，在交流中重塑教师的专业主体性，以更好地促进学校的提高与进步，是一种有效促进教师专业发展的形式。目前，教师专业共同体的探讨已经成为国内外教育领域重点关注的研究问题之一。

我国基础教育领域依托2002年《中小学教师队伍建设“十五”计划》，出现了“名师工作室”，其本质就是教师专业共同体的一种具体实践模式。2010年，教育部颁布《国家中长期教育改革和发展规划纲要（2010—2020年）》中，提出要完善教师培养培训体系，通过研修培训、学术交流、项目资助等方式，培养教育教学骨干，造就一批教学名师和学科领军人才”，继续强调名师工作室，对于促进教师专业学习有至关重要的意义。

苏州中学致力于教师专业素养的提高，自2018年1月起成立多学科的名师工作室及教师专业共同体，搭建促进名师自我提升及引领中青年教师专业成长的发展平台。旨在充分发挥名师的示范、辐射和指导作用，实现资源共享、智慧生成、全员提升的目的，以期培养一批师德高尚、造诣深厚、业务精湛的教师。

目前，苏州中学成立了以黄厚江为领衔人、以程振理为主持人的语文名师工作室，以蔡明为领衔人的地理名师工作室，以及夏炎名师工作室、杨利刚名师工作室、齐文友名师工作室等，在校内形成全学科教师专业发展共同体。

（一）学术共同体的发展目标

1. 队伍建设目标

目前苏州中学已拥有一支由10位教授级中学高级教师和9位在职省特级教师领军的优秀教师团队，他们在各学科领域具有广泛的影响力和知

[1] 周成海，衣庆泳．专业共同体：教师发展的组织基础［J］．教育科学，2007（1）．

[2] 牛利华．教师专业共同体：教师发展的新模式［J］．教育发展研究，2007（24）．

名度，能够把握课程与教学改革方向，在学校课程开发和教学改革的理论与实践建设中能担当重任，是苏州中学教师队伍整体形象的杰出代表。

名师工作室由名师来引领，以先进的教育思想为指导，搭建促进名师自我提升及引领中青年教师专业成长的发展平台，打造一支在全市乃至全省、全国学校教育领域中有成就、有影响的“学者型、专家型、教育家型”名优教师团队。

2. 教学科研目标

以成熟、独特的教育教学思想为侧重点，以教学实践问题研究为支撑，在研究中提升理论修养，拓展专业知识，提高研究能力，磨炼并形成具有鲜明个人特色的教学风格。

以名师专长为基础，以工作室群体成员智慧为依托，立足《中国学生发展核心素养》和《普通高中课程标准》，积极探索教育教学教研理论与实践，学习教育改革的新理念和新做法，积极梳理提炼教育教学教研中的“苏州模式”，打造符合苏州乃至江苏和全国教育情境的“苏州品牌”，引领并服务于当下及未来语文教育教学教研改革与发展。

（二）学术共同体的运行模式

名师工作室成员通过自主申请、条件审核、评审筛选产生。团队以自主双向选择的方式组成，部分团队成员也可以跨学科组成。

名师工作室运行模式包括四个模块：理论学习、专题研修、实践探索、自主发展。采取读书会、研讨会、专题讲座、论坛，上课、听课、磨课、评课、教学反思、案例分析、实验设计、课程开发，论文发表、课题研究、著作出版、成果展示等方式进行培养，并辅以名师工作网或博客、微信公众号等多媒体进行互动培养。

1. 开展理论实践，提高综合素养

名师工作室领衔人制定本工作室的发展规划和制订每学年工作计划，并负责实施。工作室领衔人同时负责本团队成员的专业成长与发展，为成员的学术发展提供指导与帮助。定期或不定期组织工作室成员的理论学习及研讨，每学期组织名师工作室活动，开展集中研讨活动，不定期组织外出培训学习或参观交流活动。

案例 1 英语主题阅读共同体为了全面了解近 10 年我国学者关于主题阅读问题的研究，通过 CNKI 中国期刊全文数据库，以“主题阅读”为主题进行检索，收集了近 10 年相关文献资料约 70 篇，进行综述并做专题研讨。确定共同体研究方向为“人与自我”“人与社会”“人与自然”三大主题，紧密结合教材单元话题，拓展延伸同主题、多文本的阅读素材，在英语课堂中实践“教师指导下、以学生为主体的主题阅读”教学模式。

案例 2 2019 年 11 月 8 日，语文名师工作坊成员在程振理率领下，前往浙江省杭州第二中学考察交流，通过多种渠道和活动形式，深入探讨当前语文教学新策略，共谋语文教学改革新发展。两校语文组教师就校园文化、课标实施、课程开设、教材使用、读写训练、作文竞赛、命题应考、课堂改革、学生培养等共同感兴趣的话题，进行了广泛而深入的观点分享与思维碰撞。

案例 3 2019 年 12 月 19—20 日，江苏省苏州中学王思俭名师工作室成员赴浙江省淳安中学，参与了淳安高中青年骨干教师培养工程暨王思俭名师工作室联合活动。

案例 4 2019 年 12 月 4 日，蔡明带领地理工作室部分成员参加了在华东师范大学第二附属中学举行的沪江浙地理名师基地联合活动。此次活动主题是“论道空间，解密思维”，来自上海、江苏、浙江的地理名师首次济济一堂，共同探讨地理空间思维与素养的教学实践研究。

2. 开展教学研究，锻造精品课堂

名师工作室立足研究课堂教学，扎实推进课堂教学研究，引领课堂教学改革与创新，以课堂教学的实际问题开展教学观摩、教学研讨、教学实践活动，工作室团队每学期组织大市范围的课堂集中观摩展示活动，以扩大工作室及其成员的知名度和影响力。

案例 5 语文名师工作坊 2020 年 6 月 8—18 日开展了为期两周的新老教师教学开放周活动。分别为名特优、学科骨干、带头人等 40 岁以上教师教学开放周和新进教师及 40 岁以下青年教师教学开放周。从执教数十载的名师前辈，到各类比赛中屡获佳绩的中坚骨干，再到初登讲台的后辈青年，先后共有十多位教师呈现了各自的精彩课堂，展示了《项脊轩志》《游褒禅山记》等经典课文的同课异构，以及《留侯论》《断魂枪》《齐桓晋文之事》《上枢密韩太尉书》《报任安书》等篇目的特色教学风貌。

案例 6 2019 年 12 月 17 日，苏州中学“主题阅读”课题组主持人葛余健、徐洁及课题组成员和高三英语备课组成员参加苏州大市主题为

“基于人与社会主题语境的拓展阅读”的课题组研讨活动。会议立足高考，开设了11节高三英语主题拓展阅读教学精品示范课。苏州市（区）教研员、骨干教师，相城区全体高三英语教师均参会学习。苏州中学课题小组成员积极观摩学习了来自苏州十中、昆山中学、常熟中学等学校教师精彩的主题阅读课，受益匪浅，为下一阶段苏州中学英语阅读课程和高三二轮复习教学提供了思路。

3. 开展科研活动，引领专业发展

名师工作室领衔人负责确立本工作室科研主导方向，引领工作室开展立足学校课堂教育教学科研活动，开发并深入开展课题研究项目，积极推广课题研究成果。组织团队成员撰写教育叙事、教学反思、学术论文，每学期、每学年在省级以上刊物发表论文乃至开辟专题专栏。定期组织各种形式的教育教学研讨、学术沙龙、讲座等活动。领衔人负责本工作室团队研究成果的开发，组织撰写并出版教育教学类专著。

案例 7 语文名师工作坊领衔人黄厚江主持的省级规划重点资助课题“语文共生教学的理论与实践研究”圆满结题。语文名师工作坊还承担了全国教育科学“十三五”规划课题“基于核心素养的书院制育人模式的实践研究”两项子课题的研究，一为苏州市教育科学“十三五”规划立项课题“基于书院制的语文核心素养共生培育研究”，二为苏州市教育学会“十三五”规划课题“高中语文书院制课外阅读课程实践研究”，接受苏州市教育科学研究院中期检查验收后，于2019年12月19日召开专题会议，进一步明确了各自分工与后期任务，按期完成课题研究后期事项，及时梳理阶段性研究成果，按期结题并将成果转化，应用于未来的教学实践。

案例 8 英语名师共同体主要研究的是新课标主题阅卷在高中英语教学中的实践，该课题先后成功通过了苏州市教育科学“十三五”规划2019年度课题申报、江苏省中小学教学研究第十三期课题申报。由名师工作室成员共同负责的《人与自然》校本英语拓展阅读读物已完成第二稿的修订及配套课件的制作，“人与社会”“人与自我”等主题的拓展阅读读物正在紧张编辑中。

案例 9 数学工作室教师一起参与了多项课题，包括省级课题“江苏省苏州中学教师 TPACK 现状及其教学行为”、省级课题和市级课题“核心素养视角下初高中数学课程衔接设计与实践”等。工作室教师撰写了多篇论文，例如王思俭撰写了《直观想象素养在2019高考江苏卷中落地开花》《基于活动经验积累素养下的解题教学：以〈等比数列习题课〉为例》等近30篇省级论文。江小娟撰写省级论文《“解析几何复习课”案例研究》；刘炜撰写了省级论文《见微知著 慎思明辨——高三“函数最值”的微专题探究》；顾燕声撰写了省级论文《基于核心素养下的数学逻辑推理能力的培养：隐形轨迹问题的解题研究》发表于《数学之友》。另外，王思俭还出版了一本专著，名为《高考数学试题从哪儿来》，由江苏凤凰教育出版社于2018年12月出版。

案例10 耗费三年时光，地理名师工作室的蔡明把30年漫漫旅途中的每一个重要画面凝练成了《景观·观景》这本书。该书突破地域和时空界限，把景观与内涵相关联；呈现即将消失的地理景观，引起人们对环境的关注；展示人迹罕至地区的秘境之美，以启发人性的真与善。全书共分十个专题，每个专题包含专题序言、景观欣赏和考察笔记三部分。其中景观图片800多幅，文字15万。蔡明期望通过独特的视角和观念渗透，引领人们理解天人合一的境界。

案例11 生物学与人类的生产生活息息相关，与社会的进步和科学的发展息息相关，苏州中学校园就是一个自然与人工结合的生态园。这几年生物组开设的校本选修课的课程资源不断在积累和创新，名师工作室成员石虹梅、金沙来、徐英参与编写的“STEAM精品课程系列丛书”——《水韵生活》《非遗传承》于2019年出版，金沙来还参与了《综合实践活动学习手册》的编写。共同体提出的“基于生物学学科核心素养提升的STEAM教育研究”，先后成功通过了苏州市教育科学“十三五”规划2019年度课题申报、“中国STEM教育2029创新行动计划”第二轮STEM领航、种子学校及STEM科研课题申报。

【本章主要参考文献】

[1] 姚斌，刘茹. 高校朋辈心理咨询实践中的问题与对策［J］. 教育探索，2008（9）.

[2] 周成海，衣庆泳. 专业共同体：教师发展的组织基础［J］. 教育科学，2007（1）.

[3] 牛利华. 教师专业共同体：教师发展的新模式［J］. 教育发展研究，2007（24）.

第八章　书院制教育教学实践探索

第一节 书院制的学习样态研究

1. 自由讲习、自由论学

在古代，书院的学习，以学生自学为精神内核，学生通过生生与师生之间的讨论、问学，来达成知识的获取与人格的提升。“讲会”制度就是书院中提倡学术争鸣和信息交流的一种典型学习样态。所谓“讲会”，是教师与教师、教师与学生，甚至社会上的书生聚集在一起，开展自由讲学、自由争辩，从而提高学术水平的一种活动[1]。同时，书院学生花大量时间在教师指导下认真读书，自主学习、质疑、思考、辩论、体察。在此过程中，教师往往只承担讲解纲要与指点迷津的工作，并且一般因材施教。朱熹就曾对学生说过：“为学勿责无人为自家剖析出来，须是自家去里面讲究做工夫。”可见自习、思考构成了书院学生大部分的学习活动。

现代书院制的育人模式应传承这一精神内核，注重培养学生对学习方法、学习过程与学习结果进行自我监督与调控的能力。如借鉴“自由讲习”“自由论学”之风，提倡学生中心，以小组讨论、研讨的形式对教学内容进行深层次探讨，形成“讨论式教学”，教师明确教学内容后，学生课下先进行小组内的深入讨论，形成自己的感受或观点，在上课时以小组为单位进行汇报，辅以老师的参与和指导，从而形成对知识的有效吸收。

2. 个别指导

尽管“自主学习”是书院教育主要的学习样态，但书院并不主张放任自流，学生的高度自主建立在教师有效指导的基础之上。朱永新等研究者指出，古代书院教师的指导作用主要表现在两个方面：一是指导学生自己读书。从读什么书，到哪些先读、哪些后读，哪些精读、哪些略读，哪些书要背诵、哪些书只需涉猎，都有具体的要求。比如朱熹提出了“朱子读书法”，程端礼著有《读书日程》，制订了一个读经学文的详细教学计划，对书院的读书指导产生了重要影响。二是回答学生的质疑

---

[1] 朱永新．书院精神对于当代大学教育的启示［J］．江苏高教，1994（2）．

问难。[1] 书院教育鼓励学生问难论辩，朱熹就对学生说："读书无疑者，须教有疑，有疑者却要无疑，到这里方是长进。"又说："学者读书，须是于无味处当致思焉，至于群疑并兴，寝食俱废，乃能骤进。"不少书院还对读书与质疑的情况进行考核管理，如清代上海的龙门书院规定："诸生各置行事日记册、读书日记册"，"读书有心得，有疑义，按日记于读书册。所记宜实，毋伪；宜要，毋泛；不得托故不记。逢月之五、十，呈于师前，以请业请益。"[2] 书院对学生个别指导的重视可见一斑。

3. 学习共同体

在书院教育中，学习也是面向多元主体的合作活动。教师与学生、教师与教师、学生与学生通过多种形式进行对话交流，构建学习共同体。学生由于年龄相近、学识相仿，因而"以文会友，以友辅仁"[3]，在不同声音的碰撞融合中臻于至善。同时，教师也是构成这一学习共同体的基本要素，不同于官学中带有功利色彩的师生关系，书院中教师依靠学识与人格魅力对学生产生自然的感召，学生亲师信道，师生关系亦格外深笃、融洽。

案例：

苏州中学一直以来坚守创新人才的培养目标，尊重并适应学生的个性差异，满足学生兴趣、专长、优势潜能的发展需求。在书院制育人模式下，发挥书院制的精神，为学生创设了自由创新的学习样态。

自由不是放任，更不是放纵，而是一种以人为本的氛围与选择。只有在自由的选择中，对于一个鲜活的生命来说，才可能是一种能创造的、有意义的生活。

自由之一，学习有规划。即苏中倡导的自主学习。自主学习不是放养，而是在"自我规划、自我评价、自我分析"的科学管理系统下，帮助学生"自知、自控、自我完善"。

学生的学习动力来自兴趣，苏州中学着眼于引导学生从原始兴趣向

[1] 朱永新．书院精神对于当代大学教育的启示［J］．江苏高教，1994（2）．

[2] 陈元晖，尹德新，王炳照．中国古代的书院制度［M］．上海：上海教育出版社，1981：159.

[3] 张传燧，邓素文．自由自主：书院教育精神及其现代启示［J］．大学教育科学，2005（1）．

自觉兴趣和志趣发展。苏州中学的校友钱伟长曾说过："我们培养的学生首先应该是一个全面的人，是一个爱国者，一个有文化艺术修养、道德品质高尚、心灵美好的人。其次才是一个未来的工程师、专门家。"为此，苏州中学开设了生涯规划课程，学生通过完成生涯规划手册明白为什么学、学什么，确立终身志趣。

确立了志趣发展的学生每天都在思考着怎样学，为了指导学生自我评价、自我分析，苏州中学为学生设计了这样一本学业水平自我评价手册：高中三年都有位比跟踪图，学生可以知道自己的位势、走势与趋势；每一次考试都有自我的定量与定性分析，学生应该知道学习与学业是自己的事，是自己应该承担的责任；高三一模考试后，给学生每一门学科进行分项体检，学生通过发现长板，增强信心，通过发现短板，奋起直追。苏州中学的学生未来后劲足，就是因为在高中三年就学会了自我控制、自我管理。

自由之二，方向可选择。苏州中学每年都有学生选择高考或出国来进一步深造，不仅拥有傲人的高考成绩，也同时拥有高端的出国课程。苏州中学自创立以来，始终坚持海纳百川、放眼世界、多元大气、尊重学生个性发展的传统。苏州中学出国学生的升学目标定位为世界最顶尖的大学，为实现这个目标，苏州中学主动服务，与美国常春藤大学之一的维克森林大学合作，在苏中开设了卓越课程班，整合优质资源，因地制宜地开设一些专业课程，为申请国外大学奠定扎实基础。2021届卓越班的33名同学中目前已收到包括常春藤名校在内的170份大学offer，其中15份offer来自美国排名前30的名校。

自由之三，课程可定制。比如苏州中学有阅读课程，学生可以在宁静雅致的图书馆内自由徜徉于书海，学生可以根据自己的兴趣爱好在数十种课程中自由选择校本选修课，甚至有学生自发组建了一个医学领域的选修课程班，学生自聘医学专家，每周2课时。艺术课程有踢踏舞、非洲鼓、合唱、艺术鉴赏、设计课、油画课等不同内容，同学依据自己的兴趣进行选择，用自己喜欢的方式去欣赏美、表达美，并通过三年的选择，成就自己未来的一个专长。

此外，苏州中学以苏中核心文化为灵魂，整合国家课程方案，结合国家和人类对未来人才的需求，搭建苏中学生发展核心素养体系，进而通过书院制这一载体，为学生的个性学习和终身发展提供服务。书院制课程包括理工、人文、艺体三个学习领域，理工书院被命名为春雨书院，人文书院被命名为道山书院，艺体书院被命名为碧霞书院。这三个书院分别设置了不同的科目和专题模块，例如：理工类的科学探索部分设置了量子与生活、植物组培、中国高中生物理创新竞赛项目；人文类的国学研究部分设置了道德经、知识论等；艺体类的音乐剧部分设置了剧本创作、表演创作、布景设计等。学生可以在高中学习期间去选择不同的书院或同一书院的不同的专题，自主设计个性化的学习课程。

第二节　书院制的教学实践案例

1. 案例举隅

黄霞之问“幸福”探真章

——我教茨威格小说《看不见的珍藏》[1]

《普通高中语文课程标准》规定，阅读教学的目标是通过课堂阅读教学使学生“充实精神生活，完善自我人格，提升人生境界，逐步加深对个人与国家、个人与社会、个人与自然关系的思考和认识”。小说阅读教学是高中语文阅读教学的重要内容，苏教版更是配有专门的《短篇小说选读》教材。通过小说阅读教学，教师不仅可以引领学生探究语文中更深层的精神意蕴，而且还可以让他们丰富精神情感、懂得人间百态，进而树立正确的人生方向。

可是，目前高中课堂中的小说阅读教学不尽如人意。要么教法传统保守，死死抓住小说的三要素——人物、情节、环境不放，最后将文章的主旨硬塞给学生；要么以如何提高教学分数为主要目的，在课堂教学中只对学生传授相应的“解题技巧”及“鉴赏方法”。忽视了小说的整体性、艺术性，忽视了学生的阅读体验、主体参与，风格不一而充满艺术魅力的文学作品只会味同嚼蜡，学生阅读小说的能力不会真正得到提升，精神也得不到成长，于课程目标的达成不仅无益甚至有悖。

因此，面对高二下学期的学生，笔者执教茨威格的小说《看不见的珍藏》时，就有意从学生自身的阅读体验出发，通过文本细读，挖掘这篇小说的独特艺术魅力，带学生开展一次丰富精神情感之旅。如此尝

[1] 此案例由苏州中学教师黄霞提供。

试，也是想探索长文短教的方法，以让学生更好地从小说阅读教学中得到能力提升和精神成长。

《看不见的珍藏》是茨威格于1927年写作的中篇小说，以第一次世界大战后的德国为背景，借一位艺术古玩商对外省一位盲人艺术收藏家的一次拜访，描写了收藏家一家的不幸生活，从独特的角度反映了战争给人们带来的不幸和损害。小说篇幅超过万字，其中的“可教点”可以说遍布小说各个角落：独特的叙事角度、安排技巧的情节、细腻生动的心理描写、立体多样的对比手法……而只有一节课时间，想要逐点赏析显然是不可能的，且教学过程势必琐碎、拖沓，师生都无趣疲累。通过预习作业，在了解了学生的阅读初体验后，发现学生对小说情节的把握比较轻松，但对人物形象、小说主旨的理解十分粗浅。针对学生的实际情况，在设计教学时，笔者就将“探究小说主旨”作为了主要教学任务。

如此长文，在具体落实教学任务时，必须找到课堂“牵一发而动全身”的切入口。不少学生反馈，小说中印象最深的是小说结尾的特写，古玩商人借歌德之口说的那句“收藏家是幸福的人”尤其值得玩味：怀着“骗藏品”的目的而来，大受感动而去，并由衷地感慨“幸福”，这个古玩商人到底经历了什么？“幸福”究竟是指什么？为什么有这样的“幸福”？作者为什么写这样的“幸福”？情感最激荡处，恰是包孕最丰、意蕴最足之处。从学生的阅读初体验出发，抓住这句含义丰富的话反复追问、深深揣摩，课堂教学也由此找到了抓手。

一问“幸福”：“幸福”是什么？

设计此问，意在借着对“幸福”内涵的探讨，让学生贴着文本去体验人物心理，理解人物形象。

文学评论家认为，小说主要靠人物形象体现其效能和价值；我们的阅读体验也告诉我们，一篇小说最终留在我们印象深处的是那一个个鲜活的人物形象。所以，小说教学首先应审视、分析、欣赏人物形象；抓住了人物形象，也就找到了进入小说的有效途径。让学生结合小说中的具体情节和细节描写，说说自己对“幸福”的理解，则是在培养学生细读文本的意识：首先要反复触摸语言文字，才能正确理解小说，理解人物，并由此走进作者的心灵。

在这篇小说中，茨威格通过对人物内心世界的细腻、深入的挖掘，成功地塑造了一个视艺术为生命的老收藏家的形象。在对文本的仔细揣摩中，学生不难领会“幸福”的内涵。一方面，在向古玩商人展示自己的收藏时，老收藏家的语气、动作、神情等，展示了他对艺术的巨大热情；结尾，老人用看不见的双眼目送“我”离去的特写镜头，更加突显因收藏艺术品而产生的自豪、幸福感。这种幸福，是陶醉在艺术世界的满足，是与知音分享时的快乐，是超过物质不幸的精神富足，而且还具有强烈的感染力，感染了他的妻女、感动了古玩商人。另一方面，在他获得幸福的同时，他的妻子和女儿却在承受着生活困窘的巨大痛苦，他的珍藏其实已散失殆尽、画夹里只有一些赝品或白纸：他的幸福是多么虚幻可悲，在现实面前是多么脆弱易碎！作家越写他幸福，就越突出现实的可悲。

跟随着讲这个故事的古玩商人一起经历情感的起伏，透过老收藏家及他身边的人，去读懂人物的“幸福”，读出“幸福”背后的悲剧性，也就真正沉浸到小说中了。

二问“幸福”：收藏家为什么“幸福”？

设计此问，意在依据文本的连续性、整体性特点，把人物放回小说环境、人物关系中去理解和把握，进而探究“幸福”的原因。

小说是在一定的写作背景下反映一定的问题的，环境或直接或间接、或直白或隐晦地反映社会生活，小说中的人物总是在一定的环境中活动。所以，赏析人物就不能忽略其生活的环境。

本文中，“通货膨胀时期”的社会背景，既是造成老人不幸的根源，也突出了他的艺术心灵的纯粹，更强调了他的家人善意谎言、精心欺骗的可贵。忽略背景，对人物的理解就可能不全面甚至出现偏差。同时，对比是这篇小说的显著特色，就人物方面而言，茨威格有意设置了收藏家与古玩商人、收藏家与妻子女儿、收藏家与社会上的大多数人等多重对比。所以，要真正理解老收藏家形象，还必须把他放回人物关系中，从他们对珍藏、对生活的不同理解和表现中，一步步接近小说家真正想表达的。

于是，在结合环境、关照人物关系的分析中，学生可以将“幸福”的原因一点点找出来：对艺术的纯粹热爱的心；眼盲而不受现实的伤害；妻女的真诚呵护；古玩商人善意的谎言。在学习阅读小说的方法技巧、感受小说的语言文字魅力的同时，美好情感的熏陶也在悄无声息中进行着。

此处，可以顺便总结一下题目“看不见的珍藏”，因其内涵与“原因”有着因果关系：老收藏家因为拥有“看不见的珍藏”，所以获得了“幸福”；一旦没有“看不见的珍藏”，那么，他的“幸福”也就不存在了。这一方面再次强调了“幸福”的虚幻性和悲剧性，另一方面也就为揭示小说主旨做了准备。

三问“幸福”：为什么写这个“幸福”故事？

在预习作业“读完小说，你有什么疑问”中，不少学生提出：“生活如此艰辛，他的妻子女儿为什么不告诉他真相？”“老人如此熟悉每一张收藏，为什么就发现不了他的画是假的？”“为什么要借盲人的故事来表达主题？”……这些问题都很有价值，体现了学生自己的珍贵的阅读思考，并指向了主旨。因此，笔者就以学生的问题为问题，设置了此问。

苏霍姆林斯基曾说过：“在人的心灵深处都有一种根深蒂固的需要，那就是希望自己是一个发现者、研究者、探索者，而在儿童的精神世界中，这种需要特别强烈。”学生有了疑问、有了动力，那就创造机会，让他们成为一个发现者，成为课堂的主人翁，去互相启发并发现答案。

为了充分调动学生的热情和积极性，笔者把学生的疑问进行提炼，先做了一个假设：假如老收藏家的眼睛没有盲，并让学生充分交流、讨论。

在寻找答案的过程中，当引导学生去关注文本中原先被忽略的部分时，他们会发现：原来小说家有意把这个老收藏家与“战后的德国人”、早已忘怀了这种感情的“我们这些人”“大街上的人们”区别了开来。他们会明白：原来，小说家有意用眼盲造成一道屏障，保护他远离残酷现实而获得艺术世界的美好幸福，最终让他成为没有被现实摧毁的极少数、成为艺术战胜现实困难的代表，这是一种怎样的仁慈与善良！如同射向黑暗的一丝微弱而温暖的光，小说给人以苦难生活也有幸福存在的希望，以及对抗黑暗现实的鼓舞与力量。这样，对小说主旨的理解也就水到渠成了。

在这里，笔者还引入茨威格的相关资料，以帮助学生把握小说更深层次的意蕴。如：引茨威格遗书中“与我操同一种语言的世界对我来说业已沉沦，我的精神故乡欧罗巴亦已自我毁灭……”，引《昨日的世界》

中的片段，等等。所谓“知人论世”，当学生更多地了解作者茨威格，了解他不幸的经历及他对于欧洲文明的痴爱，就更容易明白他写这个痴迷艺术的盲收藏家的目的。

紧扣结尾处的这句“收藏家是幸福的人”来三问“幸福”，回避了传统高中教学小说的“三要素”环节，反而激发了师生的研读欲望。借着三问，贴着小说语言去读懂人物、读懂人物关系、读出小说的意趣和深旨，这不是不扣小说的基本要素，而是优化融合、灵活变通。“收藏家是幸福的人”牵一发而动全身，回答了三问，也就轻松完成了长文短教，并逐步深入探得了真章。

反思这节课的设计过程和实际上课效果，笔者再一次深深感受到：只有从学生的阅读体验出发、从学生的实际出发，才能找到课堂理想的切入点；只有让学生高度参与、充分体验，才能让课堂阅读教学真正促成学生的成长。

2. 案例研讨

一份“珍藏”的诞生

——记黄霞老师《看不见的珍藏》课例研讨[1]

每每参与各式的学科教研活动，听课环节总是重中之重，评课研讨往往显得有些单调沉闷。而无论对于授课者，还是前往学习的听课同行们，这样一个授课之后的研讨的安排是必不可少的。一个良好的研讨氛围也会增加活动的受益，引发更多的思考和教学中的实践调整。这次在常熟中学举办的“苏州市拔尖创新人才教育培养联盟 2019 春季课例展示研讨活动”就特意为课例研讨精心安排了时间和地点，让教师们在午饭和午休之后静下心来畅所欲言，而教研员专业精辟的主持与点评更加提升了评课的质量。

主持语文学科研讨活动的苏州市语文教研员徐雪明在评价江苏省苏州中学语文教师黄霞教授的小说《看不见的珍藏》一课时，主要从三个方面阐述。

第一，他赞赏了黄老师选择这篇小说文本时直面挑战的勇气。小说教学文本诸多，教法纷呈，也有所固化，黄老师可以选择更短小易操作且有着更多教学经验的其他小说文本，却因对这次教研活动的重视和对

[1] 此案例由苏州中学教师朱怡婷提供。

教学的纯粹热爱，选择了篇幅过万、较为冷门、授课重难点纷繁复杂的这一篇小说。若非对于职业的不断求索的精神，是很难有这样的决心的。

第二，他肯定了黄老师以有关“幸福”的主问题贯穿课堂的教学设计。在教学过程中，黄老师还致力于解答学生课前疑问，将其分布在整堂课的设计脉络之中，体现了新课标倡导的“以学习者为中心”课程精神，这是让学习真正发生的有效课堂。

第三，他也指出了黄老师这堂课在这次教学中的一个遗憾之处，对“幸福”的追问少了一层反问：收藏家的“幸福”是不是真的“幸福”？其实，在授课过程中，学生对“幸福”的理解并非是片面的，在黄老师的第二个“幸福”的问题的设计（收藏家为什么能“幸福”）中，学生已经分析到这份“幸福”实现的背后有诸多人的努力和坚持，就差一句总结和一层反思，“这份幸福是易碎的”的实质就能彰显出来。值得注意的是，每一个 PPT 上的“幸福”都是带着引号的，这难道不是一种暗示吗？所有的课堂总存在着各种遗憾，这带来了反思和改变，也成为课堂的隐形的价值。

在自由讨论的环节，听课教师也表达了自己的思考。这次的三堂语文课无论是教学内容还是教学设计都各不相同，评课教师比较了授课教师在设计课堂问题时的一些特色，黄老师也在自己的教学反思里诚恳地接纳了一位评课教师的意见：“在具体的某些问题设置上，开放性、包容性不够，没有真正激发学生的思维火花。”

其实不必过于求全责备，有些课程内容（比如创新课堂和一些探究性问题）是需要开放和包容地提问的，但并不意味着所有提问都需要达到这样的要求，否则每一节语文课都变成了学生们的百家讲坛，也少了潜心思考真正有意义的问题的机会，教师的引导作用也没有得到很好地发挥。黄老师在预习作业里的四个问题设计就有一定的开放性和包容性，如“小说中最打动你的地方是什么”“读完小说，你有什么疑问”，都是尊重学生的初读体验并以此设计教学的好问题。预设和生成是语文课堂永恒的矛盾，抛开课堂实际，一味谈生成，并不是语文课堂核心素养真正指向的。只有把握好其间的平衡，以巧妙的预设带动丰富的、有思维层次的生成，才能切实锻炼学生能力、迎来真正的以学习者为中心的课堂。

观看戏剧表演时我们会用“十年一刻”来感叹演出背后的艰辛，一堂语文观摩课的背后也有多少看不见的努力啊！作为黄老师的后辈，笔者只参与了部分黄老师搜集学生问题、设计教案、试上磨课和调整反思的过程，便已能窥知其中的辛酸苦乐，而在上课前夕面对学生对文本陌生和预习作业很少有人完成的情况，黄老师积极调整自己的教学设计并在课堂里放慢步调、暂时降低难度，给学生充分的时间去阅读文本。在研讨中她亦是虚心地反思自己的不足，呈现了一个真实而优秀的语文教师的精神面貌和职业素养。

就像黄老师在课的最后带我们去探寻的那样，茨威格在写《看不见的珍藏》时，是带着自己对昨日世界的深爱眷恋和不舍痛惜去塑造老收藏家的形象的，这份“看不见的珍藏”，是作者的隐微的自道。黄老师的课带给我们的思考的“珍藏”，也绝不限于课堂发生的当时和研讨结束之后，能看见的人自会看见。而所有的经历，构成了语文老师的“幸福”。

第三节　书院制的教育范式研究

（一）通识教育

强化通识教育是书院制教育范式的一个重要特征。为了避免分科过细的专业教育带来知识壁垒，书院制力图打破原有专业学院的划分，跨专业、跨领域打造融合课程，增加自然科学与人文社科的通识教育普及。不少学校开设了“通识课程必修、通识课程自由选修、名著课程、核心课程等基本模式”[1] 等通识教育模块，开设的课程“强调基础性和通识性，不反对分科但反对狭隘的学科观念；承认知识的工具价值，但反对片面地追求工具价值”[2]，以促进文理渗透、专业互补和个性拓展为通识教育课程的价值导向。此外，通识教育的实现除了开设显性课程外，新型书院制还充分利用生活区域空间塑造隐形课程，安排不同专业学生混合居住，可以促进文理交融，也在一定程度上改善学生的专业局限，拓宽学生的视野。

---

[1] 赵苍丽．新型书院制与人才培养创新［J］．江苏高教，2018（2）．

[2] 和飞，曲中林．肇庆学院书院制建设研究［M］．北京：高等教育出版社，2013：31．

苏州中学设立了道山书院（人文）、碧霞书院（艺体）、春雨书院（理工）、国际书院四大书院，充分挖掘校内外专业资源，邀请校内外有专业特长的教师，开设校本研修课程。学校根据不同的书院特色，孵化了丰富的课程基地，在此基础上构建了对应的课程群。学生可以选择不同的书院或者统一书院的不同专题，自主设计个性化的学习课程，汲取大学“通识教育”的理念，形成跨学科、跨学段的融贯人文与自然科学的立体化学习空间，为培养学生的多元跨界素养提供平台支持。

学校设立了三大课程基地：江苏省数理拔尖学生培养课程基地、苏州府学文学课程基地、卓越国际课程基地。数理拔尖学生培养课程基地培养优秀理科生，苏州府学文化基地则培养文科高精尖后备人才，卓越课程基地则是培养面向世界的外语精英人才。学校秉持“优质的学生需用最好的方法培养”的理念，用文、理、外语三类不同的课程基地打破普通高中以高考为主的教学教研，为不同学生提供最适合的发展通道，助力拔尖创新人才的个性化发展。

其中的“江苏省数理拔尖学生培养课程基地”成立于 2015 年，为学生主动学习、自主探究、师生共研、实践创新、学术交流提供平台，致力于培养学生成为大胆的质疑者、缜密的思考者、有创意的问题解决者及充满想象的开拓者。

在课程方面，数理基地基于“挑战”，设置有深度的课程，如学科奥林匹克竞赛选修课程群，“金牌教程”被评为第 2 届江苏省校本课程一等奖；基于“探究”，基地设置有层次、有趣的科学实验课程，如量子课程、物理创新实验、航模与智慧机器、数字实验化学、化学实验与实验化学、传统发酵与现代生物技术、生物组培等。

在设施方面，数理基地共设 4 个教室，分别是数学、物理和信息学工作室及未来教室，四周配置随手可取的学科类书籍，内容打通大中学段、横跨相近学科，为学习者提供无限延展。航空力学实验室、物理创新实验室、化学传感器实验室和生物组培实验室一应俱全，3D 打印机、无人机、DIY 航模等都是学生的玩具，引导学生通过科学研究、实验实证等方式，解决问题得出结论。此外，苏州中学与北京大学量子电子学研究所合作，建设了 240 平方米的量子馆，利用多媒体学习平台与实验平台科普量子理论，开设 16 个物理实验，包括 5 个近代物理实验和 11 个经典物理实验，是大学先修物理的实验内容，使学生不仅了解量子论的奥秘及其伟大作用，同时也能了解科学家们如何为解决实际科学问题而发展量子论，并利用量子理论来发展新的科技，由此激发大家学习物理与科学的热情。

（二）微型课题

我国古代书院通常兼有多重角色，由于书院山长往往由名师硕儒担任，他们在从事教学的同时积极从事学术理论研究，因此书院一方面承担着讲学育人的作用，另一方面承担着学术研究与文化传播的作用。研究者们指出，“历史上有名的书院都是当时的教育活动中心和著名学者进行学术活动的中心。著名书院既是人才培养和教学的基地，又往往是某一学派研究和传播学术思想的基地”[1]。而这两者之间又相辅相成，学术研究是书院教育教学的基础，书院的教育教学为学术研究提供新生力量，同时为学术研究成果的传播提供渠道。此外，在学术争鸣之风的影响下，不同书院往往有不同的学术取向，“许多书院的建立，并不在于传播已有的传统文化知识，而在于新学派的创建和传播”[2]。因此，现代书院制的教育不仅仅需要做好基础知识的传播，更要鼓励师生有所创造、推陈出新。

“学术型高中”是苏州中学的办学特色之一。1904 年 12 月 7 日，国学大师罗振玉废府学书院，创办江苏师范学堂，苏州中学新学历史由此启端。1927 年，为实现“教育救国”理想，著名教育家汪懋祖回家乡创办江苏省立苏州中学，并担任首任校长，他进行了一系列大刀阔斧的改革。汪懋祖担任校长 4 年里有诸多教育理念和实践举措，如聘请名师、鼓励教师编书、请知名人士演讲等。于是，一群在中国近现代史上赫赫有名的人物组成了苏州中学令人瞩目的教师“豪华阵容”：国学大师罗振玉、王国维、钱穆，南社创始人陈去病、美术大师颜文樑、语言学家吕叔湘、历史学家吕思勉、地理学家胡焕庸、教育家孙起孟、画家吴作人、戏剧家吴梅等都曾在苏中执教，蔡元培、胡适等名家亦曾到苏中讲学、授课。从苏州，走出了一大批蜚声海内的拔尖创新人才。

新时期，苏州中学在书院制育人模式下，不仅重视教师的科研参与

[1] 周景春，朱兴涛．中国书院教育的理念及其现代启示［J］．现代教育科学，2009（2）．

[2] 周景春，朱兴涛．中国书院教育的理念及其现代启示［J］．现代教育科学，2009（2）．

度，同时鼓励学生以团队为单位进行研究性课题学习，培养学生的自主合作探究能力。学校通过召开选题指导会、聘请专业人员召开讲座、配备指导教师等方式为学生提供必要的指导。同时，定期开展中期成果汇报、项目结题答辩等对学生的研究性学习进行过程监督与成果评估。在这个过程中，涌现出了“十二平均律上的全音符和”“鲁米诺的新法合成实验探究”等优秀的课题项目，而苏州中学学生李玘苏、王心喻等主持的“苏州地区‘户外图书馆’可行性操作流程”课题组代表苏州中学高二年级一百多个课题组参加了苏州市教育科学研究院举办的苏州市直属高中研究性学习优秀成果展评活动并荣获一等奖。

苏州中学学生蝉联四届苏州市青少年科技创新市长奖。2018 年，苏州中学学生卢欣旸荣获市长奖，指导教师徐惠荣获耕耘奖，苏州中学荣获摇篮奖。卢同学和研究小组的成员因地制宜，将苏州丝绸作为研究的出发点，以改善丝织品自修复性能为研究目的，在徐惠老师的指导下，开展了具有自修复性能的疏水蚕丝织物的研究性学习，并进一步将之完善为微型科研项目。他们采用环保并可避免蚕丝泛黄的过硫酸钾引发剂，在甲基丙烯酸十四烷基酯用量较低的情况下，接枝蚕丝具有良好的疏水及自修复性能。课题组撰写的论文已发表在《现代丝绸科学与技术》上，卢欣旸后被南洋理工大学录取，以下是他的获奖感言：

我的获奖项目是关于蚕丝防水材料的研究。这个项目是源于学校布置的研究性学习任务，我们研究小组在校园水池边讨论任务时观察到荷叶上滴水不沾，由此联想到生活中的防水材料。项目的主要实验是我们利用周末时间在苏州大学的现代丝绸国家工程实验室完成的。

这段科研经历让我受益匪浅。不仅学到了许多新的知识，而且对科研工作也有了更多的了解。希望在未来的人生道路中有更多机会感受科学的力量！也借此机会感谢苏州中学为我提供的科研平台及对我的培养，感谢指导教师徐惠老师的支持，感谢项目小组同学们的帮助，更感谢父母的养育之恩。

学校立足于提升学校的教育教学质量和品味，以教师的学术品质激发学生的学术兴趣，提升学生的学习品质，确立“科研引领全员参与、智力引进专业提升、课题依托推进教改、成果转化深化课改、智慧管理特色鲜明”五大教科研特色。在此基础上学校开展和有力推进了一系列创新项目，有效地激发了广大教师教育科研的积极性，增强了教科研意识和能力，进一步加快从“经验型”到“学者型”“教育家型”的转化，鼓励教师将教科研成果转化为课程建设与教育教学实践，将理论与实践相结合，为学生提供更多的学习选择，促进学生全面发展和个性发展，这些都取得了阶段性的成果。

（三）学生社团

学生社团是一种重要的育人资源，它因学生共同兴趣爱好、专业特长、学术取向或其他方面的追求而自发建立起来，是培养学生领导能力的主要途径，更是书院育人体系的重要载体。在全人教育中，学生社团体现着社团成员的价值追求，发挥着书院文化体系重要生力军及培育社会未来合格公民的重要作用。[1] 在现代书院制教育范式中，学生社团要以学生自发的成长需求为导向，围绕学生的个性特点和兴趣爱好，建设成为承载书院精神文化、促进学生自觉发展的良性平台。

社团是培养领导才能的实验室，在人才培养方面有其独特的价值。苏州中学为了丰富学生课余生活、满足学生个性化成长的需求，创设了模联社、辩论社、Single Bed 乐队，青春舞蹈社、沧浪文学社等丰富多彩的学生社团。苏州中学的社团采用了企业化的运作模式，将市场运作规律运用于社团的建设和发展，推行和完善企业化管理模式，在组织构建和日常运作方面都形成了具备一定规模、发展目标及高素质、高效率的“企业型”社团整体。苏中的创业社团都是由学生自发组建、自主管理、自聘顾问、自筹资金的，可以假设：社团是公司，社员是员工，社长是 CEO，骨干是经理，活动是产品，参与者是顾客，校园是市场，收获是利润，另外学生创业社团管理中心相当于工商局，学生社团指导中心是纪检委，依据《社管中心工作规范》开展工作，部门间既相对独立又广泛协作，并有管理和监督，充分实现“互助共赢”的局面。学生犹如涉足“小社会”，在中学阶段就能体会不同的社会角色和领导人角色，他们的学习不是纸上谈兵，而是在“做”中学，在“玩”中学。

此外，学生在社团中可以自主创办刊物，苏州中学学生创办的刊物有《苏中创业社团》《青果》《苏中学生报》《学生动漫作品集》《心声》，他们还可以自己制作音乐作品集、设计明信片制作纪念章，甚至

[1] 齐建立，茹超．书院制视阈下学生成长体系建构：以北京航空航天大学知行书院为例［M］//程海东，宫辉．现代高校书院制教育研究．西安：西安交通大学出版社，2016：139-143.

承办校内外各类活动。学生在“玩”中学，“玩”出了品味，“玩”出了档次。社团是学生未来发展的“生涯练兵场”，学生在这里摸爬滚打，这种经历让他们学到了许多课堂上学不到的知识，锻炼了未来个人发展必备的能力，当他们走出校园，踏入社会，他们就可以捷足先登，在未来的竞争中胜人一筹。

苏州中学在社团建设中成果颇丰，苏中校园里的90后们纷纷跳出应试教育个人奋斗的小空间，活跃于创业社团集体团队的大空间。他们主动发起成立苏州市高中社团联盟，自主举办苏州市舞蹈大赛、全国模拟联合国等。

2018年苏州市教育局主办的百团大赞·中小学生优秀社团（高中组）评选中，苏州中学Only One商社以社长演讲的形式，讲述了商社的传承发展和温暖人心的故事，凭借丰富多彩的活动展示和极具感染力的演讲荣获了苏州市十佳社团称号。

由外交部、教育部、共青团中央、中国联合国协会指导，外交学院主办的“青年携手·大道同行”2019北京国际模拟联合国大会（Beijing International Model United Nations）上，苏中模联社指导教师顾烨带领7名学生参加大会并取得不菲成绩。其中，林培元对于新能源汽车应用和未来城市与社区建设提出独到见解，获联合国经济社会理事会会场最佳代表奖。陈天宇在世界贸易组织会场中力促发展中国家和发达国家合作，对抗当今世界的贸易不稳定、不信任和单边主义挑战，获得最佳外交奖。同时，陈天宇凭借出色的论文表现，获得北京国际模拟联合国大会与吴建民基金会共同设立的“吴建民大使奖”，这是继李可言之后苏中学生第二次获此殊荣。

在北京举办的2017WCA中国魔方锦标赛中，苏州中学魔方社的资深社员张赟量在五魔方项目中以平均47.56秒的成绩获得亚军，并在初赛中以平均45.51秒和单次39.99秒的成绩分别刷新了五魔方项目的中国平均纪录和单次纪录。张赟量的五魔方排名因此上升至亚洲第二，世界第八。此外，魔方社还于2014年暑假举办了一场世界级的魔方公开赛，吸引了来自江苏、上海、湖北、黑龙江、海南等我国十多个省市的200多名选手报名参加，更有美国、加拿大的魔方爱好者不远万里而来。现场还有由世界魔方协会官方派出的代表团进行全程公证。比赛吸引了众多媒体的关注，《光明日报》《现代快报》《苏州日报》《姑苏晚报》

《城市商报》及苏州电视台等主要媒体专程采访和报道了本次比赛。

苏州中学天文社的丁乙同学，于 2019 年 12 月 8 日晚，在校园内观测并成功捕捉到了国际空间站凌月的影像，见证了一次相距 38 万千米的相遇。由于国际空间站在高度 400 千米左右的近地轨道以约 7.7 千米每秒的高速绕地运行，所以国际空间站凌天体的全过程通常只持续不到 1 秒钟，可见区域也仅是宽度两三公里的狭长地带，条件苛刻，观测和拍摄难度非常大，因此它几乎位于人造天体观测难度金字塔的最顶端。在全国的天文爱好者中，拍到过这一天象的人寥寥无几。

校乒乓球男队（黄笑词、孙钱恺）与女队（杜以舟、徐奕瑶）参加由苏州市乒乓球协会主办、苏州市市民健身中心承办的“七里山塘”杯 2019 年中小学生乒乓球比赛，在与全市中小学的 500 余名队员的激烈角逐中，最终斩获团体亚军的佳绩。

校春雨读书社的学生利用暑期开展了“走读苏州”特别活动。社员们以《姑苏食话》和《浮生六记》为阅读对象，选择书中的场景，将之作为主线，以自导自演的纪录片形式，勾连“书”和“姑苏”，把书中关于面馆、老街坊、昆曲、狮子林的描述立体再现，将阅读感悟与传承意识展现给更多人。

校沧浪文学社、根与芽社、钱穆国学社、诗词楹联社和 HI STORY 社举办了多届苏州中学汉字听写大会，受到了全校学生的广泛认可。

校 Epic 摄影社的学生主动承担校园各项赛事的摄影工作。在运动会后，社团还举办了以“侠”为主题的苏州中学运动会图片回顾展览。

（四）社会参与

我国古代书院重视学生对于书院公共事务的参与，学生可以参与书院的管理乃至教学。据记载，在古代书院制的组织架构中，除了主持的洞长、副讲与后勤职位外，其余管理人员如管干、典谒、经长、学长等皆从学生中选拔。学生进行自我治理，共同维持书院的日常运作，承担工作责任、实行民主监督，而非“两耳不闻窗外事，一心只读圣贤书”。在现代书院制中，培养学生的社会参与感和公民意识愈加成为育人的重要内容。以香港中文大学为例，各个书院特别建立了“非形式教育体系”，通过共同膳宿、做义工、领袖论坛等活动“培养对个人及社会的担当和服务意识，培育服务全球和引领世界的领袖精神，创造具有更加智性和心性的人生"[1]。

苏州中学秉承范仲淹"先忧后乐"的家国意识与社会担当，设立"先忧后乐奖"，用于奖励热心服务团队的优秀社团工作者、优秀志愿者等，鼓励苏中学子弘扬范文正公先忧后乐精神，培养服务他人与社会的天下胸怀。

学校常设图书馆、冬令营、招生考试、新生报到等青年志愿服务岗，为学生提供服务校园、服务他人的多种渠道。此外，苏中学子走出校园，以慰问敬老院、担任博物馆讲解等方式参与社会服务。

国际舞台上也有苏中学子的身影，李可言在2018北京国际模拟联合国大会中，以"人口流动与城市管理""大城市中的贫困问题"两个议题，荣获"荣誉提名"奖项及"吴建民大使奖"，入选赴联合国总部访学的名单。

第四节　书院制的教育实践案例

苏州中学书院制育人模式沿袭传承中国古代书院的优秀文化内涵和传统精神，主要倡导以下四个方面：

一是讲道德、重学问。学校以先贤所提出的"先忧后乐，立己达人"为校训之一，注重学生的身心修养和德操气节的养成，倡导学生要有天下胸怀，继承范公"先忧后乐"的高尚道德情操。

二是引导自主学习，注重对独立研究能力的培养。《苏州中学学生修养标准》提出了"苏中学生须勤修学业，尽心听讲，认真练习，并逐渐养成独立研究之能力"等要求，也提出学生培养目标之一是"终身的自主学习者和自我教育者"。

三是实行讲会制度，学术上自由争论、互相辩难。名人演讲在苏州中学教学活动中占有重要地位，旨在通过专家引领，激发学生在学业上的发展追求。

四是因材施教，师生互动共同成长。苏州中学的办学理念提出"让更多学生有更好的发展，以科学的方法求和谐的发展"，即让更多学生获得最适合自己的、公平的、优质的、自选的教育机会和方式，教师分

---

[1] 杨元建．香港中文大学书院制的特色及优势［J］．教育学术月刊，2020（4）．

别指导，充分体现因材施教的原则。

在重构生活空间方面，苏州中学还借鉴欧美高校住宿学院的特点，在通识教育、导师制、选修制及课余生活管理方面实践创新，以“书院”的形式纳入现代学校的内容，力求弥补现代学校教育的不足和缺漏。它的内涵价值主要体现在以下三个方面：

一是“贵”，即这是对现代中学办学模式的一种有益补充。书院提供的课程群让学生在学习国标课程以外能就自己的兴趣和特长，进行自主选择、主动学习、多样发展。

二是“特”，“特”在构建不同类型的书院。不同的书院有着各自的文化特色和内核，开设不同类别的特色课程群，采取因材施教的方式实施教学。

三是“重”，“重”在对书院精神的借鉴与弘扬。倡导师生情笃、自由研究、充分研讨、同辈互助。

书院的特色各不相同，但书院都具备四个核心要素：一个明确的教育理念和教育主题；一支关怀学生成长并具有较高教育理想的导师团队；一批自主选择，自愿进入书院的学生；一个能够满足学生自主学习和开展兴趣活动的硬件空间。

苏州中学的书院制育人模式力求做到四大转变：第一，教育观念的转变，从关注高考需求到关注人才成长需求，远置视线，远置目标；第二，课程的改变，从“千校一面”到量身定制，融通中西，融通文理；第三，教学方式的改变，从问题解答教学到问题研究教学，重在问题发现、问题探究、问题解决的过程；第四，学习方式的改变，从目标驱动学习到兴趣驱动学习，让学习回归、学习解放；第五，评价方式的改变，从传统评价体系到综合评价体系，强调跟踪和反馈；第六，管理方式的改变，从部门管理模式到项目管理模式，便于探索，便于统筹。

以碧霞书院为例，碧霞书院的艺术课程覆盖全年级，特点是菜单式、走班制。高中三年，每个学生都有专门的艺术课程，以选修和必修等方式接触到舞蹈、声乐、设计、作曲、油画、国画等多种艺术门类。学生自由选择班级和老师来学习不同的项目，而老师也会根据自己的特长授课。

2016 年 12 月 31 日，苏州中学艺术课程展演暨迎新舞蹈专场“那一年，我在苏中跳着舞”在学校来秀坊启幕，包括毕业生和在校生在内的表演者、学校领导、嘉宾及家长代表数百人参加活动。百余名师生献上舞姿，从优雅的芭蕾、灵动的民族舞，到帅气的街舞、韵律感十足的踢踏舞……毕业生、在校生用美丽的肢体语言展示了最美好的青春。此次活动的百余名参与者有艺术特长生、舞蹈社团成员，但更多的还是爱好舞蹈的普通学生，参与演出的往届生中，以 2007 届、2008 届、2009 届毕业生为主，最年长的，还有 1997 届的校友。毕业生施意曾说：

“到了大学，才感谢在母校无声息的浸润，让自己在各种学生社团、文艺活动中应付自如、游刃有余而又有自己的立场。总觉得最难能可贵的是，时隔多年再回想起自己的高中时代，不是厚厚的试卷和作业，而是在这里发生过的许许多多文艺的青春故事。”

类似的活动还有 2017 年 12 月 28 日的苏州中学管弦乐新年音乐会，毕业的社长、学长从世界各地回来，与在校学生共同演出。苏州中学不仅通过高雅艺术熏陶，提高学生审美，培养其鉴赏力，还努力培养学生的国际视野、世界胸怀。“看苏州”同步直播创下当天 8.5 万人观看的记录。

综上所述，苏州中学书院制育人模式是以解决基础教育面临的普遍问题（过于侧重应试的教育）为导向，依托学校“千年府学，百年新学”深厚办学文脉的基础与发展定位，为探索实践拔尖创新人才培养和普通高中教育改革与发展战略任务所开展的前瞻性教学改革实验项目。

苏州中学的书院制育人模式的实施路径是学校打造书院空间，为不同年级、不同选科、不同需求的学生及导师营造一个关系密切、有较多情感交流、学术互动的师生学习生活空间；以“面向全体、自主选择、高级研修”为宗旨，在课堂之外为学生提供四大书院课程群的学习选择和丰富的兴趣活动，学生在导师引导下规划教育路径，四大书院组织开展不同形态的校本研习，供学生自主选择学习路径。在书院制的课余生活中，学生通过参加通识学习、选修活动、自主学习、小组习练、讲座活动、社会活动、科研项目等进行深度的学习和体验。这些活动体验不仅是对培养学生的团队合作能力和组织协调能力等社会能力的有效探索，同时还是对培养学生人文素养、逻辑思维能力、创新能力、自学能力、解决问题能力和自控能力等个体智能的有效探索，以帮助学生进行准确的自我定位，更好地规划未来的教育路径。

【本章主要参考文献】

[1] 朱永新. 书院精神对于当代大学教育的启示 [J]. 江苏高教，1994 (2).

[2] 陈元晖，尹德新，王炳照. 中国古代的书院制度 [M]. 上海：上海教育出版社，1981.

[3] 赵苍丽. 新型书院制与人才培养创新 [J]. 江苏高教，2018 (2).

[4] 和飞，曲中林. 肇庆学院书院制建设研究 [M]. 北京：高等教育出版社，2013.

[5] 张传燧，邓素文. 自由自主：书院教育精神及其现代启示 [J]. 大学教育科学，2005 (1).

[6] 周景春，朱兴涛. 中国书院教育的理念及其现代启示 [J]. 现代教育科学，2009 (2).

[7] 齐建立，茹超. 书院制视阈下学生成长体系建构：以北京航空航天大学知行书院为例 [M] //程海东，宫辉. 现代高校书院制教育研究. 西安：西安交通大学出版社，2016.

[8] 杨元建. 香港中文大学书院制的特色及优势 [J]. 教育学术月刊，2020 (4).

第九章　书院制育人模式的评价研究

书院一贯以德行和学业作为两大考试内容。除了学业这个重心之外，很多书院都有对学生一贯品性的德行考核。书院有对先贤远大理想的追求，也因此设立的目标弹性较大，一般不对学生做硬性规定，提倡学生自觉自立。此外，书院考核除有具体、明确的考课时间要求之外，尤其强调每日的过程性评价。很多书院都有“日记”的要求，并且纳入考评范围。本章主要介绍书院制育人模式的评价研究，包括评价实施原则、评价机制研究、评价实施策略与评价实践案例。

第一节　评价实施原则

教育评价的原则体现着评价客观规律的指导思想和基本要求，规定了教育评价实践的方向性、科学性，对于评价的全过程、每一个环节，甚至技术性的处理都具有指导意义。同样，书院制的评价实施，也离不开一定的基本原则。

1. 方向性原则

当代书院制评价的实施，必须遵循的前提：一是符合社会主义新时代教育的性质、教育方针和教育的相关政策法令；二是符合教育发展、教育改革的方向；三是符合教育的客观规律和基本原理；四是要适合本地区、本校的实际。

2. 客观性原则

主要是指对评价内容标准化、规范化的要求。例如，在建立教育评价的分类指标体系时，就要求精确地限定评价所涉及的范围，按照统一的分类分级标准全面地反映评价内容。内容的分类，必须多类型、多因素、多层次，各种类型、各种因素、各种层次之间要确立权重比例。分类和权重都是人们某种价值观的体现，具有很强的主观性。但这种价值观又是一种社会的群体意识，是不以个别人的意志为转移的，因此又具有客观性。

3. 可测性原则

这是对评价指标的要求。评价精确化的基本手段是测量。教育行为和现象较为复杂，其中有可以量化的，有量化较为困难的，有无法量化的。对量化较为困难的，综合性程度较高、具有多质性的对象，须先定性描述与分类，再用模糊数学的方法来处理。对无法量化的指标，我们一方面要尽可能将目标转化为同质的包含数据特征的具体指标，另一方面则应努力寻求和创造新的有效的评价工具和模型。

4. 可行性原则

书院制教育评价工作极其复杂，工作量大，工作环节多。因此对某个地区、某个学校来说，应尽可能使评价方案和指标体系简便、实用、可行。有时可稍稍降低一些科学性，换取一些可行性。否则，评价工作就难以展开。[1]

第二节　评价机制研究

中国古代书院制模式的评价机制，主要有以下几个特征：

1. 注重每日过程性评价

书院的教学评价通过考课来实现。每个书院都会针对考课的时间、内容做出相应的规定。小至半月，如望洛书院规定“朔课作四书文一篇，经文一篇；望课作四书文一篇，余一篇或诗赋，或策论，相间命题”[2]；中至一月，如虞山书院规定“每月初三日，诸生会文余精舍、经房，儒学监会……每月初六日，孝廉会文于弦歌楼，本县亲阅”[3]；长至整个年度的考课安排，都有相应的规定。

书院考核除有具体、明确的考课时间要求之外，尤其强调每日的过程性评价。很多书院都有“日记”的要求，并且纳入考评范围。如令德书院详细地规定了全天的学习内容，并且要求“诸生各立札记一本，每日将所得及所疑各条书明原委，送协讲处加批，次日发还”[4]；南菁书院也规定“诸生每日读书，必治札记，月终录为一册，不拘字数多寡……日记为读书至善之法，于专门学尤关切要”[5]，并且要送至教习处进行评分等第。这种“日记”的形式，是考评，也是反思。这样及时地记录与自评，能够逐步把握正确的学习方式，掌握适合自己的学习策略。

[1] 彭钢，汪仁．教育评价的目的和原则［J］．江苏教育，1987（2）．
[2] 邓洪波．中国书院学规集成［M］．上海：中西书局，2011：84．
[3] 邓洪波．中国书院学规集成［M］．上海：中西书局，2011：260．
[4] 邓洪波．中国书院学规集成［M］．上海：中西书局，2011：75．
[5] 邓洪波．中国书院学规集成［M］．上海：中西书局，2011：277．

并且，师长对学生的日常评价和反馈注重时效性。有些书院要求师长对学生的日记进行及时的反馈，例如江东书院要求“以前日程，依序分日，定其节目，写作空眼，刊定印版，使生徒每人各置一簿，以凭用工。次日早，于师前试验，亲笔勾销。师复亲标所授起止于簿”[1]。

2. 考试内容具有弹性

书院和官学有不同的教学目标。官学的目的是培养各种封建统治人才，以供朝廷之用，甚至设置了专门教育行政机关和教育长官来管辖中央官学。官学的教育内容以儒家经籍为主，以四书五经为主要教材，虽然也有为科举考试而设置的学习内容，但较之官学而言，学习的内容更加宽泛且自由。

例如望洛书院规定，课文宜经书、诗古分校，“查经学为士子之根底，诗古学亦不可偏废……相间命题，各试所长，俾同归于有用之学等因”[2]，强调了除科举考试所需学习的科目之外的“诗古学”的学习；不过，在对生童的要求上，望洛书院也规定，“诗赋特游艺之一端，听各生童于专心举业之余随意涉猎，可不在考校之列等因”[3]，也体现了日常考校的弹性化。而娄东书院的要求则与望洛书院不同，认为“学诗者自当以成家为贵，不弟为科场计也”[4]，更加强调诗学的学习。

此外，尊经书院也规定“内课诸生，如能作赋，或按月一课”[5]，不做统一要求；诂经精舍也规定有分科制度，规定“凡课分经发题，傅以史学词章，诸生各依所习之经，自抒心得，不必兼经”[6]；象山书院也提出“不必专习时文，或治一经，或治一史”[7]，但“治经治史以有心得者为上”[8]，虽不规定具体的评价科目，但是注重自身的体悟和生发。

3. 注重自我管理与评价

胡适在《书院制史略》中，对书院制的自修与研究评价极高。他认

[1] 邓洪波．中国书院学规集成［M］．上海：中西书局，2011：171.
[2] 邓洪波．中国书院学规集成［M］．上海：中西书局，2011：84.
[3] 邓洪波．中国书院学规集成［M］．上海：中西书局，2011：84.
[4] 邓洪波．中国书院学规集成［M］．上海：中西书局，2011：258.
[5] 邓洪波．中国书院学规集成［M］．上海：中西书局，2011：212.
[6] 邓洪波．中国书院学规集成［M］．上海：中西书局，2011：315.
[7] 邓洪波．中国书院学规集成［M］．上海：中西书局，2011：695.
[8] 邓洪波．中国书院学规集成［M］．上海：中西书局，2011：695.

为，“书院之真正的精神唯自修与研究，书院里的学生，无一不有自由研究的态度，虽旧有山长，不过为学问上之顾问；至研究发明，仍视平日自修的程度如何。所以书院与今日教育界所倡道尔顿制的精神相同。在清朝时候，南菁、诂经、钟山、学海四书院的学者，往往不以题目甚小，即淡漠视之。所以限于一小题或一字义，竟终日孜孜，究其所以，参考书籍，不惮烦劳，其自修与研究的精神，实在令人佩服！”[1]

正因如此，在评价机制上，部分书院也于自我评价上做出了规定。程端礼在为江东书院撰写的《读书分年日程》中，不仅有对每日评价的严格要求，也提出了“自检束”的要求。“人若依法读得十余个簿，则为大儒也，孰御？他年亦须自填以自检束，则岁月不虚掷矣。今将已刊定空眼式连于次卷，学者诚能刊印，置簿日填，功效自见也。”[2] 肯定了利用日程表自我检查、评价的作用。在张伯行的《紫阳书院读书日程》中，也有类似的规定。“诸生每日看某经某书，自某处起，至某处止，必潜思玩索，身体力行。凡有所得，即记于是日课程之内。”[3]“今与诸生约：每日看史自某处起，至某处止，有所发明论断，悉书于后。”[4] 值得注意的是，此类自我评价通常都与每日过程性评价相关联。

此外，许多书院也十分重视在学生互相交流中进行自我评价与互相评价。例如证人书院设有会讲制度：“诸友就坐，司会者进书案，特于诸缙绅下设虚位二席，以待讲友及载笔者。另设一案于堂中，以待质疑者。司赞传云板三声，命童子歌诗。歌毕，复传云板三声，请开讲。在坐者静听，其有疑义，欲更端者，俱俟讲毕出位，拱而立，互相印证。”[5]“讲友”不仅要陈述近日所学，也要有质疑者发起质疑，互相讨论印证，从而互通有无。《共学书院会规》中，也有类似要求：“听各生自拈四书、五经中一义，至三章而止，再举儒先语录一二则，互相商榷。”[6] 这样的自由交流对话和相互质疑论辩，成就了意义非凡的学

[1] 胡适．容忍与自由［M］．苏州：古吴轩出版社，2019：74-75.
[2] 邓洪波．中国书院学规集成［M］．上海：中西书局，2011：171.
[3] 邓洪波．中国书院学规集成［M］．上海：中西书局，2011：253.
[4] 邓洪波．中国书院学规集成［M］．上海：中西书局，2011：253.
[5] 邓洪波．中国书院学规集成［M］．上海：中西书局，2011：401.
[6] 邓洪波．中国书院学规集成［M］．上海：中西书局，2011：514.

术交流机制，在这个过程中，学生能够充分地提升自我。

4. 注重课业、德行双重评价

书院一贯以德行和学业作为两大考试内容。除了学业这个重心之外，很多书院都有对学生一贯品性的德行考核。书院有对先贤远大理想的追求，也因此目标设立的弹性较大，一般不对学生做硬性规定，提倡学生自觉自立。例如白鹿洞书院要求学生“以阐道明理为宗，不以寻章摘句为业”[1]，目的在于“直接千圣之渊源，尽洗经生之固陋”[2]；从小的方面讲，很多书院也有具体的细则，例如若学生不尊敬师长、不尊重父母，就可能会有除名等的惩罚。

这样疏密并存、宽严并济的德行考核不仅给学生提供了阔大的修身指向，也能够在考核中提供比较强的操作性。正因为这样，一种疏密适度的德行考核制度的建立与完善成就了历代书院教育工作者所追求的目标，而这种追求也能为我们今天的德育提供一种良好的借鉴。

第三节　评价实施策略

（一）中国古代书院评价制度

1. 严格、详细的规章制度

古代书院虽然学习氛围宽松，但也十分重视对学生的管理。每个书院都有严格的规章制度，学习方法、道德要求、评价机制等方面都有一系列的规定。会规、条规、章程、规约、规例，林林总总，不一而足。

岳和声在《共学书院会规》中如此阐述规章制度的作用和意义

凡学必有约，凡会必有规。规以佐约，凛于王铁，非章程之为也。昔之主铎者苏湖斋、白鹿洞井井可得，而镜云顾始非不振奋，后稍愉也；科条非不罗生，实乃爽也。治众如治寡，修实不修文，书而一之，乃可以久。爰酌经费，订时日，而俾就讲就课者，无轶期，无逾武，无失口焉。不知礼，无以立。志会规第七。[3]

没有规矩，不成方圆，规章制度是立院之本，只有建立严格、完备

[1] 邓洪波．中国书院史（增订版）[M]．武汉：武汉大学出版社，2012：668.
[2] 邓洪波．中国书院史（增订版）[M]．武汉：武汉大学出版社，2012：668.
[3] 邓洪波．中国书院学规集成 [M]．上海：中西书局，2011：513.

的规章制度，才能有章可循，使得评价机制更有效率，更容易推行。

2. 明确的奖惩措施

有了规章制度，就应当有相应的奖惩措施。对于学生而言，奖励既是物质利益的直接获取，更重要的是对自身价值的承认；而惩罚措施不仅能够推动书院良性运转，而且能激发学生自身的反省能力，从而对自身行为进行修正，获得经验教训。若是只有规章制度而没有奖惩措施的话，制度就难以长久推行。

程方平在《中国书院复兴的当代价值》中提到，对于学有所成或有专长的士子，书院会提供食宿以招募其来书院学习交流，且有相关的奖惩措施以激励来者自主学习。当然，书院与官学相比还是有所放松的，程方平也提到，较之官学严苛的入学门槛和惩罚机制，书院虽也用各种规章来施行管理，但多是为了树立一种导向，体现为一种可选择的约定。[1] 但无论如何，许多书院都有针对学生的言行和成绩而颁行的奖惩措施，用来激励或者引导学生学习与修身。

大多数书院都有针对重大考试所推行的奖赏制度。例如文瑞书院规定："每月与外课生童官课两次。奖赏额数，临时酌定，其考取一等一名，奖赏制钱二千文，二名、三名各制钱一千五百文，四名、五名各制钱一千文，二等共若干名，各奖赏制钱五百文，三等无奖赏。……于每年开印后，由州署悬牌扃试，照额甄别录取。"[2]

有些书院则将奖惩制度同时写进规章中，并和州县合作，给予奖惩，如郭在铭在《尊经书院学规》中规定："如每课作文，蒸蒸日上，斐然可观，由县给奖，并致送书籍笔墨，以示鼓励。如一年之中，全不长进，则坐废资廪，振作难期，应于次年除名另补，免占定额，以阻后进。"[3]

另外，也有些书院针对整体学习情况推行"计分制"，例如南菁书院的章程中提道："诸生分班后之进退，以记分多寡为准。记分三事：一日记，二月课，三勤业，皆月一计之。日记分数取列超等者记五分，特等记三分，最优者酌加。月课分数取列超等者记三分，特等记二分，

[1] 成方平，王艳芳．中国书院复兴的当代价值［J］．中国地质大学学报（社会科学版），2016（5）．

[2] 邓洪波．中国书院学规集成［M］．上海：中西书局，2011：69．

[3] 邓洪波．中国书院学规集成［M］．上海：中西书局，2011：212．

超等前三名酌加。勤业分数，一月不告假者记二分，假五日以内者记一分。补习艺学各分数，俟与艺学教习商定。其有退分者，准以前积之分相抵，无可抵者降班，无可降者退居其班之末"[1] 详细规定了过程性评价的奖惩；豫章书院也规定了考试抄袭作弊的惩罚："若抄袭雷同，一次置末，二次罚跪，三次则须摈斥也。"[2]

3. 完备的师长监督

书院十分重视每日的过程性评价，在这个评价过程中，除了需要学生做自我评价之外，还规定了一系列完备的师长监督机制。例如《文瑞书院重订条规》中有"重师友"一条，着重强调了"由经管绅士确访品学兼优可为师法者，呈明州署，聘为山长，居住院中，朝夕督课"。[3]

对于师长监督的具体操作，有些书院也有明确的规定，例如明道书院有"师评法"一条："通看半月以内，自前及后。如敬功日进，则心、身、口过必日少一日，是敬胜也，即用朱笔于敬字下注一胜字。若怠日加，过日多，即用墨笔于怠字下注一胜字。若读书，半月按册背试，以验其生熟，看书则考问以验其精粗，著述则验其优劣，精、熟、优则以朱笔标圈其下，生、粗、劣则以墨笔标点其下。又吾人最重德行，不可妄许，必统观同人劝善规过簿，并日常相见察其言语动作无不相符，真是德行有进或大进或少进，用朱笔标记大、少字于进字上，否则或少退或大退，则用墨笔标之。学业、文艺则较为易见，其进退亦照此评记。"[4]

（二）书院制育人模式下的评价实施特征

1. 多样的评价机制

在教学管理的评价方面，教学处、校长室应对教学管理工作效果进行全面考评，例如，学校以每学期学生的考试成绩为主要依据，教学处统计分级考试结果，并对平行级部、平行学科、平行班级、平行教师之间的差异进行分析，进而做出奖罚处理。

在学生素养的评价方面，书院制育人模式下对于不同核心素养领域，四大书院拥有不同的评价方式。

---

[1] 邓洪波. 中国书院学规集成 [M]. 上海：中西书局，2011：277.
[2] 邓洪波. 中国书院学规集成 [M]. 上海：中西书局，2011：621.
[3] 邓洪波. 中国书院学规集成 [M]. 上海：中西书局，2011：69.
[4] 邓洪波. 中国书院学规集成 [M]. 上海：中西书局，2011：844.

人文素养领域的道山书院倾向于论文评价与史料编辑。在常规课堂上，道山书院设置阅读研讨课，并且引导学生进行课外拓展性阅读及个性化阅读；最终会通过阅读摘评、撰写随笔的方式对阅读能力进行考评。在拓展活动上，对于学生的人文素养培养的考评会反映在各种读书报告会、辩论赛及古诗词大赛等比赛，以及全国各项作文大赛上。学校还设置有校本选修课，如王羽的创新写作课程、闵凡军的古诗词创作与欣赏课程、程振理的国学基础选讲课程，都会采取作文创作、论文撰写的方式进行考评。

科技素养领域的春雨书院倾向于考查学生设计方案、撰写实验报告与参加各种学科竞赛的能力。在研究性学习活动中，选择科技类研究方向的学生需要进行实验研究、观察比较，最后形成开题报告、中期报告及获得最终的结果，学校有专业教师进行研究报告的考评。在校本选修课程的设置中，春雨书院设有数学、物理、化学、生物、信息竞赛课程，培养数理拔尖人才，2018 年至今，春雨书院在学科竞赛中取得了比较优秀的成果，例如，刘金禹荣获 19 届亚洲物理学奥林匹克竞赛金牌、吴雨桐在数学学科竞赛获得全国一等奖等。

身心健康领域的碧霞书院倾向于学习成果的展览与展评。碧霞书院坚持探索校园心理，设置多样课程、推进丰富活动，每年举办心理剧大赛，每个班级负责撰稿、排练，最终得到“一台戏”的成果；每年在省市的艺体比赛中，学生也取得了优秀的成绩。另外，学校还有比较完备的身心健康评价体系，例如，在高一年级推进的学生生涯测评，可视化的数据呈现能够让学生寻找到自己适合的职业领域。

国际发展领域的国际书院倾向于参加各种各样的活动、竞赛，关注学生最终的升学情况。

2. 注重过程性评价

在日常班级管理方面，学校会对各个班级学生每周、每月、每学期的学习、纪律、卫生等情况，对班主任的管理工作进行评价，并形成平行的考核信息，以便对比分析，也便于实现点面结合，保证考核评价结果的公平公正，调动了教师参与教学实践的积极性，优化了年级组的管理效果。

在学习活动中，书院制模式也十分强调过程性评价的作用。例如，语文学科中，在推进课外阅读活动时，每周会撰写摘评与阅读反思；每月交流读书心得、抽查读书情况；定期举办读书讲座；每学期也会举行全校性的读书分享活动、举办诗词大赛等。这样，在终结性评价之外，书院制模式也拥有了短期的、动态的、高层次的学习过程，对教师教学方式的改变与学生学习方式的改变有良好的推动作用。

3. 注重自我管理与评价

苏州中学有完备的学生组织机构，分年级设立学生会。学生组织是学校日常管理与文体活动筹备中的重要力量。如例行卫生检查、组织校园原创歌曲大赛等。此外，学生对于学校部分事务享有建言献策的权利，以提升学生参与公共事务的意识与热情。如苏州中学高二年级一名学生向学校提案，建议增设更多类别的体育设施。

另外，书院制模式希望能够培养学生自主学习的能力，创设宽松的教育环境，提供给学生自主发展的时间和空间。在此种教学环境下，学生对于自我的评价也是丰富且多样的。例如，2017 届刘君达在学习之余坚持天文观测与研究，在青少年科技大赛中获得一等奖与省长奖；周天行在科普科幻作文大赛中荣获一等奖；在研究性学习中，在学生自主探究下，经过长时间的探索与努力，学校涌现了一批视野广阔、立意深刻的课题。

第四节　评价实施案例

案例：基于课外语文“活阅读”与“活评价”摭谈[1]

语文教学的根本指向，是让学生更好地学语文。学语文的路径有很多，但总的来说，是要让学生走进生活世界，而不是整天坐在教室里刷题应试。对学生而言，课外语文才是生命自觉成长的活水之源。相对于课堂模式的程序性学习，课外的“活阅读”更能彰显学生语文学习的激情。那么，课外语文“活阅读”都有哪些形式呢？我们又该怎样对课外阅读进行“活评价”呢？笔者结合自身指导学生课外阅读实践谈一谈粗浅的认识。

---

[1] 此案例由苏州中学语文组教师程振理提供。

1. 课外语文“活阅读”的基本形式

陈鹤琴先生曾倡导“活教育”，指出学生要“读活书、活读书、读书活”。学生是生活的主人，也是阅读的主人。生活是活的，学生是活的，学习对象是活的，阅读的过程与方式自然也应该是活的。通常情况下，课外语文的“活阅读”有如下几种形式。

一是自主型阅读。这是一种完全任由学生自主自为的阅读形式，其主要特征是随意性、开放性、无目的性。学生可以不讲究阅读的时间和地点，也不用讲究阅读的书目和内容，更不用讲究阅读的过程和方式，甚至想读则读、不想读则不读。这样的自主型阅读，其实就是学生日常的阅读生活状态。正因如此，这种阅读并非死的阅读，而是鲜活的阅读。

北京市2013年高考语文学科状元孙婧妍曾写过这样一段话：

读书的目的不在快、不在多，而在于从书中汲取营养，在于通过整个阅读过程修养一颗宁静而富有感知力的心灵。培养细水长流的读书习惯无疑更为重要。我从在小学学会选择正确的书开始，阅读的动作在十年里从来没有一天间断过，我读名著、读国学经典、读诗歌、读历史、读哲学文学的理论、读时事。如果没有纸质书就用电脑、手机，每天短则二十分钟，长则十余个小时。只有当你抱着学习的心态去品味、去研究、去思考甚至去质疑书本时，它于你才算得上有意义。

可见，自主型阅读就像人的呼吸一样，每天吸取自然灵气，久而久之积聚着生命的正能量，其最直接的影响便是潜移默化地提升着学生的语文综合素养。如果孙婧妍只注重课堂阅读，而不是十几年如一日地坚持课外博览群书，定然是考不出148的高分来的。然而，自主型阅读的目的又不仅仅是为了考个高分，而是要从根本上提升自己的生命质量和人生价值，这恰恰是课内的“死阅读”难以做到的。

二是任务型阅读。所谓任务型阅读，即教师为了拓展学生课堂阅读的视野，有意识、有目标、有要求地给学生布置课外阅读任务，让学生在课外时空里自主进行拓展阅读。这种阅读形式并不是很受学生的欢迎，因为它不仅占用了学生的课余时间，而且还必须上交所谓的阅读笔记等作业。但是任务型阅读也有其优势，尤其适用于尚未养成良好阅读习惯的学生，即紧密配合了学习进度，避免了学生乱抓乱挠、漫无目的地低效阅读。当然，任务型阅读只是对学生课外阅读内容提出了规定性要求，在阅读时空和方式上却仍有较大自主空间，因而并不属于“死阅读”，而是一种定向的“活阅读”。

例如，学生即将学习宋词《雨霖铃》，为了让学生加深对词作内容的理解，教师布置任务让学生课外搜集并阅读柳永的资料，结果课堂上就有学生汇报了阅读成果：

柳永不像李白、陶渊明那样求政不得而求山水；不像苏轼、白居易那样政心不顺而求文心；不像孟浩然那样躲在终南山里而窥京城；不像诸葛亮那样虽说不求闻达，但暗暗积聚内力，一遇明君便出山建功立业。他是另一类的人，他先是以极大的热情投身政治，碰了钉子以后没有像大多数文人那样转向山水，而是投向了市井大众，那里成就了他的文名，成就了他在中国文学史上的地位。柳永是经过宋仁宗、宋真宗二朝四次考试才中了进士的，这四次共取仕916人，其他915人都顺顺利利当了官，有的或许还很显赫，但历史早已把他们忘却，只有柳永至今仍被人们铭记。

任务型阅读往往带有鲜明的目的和要求，因而相对来说也更加有效。基于对柳永身世经历的熟知，学生更易于走进《雨霖铃》的意境之中——凄清的气氛，客情之冷落，风景之清幽，离愁之绵邈，完全凝聚在这画面之中。此种阅读，于课内语文学习而言，常常收到事半功倍之效，是课外阅读不可或缺的重要形式。

三是主题型阅读。这是一种半开放式的阅读形式，为了达成某个阅读指向，教师给学生提出了方向性、主题性的课外阅读要求，但也给予了学生更大的自主选择空间。例如，为了落实高中学生课外名著阅读的要求，也为了应对中高考对名著阅读的考查，同时也为了提升学生的语文综合素养，教师可分阶段地引导学生阅读《红楼梦》等四大名著，并不具体规定阅读内容和要求。学生按照老师的计划建议，自主安排课外时间，有进度地推进四大名著的阅读，学生可自选角度进行深入探究，定期举办阅读汇报交流会，展示学生阅读心得成果。

例如选读《红楼梦》的学生，有的评论史湘云：“心直口快，开朗豪爽，爱淘气，甚至敢于喝醉酒后在园子里的大青石上睡大觉；身着男装，大说大笑；风流倜傥，不拘小节；诗思敏锐，才情超逸。”有的认为晴雯“除了敢于嬉笑怒骂的坚强反抗性格外”，在“勇晴雯病补孔雀裘”“俏丫鬟抱屈夭风流”中又表现了真率、热情和勇于助人的品质，是贾府丫鬟中最光辉的形象之一。有的探究《红楼梦》中的细节描写，“在细微之处见执酌，读起来令人如饮陈年老酒，回味无穷”。还有的学生从刘姥姥看贾府命运，认为第 39 回相当要紧，刘姥姥是信口开河，情哥哥偏寻根究底，正是在这里曹雪芹借刘姥姥讲故事名义信口开河，背后却隐含了荣府真事，暗示了黛玉之死的详情。

相对来说，主题型阅读既远离了完全放任学生的漫无目的式的自由阅读，又不至于像任务型阅读那样带有较强的功利色彩，也易于激发学生的阅读兴趣，因阅读而带来的素养提升与积累也颇为明显。当然，无论是自主型阅读、任务型阅读，还是主题型阅读，均有其优势和价值，教师在引导学生进行课外阅读时，当视时空背景、学生条件与育人需求而定。然而最紧要的一条是，均不可误将学生引入“死读书”的泥淖之中，而应极力引导学生“读活书、活读书、读书活”，积极推动课外语文步入“活阅读”境界。

2. 课外语文“活评价”的多元机制

课外语文阅读显然比课内阅读鲜活多了，然而又该怎样对课外阅读进行“活评价”呢？针对不同的课外阅读形式，必须采取相应的评价方式。即便是同样形式的课外阅读，也可以采取灵活多样的评价机制。通常情况下，课外语文的“活评价”有以下几种方式。

一是自主式评价。自主式评价往往通过学生口头汇报、随笔感言、填写问卷等形式来实现，是学生对自己课外阅读收获的一种心得小结。自主式评价的内容不仅是关于语文知识的，也可以是关于语文素养的，甚至可以是关于人生成长意义的。譬如有学生阅读《士兵突击》后写下一段收获感言：

许三多的成长经历让我明白一个道理，即人不是做出来的，而是活出来的。虽然人人都有自己对待生活的态度和所选择的生活方式，但“做”和“活”是完全不同意义的两个词。“做”有一种做作假装的意味，这是一种我们普通大众常常自以为是的生活方式——活给他人看。而“活”却是人的一种本真状态，体现着自己的价值倾向和对自我生活的认知，这是一种梭罗在瓦尔登湖边的生活方式，以及凡·高、陶渊明式的生活方式——活给自己看。因而我阅读《士兵突击》的收获是，与其选择如何做人，不如选择活得精彩。

当然，同样阅读一部《士兵突击》，不同的学生也会有不同的收获感言。比如有的学生会感慨“人不能过得太舒服，太舒服就会出问题”，有的学生认识到“不抛弃、不放弃，是一种人生选择，更是一种信念和意志”，有的学生体会到“人生的有意义就是要好好活，好好活就是要做很多有意义的事”……透过这些学生的“自主式评价”，我们看到了学生课外阅读收获的丰硕成果。

二是合作式评价。合作式评价包括生生合作式、师生合作式、家长参与式。生生合作式又包括同桌合作式、抽签结对式、小组合作式等。这些评价形式既可以单独组织，也可以联合组织、综合运用。相对于自主式评价而言，合作式更趋向于“活评价”。

例如笔者曾组织学生进行课外开放式阅读，并尝试编写“非传统型课文”，即参照现行教材的形式，更新语文教材的内容——精心选择另类时尚、新颖促读、高雅实用的鲜活素材，编写非传统型课文。所选素材形式不拘，凡生活语文之体皆可入选，如流行歌词、祝福短信、广告语、卡通漫画脚本、获奖感言、娱乐时评、主持词、微电影脚本、颁奖词，等等。既可以独立阅读选编，也可以合作阅读选编。完成之后，各人或各组将选编成果在班上进行多种形式的交流与评价。

在对“非传统型课文”选编进行评价时，学生兴趣高昂、热情高涨，有的学生对自己的阅读选编成果沾沾自喜，有的学生主动与同桌交流互赏，有的小组开展组内评价，有的学生主动请教师参与评价，还有的学生课前或课后请家长分享阅读实践成果……评价形式是多元的，评价机制是灵活的，然而所有学生，都通过这样一项阅读和实践活动，收获了课外阅读实践的成果，收获了课外语文学习的快乐，收获了语文课堂以外的另一种幸福。

三是汇报式展评。汇报式展评包括读书汇报会、板报展评会、手抄报展演、名著阅读大赛、读写知识大赛等形式。具体来说，就是组织有主题、有标准、有评比的学生课外阅读汇报会或相关比赛，以此全面检查学生课外阅读状况并进行评优颁奖的活动形式。其优势是有利于激发学生积极阅读、勇于参赛的热情，促进学生在“比赶帮超”的活动中完成课外阅读。

例如，笔者所在学校为精心打造书香校园，形成“阅读经典、享受人生”的浓郁氛围，以培养学生的阅读兴趣和能力为核心，探索课内外、校内外两翼并举的“大阅读”教育模式，面向全校学生开展了“与经典同行，享书香人生”阅读活动。主要活动形式包括“诗文诵读”（学生进行课外阅读并积累新课标指定的古诗文篇目），“走进名著”（学生利用课余时间，认真阅读新课标指定的中外名著），“活动促进”（学校安排每周1节阅读指导课、1节阅读欣赏课，每学期组织举办1次校园读书节、读书交流报告会、读写大赛等活动），“评比表彰”（学校每学期评选一次“书香班级”“青年阅读家”），等等。

组织诸如此类的课外阅读活动，校方通常要营造良好的读书氛围，激发学生的阅读兴趣。比如在校园和各班教室悬挂一些关于读书的名言，广泛利用黑板报、橱窗、广播介绍读书经验，推荐好书，宣传名人的读书故事等，多渠道激发学生阅读兴趣。还要充实学校图书馆，建立班级图书角，举办“跳蚤市场”等活动，让学生的课外书籍合理流动。教师还需对学生加强读书方法的指导，每学期和学生一起阅读本学段规定的必读书目，指导学生做读书笔记，组织学生写读后感，开展师生或生生阅读体会大讨论。必要时，还需要家长的密切配合。

除上述评价方式以外，还可以组织学生制作名言书签、自办阅读手抄报、编演课本剧、举办故事会和名著推介会、改编连环画，点评欣赏佳作等，尽可能选择学生喜欢的汇报和评价方式，尽可能通过形式多样的“活评价”，让学生在自主参与的过程中个性得到充分发挥，让学生在生活化的阅读实践过程中自然发展多元智能。

此外，课外语文的“活阅读”与“活评价”并不是彼此独立的两张皮，而是应该有机地融为一体，努力织就一张“活阅读”与“活评价”的网，即在“活阅读”中进行“活评价”，在“活评价”的引导中开展“活阅读”，或者边开展“活阅读”边进行“活评价”，切实让“活教育”思想引领课外语文阅读和评价，切实在“活阅读”与“活评价”中对学生进行“活教育”。[1]

【本章主要参考文献】

[1] 彭钢，汪仁. 教育评价的目的和原则 [J]. 江苏教育，1987 (2).

[1] 程振理. 课外语文“活阅读”与“活评价”摭谈 [J]. 中学语文论坛，2016 (3).

［2］邓洪波．中国书院学规集成［M］．上海：中西书局，2011．

［3］胡适．容忍与自由［M］．苏州：古吴轩出版社，2019．

［4］成方平，王艳芳．中国书院复兴的当代价值［J］．中国地质大学学报（社会科学版），2016（5）．

［5］程振理．课外语文“活阅读”与“活评价”摭谈［J］．中学语文论坛，2016（3）．

第十章 书院制育人模式的实践价值

第一节　价值追求

1. 以人为本

书院开展讲学讲会，进行学术争鸣，都体现了“尚知”的价值取向，但知识是有限的工具，而不是最终的目的。现代书院制依然要回归到“育人”这个根本的出发点与落脚点，顺应人的发展规律，尊重人的个性特点，满足人的发展需求，这是书院自由自主精神的实质指向。我国著名书院研究专家李才栋先生指出，古代书院是以人（山长）而不是以课程为中心的。“书院教育所营造的宽松环境，所倡导的自由自主、怀疑批判、开放创新精神，所追求的以道德涵养、人伦申扬为旨归的教育目的”无一不体现着“对个体德性的深切关照乃至对生命的终极关怀”。[1] 这种“以人为本”“人文化成”的精神实质和价值选择，是现代书院制应该继承与坚守的育人底色。

2. 德育为先

古代官学教育偏重培养经世致用的政治人才，而书院教育当仁不让地承担起人格与道德的培育任务。古代书院秉承儒家“德育为先”的教育理念，力图培育学生“内圣外王”的仁义道德理想和对现世的终极关怀。研究者们指出，这种“德育为先”的育人理念实际是为培养圣贤之人提供学识基础与德性保障，这也是书院教育更高的人生价值追求。而这种教育理念，主要是通过“强调明人伦的课程设置、强调日用伦常渗透、强调环境浸润渐染、强调学生道德实践来贯彻的”[2]，以此实现传统道德价值体系的个体化。

3. 全人教育

一方面，书院制育人模式倡导“人的成长的完整性，注重身体、道德、智力、视野、知识和技能等方面的全面成长”[3]；另一方面，除了人各方面的发展以外，书院制育人还力图打通专才教育和通识教育的固有界限，均衡教育目标，实现个体在知识技能层面的全面发展。如上

[1] 田建荣．现代大学实行书院制的思考［J］．江苏高教，2013（1）．

[2] 吕耀怀，杜华伟．古代书院个体德性培育及其当代启示［J］．甘肃社会科学，2012（3）．

[3] 杨元建．香港中文大学书院制的特色及优势［J］．教育学术月刊，2020（4）．

文所述，书院以正式课程与非正式课程的双重形式将通识教育渗入专业教育中，配合完全学分制和公共生活空间，开展大类选课教育与跨学科的学术与文体活动，鼓励不同专业背景的学生互相讲习、互为“小老师”。书院制育人模式在尊重学生个性化发展的同时，促进文理渗透、专业互补，建立更为多元广阔的为学视野与生活境界，最终促进学生的全面发展。

4. 自主问学

书院制育人模式尊重学生的主体地位与自主能动性，重视学生学习的内驱力，提倡“去教师中心化”，将学生的自主问学视为关键的价值追求。教师的作用主要在于提纲挈领地讲授与适时地答疑与启发，帮助学生学会读书、学会质疑。在此基础上，学生按照书院的学程规定，结合自身个性特点与发展需求，自由组织学习活动，通过学、问、思、辩，切己体察、知行合一，增进学识、涵养精神。在整个学习过程中，学习行为由学生主动发起，并由学生自觉地进行监控与调节。

5. 思辨批判

由于古代书院本身承担了学术研究与理论争鸣的角色，重视思考与质疑，“不唯书，不唯上”始终是书院的精神之一。朱熹曾说“读书始读，未知有疑。其次则渐渐有疑。中则节节是疑。过了这一番，疑渐渐解，以至融会贯通，都无可疑，方始是学”[1]。因而现代书院育人模式也特别强调学生要有怀疑精神和问题意识，知识不是作为既定的静态产物被传授给学生，学生在学习过程中要勤于思考、善于提问；敢于批判、不畏权威，特别鼓励异质观点的交锋，让思维参与真正地发生。

6. 亲师取友

导师是书院的灵魂，香港中文大学新亚书院的学规提及“每一个理想的人物，其自身即代表一门完整的学问；每一门理想的学问，其内容即形成一理想的人格。你须透过师长，来接触人类文化史上许多伟大的学者”[2]。书院导师以其专业的教育、人格的引领、精神的熏陶、文化的渐染，对学生产生自然的感召。师生之间并非迫于权威的规训与服从，学生亲其师、信其道，彼此形成一种超功利的平等“共舞”关系。

[1] 转引自张传燧，邓素文. 自由自主：书院教育精神及其现代启示［J］. 大学教育科学，2005（1）.

[2] 钱穆. 新亚遗铎：第2版［M］. 北京：生活·读书·新知三联书店，2005：2.

同时，现代书院制育人模式中，同辈群体应该被视为宝贵的学习资源而非竞争对手，学生通过日常交谈与思想争鸣，从其他求学者身上取长补短、完善自我。

第二节　理论创新

追溯苏州中学“千年府学、百年新学”的办学渊源，书院制育人模式可至宋安定胡瑗先生，正如曾担任过省立苏州中学校长的邵鹤亭先生于1937年学校的科学楼新建成时所写的《科学馆兴建记》中提及“我校学术研究之轨迹，上可追溯至宋安定胡先生，代代相接，生生不息。直可谓根深叶茂，源远流长者也”。

江苏省苏州中学所在地曾建过苏州府学，1035年，北宋名相范仲淹捐宅办学，开吴地风气之先；1713年，清代理学家张伯行在此地创设紫阳书院，择所属高才诸生肄业其中，让“对话研习、合作实践、分类指导”的书院精神在苏州生根发芽。1904年，江苏巡抚端方扩建江苏师范学堂，苏州中学“百年新学”由此发轫；1927年，教育家汪懋祖组建苏州中学，高举学术治校之大旗，“以号召教师之研究，诱发学生之研究”，承续书院传统，大力发展学术型高中，罗振玉、王国维、钱穆、吕叔湘等名师曾在此执教，其教育教学模式与书院制有极深的渊源。在百十余年新学发展过程中，苏州中学不仅以“名人掌校、名师执教、名人辈出”著称，而且形成了苏州中学独特的个性特质和创新文化氛围：学术、开放和自由。为探索新时代背景下拔尖创新人才的培养路径，学校在原有的20届中科大少年班、国际班、匡亚明实验班、西交大少年班、伟长实验部等实验项目实践探索经验的基础上，提出开展书院制育人模式的实践探索。

苏州中学书院制育人模式的理论创新在于：

1. 转变人才培养模式

从过去的学科教学转向人的教育；从单一的国家课程转向多元个性的校本课程、生本课程；从纯粹的高中教学转向高中与大学的衔接教育，为学生终身发展奠基。

2. 引导学生自主规划人生

有助于为学生多元发展、个性发展提供适合的平台和可选择的课程，引导学生认识自我、反思自我、发展自我，进而自主规划人生，独立给自己的生命赋予意义。

3. 培养民主自治的公民意识

主要表现在对学生自治意识的培养，进而培养学生的公民意识。各书院自行制定章程，依据章程确定管理形式，民主选举产生管理机构。书院内各项事务均由学生自主管理，以此培养学生主动参与、沟通协商、承担责任、民主监督、自我管理等意识和能力。

4. 提升合作能力和创新精神

全校各级各类事务，广泛推行项目制。学生志愿认领学校的项目，以校园为社会，以实践为老师，培养其动手能力、合作解决问题能力及创新精神，并在此过程中形成“选择—承担”的良好意识。

5. 促进评价方式的改革

从单一学业质量评价到多元评价，包含道德评价、身心评价、审美评价、创新评价、合作评价等，以评价方式多样化促进学习方式的多样化和个性化。

6. 形成正确的教育质量观

帮助学生摆脱功利主义学习，形成正确的教育质量观，有助于倡导老师站在育人立场进行教育；有助于引导社会改变陈腐落后的教育质量观，站在人本主义立场上形成全新的教育质量观。

总而言之，为培养学生自我管理能力，激发其关注并解决身边公共事务的热忱，苏州中学借鉴欧美寄宿学院制与中国古代书院概念，特别是通过对苏州中学历史上紫阳书院的研究，并结合现代教育学、心理学、社会学进行了系统的理论建构，致力于提高学生面向未来的必备品格和关键能力，助推学生的终身发展。进而推进“校园文化、课程体系、培养模式”三位一体的书院制育人模式，在书院建设的实践中摸索重构中学生生活空间的合理方式。这种从实践中来再到实践中去的创新，未来可以辐射到更多的学校和更广的区域。

第三节　实践经验

1. 书院制育人模式的组织建设

苏州中学的书院制育人模式通过在校园内设立四大特色书院，重在以教师的学术发展引领学生的学业发展。四大书院的建设实施以项目制方式开展，并将其定位为“课程教材开发、课程教学实施、学术研究和师生共同发展的孵化器”。其中，书院所开展的“普及·兴趣·特长”课程群的开发、组织、管理和服务，是一种新型校本课程创新组织管理的实践探索，通过书院建设项目，整合各方资源，构建书院课程体系，开展“导师制、选课制、走班制、学分制”等的教育教学实践研究。

学校设立道山、春雨、碧霞、国际四大书院，分别侧重于人文、科学、艺体、国际四大发展领域。书院选聘国内外享有盛誉的优秀校友代表或高校教授、知名学者担任荣誉院长。

各大书院以项目制的方式开展各项工作，并设立了四个任务组。

一是书院课程开发建设项目组。由相关领域的专家教授、名特教师、骨干教师等组成导师团队，做好书院课程群的顶层设计，选编相关课程标准、实施方案和校本教材等，并在使用中根据课程教学反馈不断改进完善。选拔品学兼优的学生，形成导生团队，协助导师开展活动和日常管理。书院课程群的建设开发，以国家课程为基础，结合国学、史学、文学、哲学、数学、科学、技术、工程、艺术、心理、体育等学科，整合校内外课程资源、专家资源，围绕书院课程群的建设实践、书院课程学习、空间建设使用等方面展开研究实践，实施人才的多元化培养。

二是书院群落规划建设组。建设书院课程实施空间，并将书院建设成为一个多功能综合体，是集课程专题教室、动手实践场所、专业图书馆、主题活动区、师生交流社区、创想讨论区等为一体的立体化的学习生活空间。

三是书院课程选修实践组。依托教学处落实课程选修，融目标、资源、教学、评价为一体。通过强化国家课程的校本化实施和书院特色课程的选修实践，着力培养学生的核心素养，加强培养学生创新意识和创新能力；通过在书院课程实施空间的学习实践，开展课题研究、行动研究，借助工作坊、小组学习、导师制等形式，提高学生自主学习能力、独立研究能力、小组合作能力等；鼓励有共同兴趣爱好的学生组成研究社团，自主选聘导师，开展项目式研究；鼓励学生深度学习，跟随相关领域的教授从事课题研究活动，成为相关领域的后备力量；组织开展各种学术及文化艺术活动，促进学生文理渗透、优势互补，鼓励不同兴趣爱好与特长的学生互相学习交流，建设学习生活社区，鼓励学生开展社团活动，促进学生个性化发展。

四是书院制课题研究项目组。收集整理过程性素材，具体开展书院制育人模式的理论研究和实践研究，推进教学方式变革。

2. 书院制育人模式的空间建设

校园学习与生活空间的建设，是践行书院制育人模式需要最先完善的物质基础。学校依据书院制育人模式的要求对学校的学习生活空间进行进一步的规划和改造。建设书院实体，提升学校育人文化氛围，整合育人空间，形成道山、春雨、碧霞、国际等书院。

道山书院，是由靠近苏州文庙一侧的图书馆、道山亭、尊经阁等整合而成，主攻国学和史学、文学和哲学等课程，着重培养学生的人文素养、家国情怀和必备品格。

春雨书院，是由量子馆、梦工场、实验室等整合而成，主攻科学和技术，着重培养学生的科学素养、创新精神和实践能力。

碧霞书院，是由来秀坊、体育馆、运动场等整合而成，主攻体育和艺术，着重培养学生的审美素养、身心健康和爱好特长。

国际书院，是由三元楼一楼等场地整合而成，主攻国际课程，着重培养学生的国际素养、国际视野和领袖能力。

例如，道山书院充分发挥已有的图书馆、道山亭、尊经阁及邻厢苏州文庙等人文资源的教育教学功能，以道山文史课程基地建设为抓手，结合对泮池边的道梦空间等的改造，融汇道山教育文史研究会、紫阳学社、沧浪文学社、国学社、诗词楹联社、红学社等社团，建设实施道山书院人文类课程群，着力培养融通传统文化、融汇西方理念、践行学做合一、对接生活世界的复合型人文英才。

例如，春雨书院，涵盖两个省级课程基地，即数理拔尖学生培养课程基地、梦工场——STEAM 课程中心。课程基地建设总计投入一千五百万余元，在建设实施过程中联合高等院校和科研院所，校本化建设实施课程群，致力于培养具有“大胆质疑、缜密思考、问题导向、开拓创新”特质的数理拔尖学生，引领学生开展学术研究、科技教育和科学研究活动，为学生发现自己的兴趣所在提供可选择的课程、可实践的场所、可交流的平台，孵化培养更多具备数理特长和良好科技素养的青少年人才。在服务课程教学的同时，为学生提供对相关教学设施设备、动手实践平台、课程资源平台、网络交互平台、系列专业图书自主阅读区、学术研讨区等基础设施设备的使用练习，为学生的创想和创意设计变为现实提供动手实践的机会，为学生的主动学习提供各种便利服务；为师生、生生的交流研讨及成果展示提供各种平台，支持师生、生生之间主动学习、实践探索、交流探讨、观摩展示等活动的开展。通过近两年的建设实施，取得了阶段性成果，两个省级课程基地分别在 2017 年和 2018 年的省级视导检查中获评为“江苏省优秀课程基地”。

苏州中学除了开展四大书院空间实体建设外，同时兼顾对整个校园书院文化氛围的营造。学校修建“希文楼”，将场所分区域布置成各具特色的阅读交流空间、学习研讨空间、社团活动空间等，纸质化和信息化阅读并存，学生可以方便地查阅各种书籍资料，同时满足个别交流、小型聚会、阅读与茶歇、学术研讨等活动的需要。同时，学习空间不局限于教室内，而是延伸到走廊甚至校园，随时随地学习，打破时间与空间的障碍，并且与校园自然生态空间进行联结。如，校园内的木桌、长椅、咖啡吧等基础设施，可就餐、可自习的食堂，全覆盖的无线网络，供个人或小组进行自主合作学习，乃至于修缮“交叉小径的花园”，赋予花园文化哲理的意味，为师生建设富含书院味道的学习生活空间，打造具有独特文化内涵的书院学习生活环境。

3. 书院制育人模式的课程架构

苏州中学始终认为，课程改革是实施素质教育、培养学生核心素养的重点工程，丰富的校本选修，为学生个性化地成长与发展提供了可能和机会。学校通过书院制育人模式下的课程开发、实验与挖掘，通过课程改革建设多选择、个性化、高水准的书院课程，加大学生特长培育力度，激发学生的内在动力，注重学生的分类指导，注重过程管理、目标管理、个体管理，落实因材施教，实现立德树人的目标。

四大书院的课程以“基于整合”“基于探究”“基于挑战”为原则，“基于整合”意为设置有灵气的课程，打破学科藩篱、跨越学科边界；“基于探究”意为设置有兴趣的课程，注重培养学生的学术兴趣、学术探究和学术表达的能力；“基于挑战”意为设置有深度的课程，如大学先修系列课程、学科竞赛系列课程等。

书院制育人模式不同于学生常态学习的“普通班”通识培养模式，而是依据个性进行培养，以四大书院、4 个学习领域、7 个科目、16 个专题，跨班级、跨年级实施选修，融目标、资源、教学、评价为一体，为学生提供丰富的、可选择的百余门课程。

学校根据时代发展需要和学生发展需要，结合道山文史课程基地、数理拔尖学生培养课程基地、梦工场——STEAM课程中心等课程项目的建设推进，不断培育新的课程群和课程学习模块。通过书院课程体系的建设，融合苏州中学、有关高校和科研院所、校外课程基地的教科研资源，联合校内外导师，兼顾普及与提高、学习与实践、探究与研习、活动与竞赛等，满足不同学生的学习需求，努力让更多学生有更好的发展。

4. 书院制教与学模式建构

项目组梳理有关于书院精神、书院教育、书院式教学实践的研究成果，结合学校千年办学文脉、学校长期对主动学习教育模式的实践探索经验成果，对书院式教学的理论体系形成了相对清晰的认识。“书院式教学”是一种以书院精神为引领、以“教师之研究，诱发学生之研究”“主动适应每一个学生的成长需要”等为教育理念、以学生的差异性和自主性为基础、以情境浸润和师生对话为主要形式的教学范式。通过自学生疑、合作研习、师生对话、迁移达用、反馈评价、巩固辅导等为书院式教学的基本环节，梳理出需要通过书院式教学去突破的几个难点：学生自学生疑的价值度、师生对话的深入度、教学反馈的利用率。

以书院式教学的六个基本环节（自学生疑、合作研习、师生对话、迁移达用、反馈评价、巩固辅导）为基础，结合不同学科的特点，探索具有学科特征的书院式学科教学模式，结合学科特点，探索不同学科在采用不同形式的情况下所呈现的独特价值与差异。

第四节　成果推广

1. 构建以良好的师生互动为前提的导师制

书院制提倡以师生互动为前提的导师制。学生的中学阶段特别是高中阶段，不仅是在学习方法上有极大转变的时期，也是人生观、世界观、价值观形成的重要时期。学校为学生配置导师团队，让学生自主选择和整体协调，不仅配备学科教师、班主任教师和学校管理人员等，给予学生学业指导、生活辅导、心理疏导、职业导航、人生规划全方位的指导与帮助，还为有特殊专长和兴趣的学生配备校内专业导师和校外特聘导师，组建导师专家团队，为学生的个性化发展提供更多的指导，努力“为每一个学生创造主动发展的无限空间”。

导师制授课方式更为灵活多变。书院制育人模式下，导师上课的空间不拘泥于传统的教室，还延伸到文庙、尊经阁校史馆、图书馆、实验室、课程中心等学习场所，利用校内的其他生活空间，如宿舍、操场、草地等校内设施，也扩展到校外的博物馆、高校、科研院所、校外课程基地等场所，倡导个性化辅导或小型沙龙的交流，以利于师生互动。

导师制促进师生之间建立民主、平等的和谐关系。师生注重情感交流，是共同探求学问的志趣相同者，师生间不拘泥于学科和科目，进行开放与平等的对话，激发学生积极主动地发展，为学生的全面成长创造良好的条件。

书院制育人模式提倡以教师的学术引领学生的学业，以教师的发展促进学生的发展，以学生的发展砥砺教师的发展。近三年来，苏州中学不仅在国家级各类竞赛活动中脱颖而出，助力学生获得更多的如北京大学、清华大学等著名高校的保送、自主招生资格，也为如北京大学“数学英才班”“中国科技大学少年班”“创新试点班”等项目提前输送人才，为学生打下扎实的学术研究基础；而且在人文、艺术、体育、学生社团、社会实践等领域都有不俗的表现，充分体现了学生的多样发展、个性发展、特色发展和特长发展。

2. 构建学生自主学习、深入研究、主动发展的学习模式

书院制育人模式注重培养学生的自主学习能力。学校尊重学生自我选择的权利，尽可能地提供学生自主发展的时间和空间，创设和谐、宽松、民主的教育环境，激发学生内在的学习需求，有目的、有计划地组织和规范教育活动，促进学生全面素质的提高，从而把学生培养成为具有自主性、能动性、创造性的，进行认识和实践活动的社会主体。

具体通过以下方式保障学生的自主学习、自由发展时间。

第一，倡导教师把属于学生的时间还给学生，把属于教学的时间用足用好。具体表现为严格控制学生在校活动的总量，提高单位时间的教学和学习的质量和效益；同时为学生提供学习方法、时间管理、学业管理、自主管理、生涯规划等方面的指导；同样重要的是，将课内课外结合，以课堂教学为主，开展各类可供学生自主选择的课程群、综合实践

和社团活动，在这过程中提供各种展示的机会和平台，给学生机会发现自己的特长兴趣，让学生从中获得更多的成功体验，最大限度地激发学生的内驱力，充分调动学生的学习积极性、主动性和创造性。

第二，融合目标激励机制、德育育德机制、课程整合机制、环境优化机制、评价调控机制、对外开放机制等，为学生的主动学习提供有力的保障。鼓励有共同兴趣爱好的学生组成研究社团，自主选聘导师，开展项目式研究；鼓励学生深度学习，跟随相关领域的教授从事课题研究活动，成为相关领域的后备力量。在这一过程中，教师起到组织学生学习的作用，学生能够经过探索自己解决的问题，教师绝不代劳；学生遇到疑难问题时，教师不轻易否定，而是适时给予鼓励、启发和引导，让学生品尝寻找正确思路或者方法的愉悦感，养成积极探索的习惯，帮助学生养成批判性、创造性思维，从而具备跨学科视野，学生主动接受并有能力驾驭高度自主化的探究学习方式。在这些有力的保证之下，学生再建构个人学科多元视野，并发展某一领域的专长且为之持续努力。

3. 创设自主管理生生互动、学长帮扶学习平台

书院制育人模式以自主管理为原则，以研究性学习、自主研修、合作探究为主要的学习方式，要求学生通过参加社会活动和科研项目进行深度学习。书院制的学习是具有充分自主空间的学习模式，以自我选择开始，又以学生学习过程中的体验和发现为本。在书院制育人模式下，每一个学生都充分拥有科学选择和规划自己的未来路径的自由。

书院除了是志趣相投者共同的学习平台以外，还是其共同生活的场所。在书院之下，学生的成长不局限于学习知识，更在于全方位生活化的能力学习。苏州中学的书院制建设通过创设各式学术性组织和学术团体，如创业社团、学术社团、研究性学习团队等，打破固有的班级、年级和学科的限制，学生可以采取学长制、生生互动研讨合作的方式，与共同志趣的学生相互扶持，相互砥砺，互通有无，共同进步。

以社团建设为例，苏州中学通过学生创业社团开展“创业教育”，提出了“要学会创业，先学会创社”的理念，以培养领袖和创业素质为目的，将学生创业社团作为孕育领袖和创业者的摇篮。运用“创社”来进行“创业”的演练，以模拟企业运作的方法，巧妙地将领导力和创业能力的培养提前到中学的社团活动中来。将“法人”概念引入学生创业社团，每个社团都要经过规划、申请、自筹经费、审核、注册后才能成

立，然后按照“公司模式”运行，社团“面向市场”，自主盈亏、适者生存。学生在开展活动中，自己摸索，自己“创业”，学会请律师、签协议、依法行事，学会建立财务制度、理财和廉政，学会社交、合作和协调，学会处理危机，学会策划、组织、运营和寻求发展。苏州中学的学生创业社团普遍采用利用会费或以社会资助形式解决运营经费问题，同时，校方通过评选优秀社团、开展重大活动等形式给予社团一定的奖励资助，甚至不少学生创业社团都寻找到长期合作的独家赞助商。

值得一提的是，苏州中学的社团换届的运作机制也是相当独特的，独特在于即便其各届社员所展现的面貌，所代表的价值观大相径庭，其核心社团文化仍然能够得以传承。以辩论社为例，前辈们通过学术培训，经验分享使得新生们无时无刻不浸润在演讲的氛围和哲学的熏陶之中，身体力行、言传身教，最终达到很好的效果。

总之，苏州中学书院制育人项目以书院制改革为抓手，以构建优质的学生生活空间为导向，通过项目的推进，在吸收知名高校书院制改革成功经验的基础上，探索符合中学教育规律和特点的“书院制育人模式”，以学生生活社区为依托，开发与现有课程体系有机融合的书院特色课程，开展通识教育，着力践行以自我管理为主的学生管理体制改革。努力建设“具备对话世界能力的学术型学校”，成就一批学术性教师，即学者型、专家型和教育家型教师，将学生培养成终身的自主学习和自我教育者。

书院制对学生实施“属地化”管理，按照学生的住宿地点或者课余从事研修或实验的主要地点，将学生归入道山、春雨、碧霞、国际四大书院，由书院进行统一管理。通过“书院式教学体系”构建，重组学校的教学方式和课程体系，逐步形成以分层、分类、个别化为主要特征的书院式教学体系及相应的课程资源，为提升学生的核心素养、提高课堂教学质量做出有益探索。

【本章参考文献】

［1］程海东，宫辉. 现代高校书院制教育研究［M］. 西安：西安交通大学出版社，2016.

［2］朱永新. 书院精神对于当代大学教育的启示［J］. 江苏高教，1994（2）.

[3] 谷贤林. 导师制·午后茶·住宿学院与一流大学的人才培养[J]. 比较教育研究，2003 (9).
[4] 邓磊，杨甜. 古典大学文化生活的现代续延：英式住宿学院的缘起、承继与启示[J]. 高等教育研究，2013 (9).
[5] 赵苍丽. 新型书院制与人才培养创新[J]. 江苏高教，2018 (2).
[6] 和飞，曲中林. 肇庆学院书院制建设研究[M]. 北京：高等教育出版社，2013.
[7] 朱为鸿，李炳全. 大学文化视域的书院制理论建构[M]. 北京：高等教育出版社，2013.
[8] 田建荣. 现代大学实行书院制的思考[J]. 江苏高教，2013 (1).
[9] 吕耀怀，杜华伟. 古代书院个体德性培育及其当代启示[J]. 甘肃社会科学，2012 (3).
[10] 杨元建. 香港中文大学书院制的特色及优势[J]. 教育学术月刊，2020 (4).
[11] 张传燧，邓素文. 自由自主：书院教育精神及其现代启示[J]. 大学教育科学，2005 (1).
[12] 钱穆. 新亚遗铎：第2版[M]. 北京：生活·读书·新知三联书店，2004.

第十一章　书院制育人模式的研究展望

本章反思了书院制育人模式的实践，包括书院制与现代学制的融合、由点及面的实际推进、综合评价方式的系统建构、教师理念的更新与积极参与等方面。并结合新时代教育发展形势与立德树人根本任务要求，进一步实践探究以书院制实施拔尖创新人才培养的新途径，并对书院制的后续研究与未来构建进行了前瞻性展望。

第一节　实践思考

在梳理“书院制育人模式的实践研究”的过程中，我们清醒地认识到，这是一项艰巨的学校特色品牌建设的系统工程，不可能一蹴而就，我们的研究实践工作才刚刚开始。在书院制育人模式具体实践中，以下难题有待进一步突破。

一是如何有机融合现代学制运行模式，创新实践模型。书院制育人模式的实践研究应尽可能减少管理上的叠床架屋与“少慢差费”，努力“多快好省”地创新实践模型。

二是如何由点及面地推进实践研究。书院制育人模式的实践研究，目前主要集中在点上，如实验项目、校本选修、竞赛课程、自主学习指导、综合实践、研究性学习、社团活动、省级课程基地，以及泮池边的道梦空间建设等方面开展实践和研究，如果要从点扩大到面，推广实践研究，需要更大范围地动员力量，鼓励更多教师积极参与。

三是如何制定个性化评价方式。想要解决这一难题，需要进一步结合江苏省新的高考招生方案，不断改进评价方式，充分应用信息化技术手段，不断提高个性化评价水平。

在今后的实践研究中，我们将继续在深水区尝试，破浪前行。

一是结合江苏省高考招生改革工作，进一步实践探究以书院制实施拔尖创新人才培养的新途径。

二是抓住学校创建高品质示范高中这一契机，将书院制课程体系项目作为学校创建江苏省高品质示范高中的特色建设项目进行深入的实践探索，进一步完善物化实验环境和课程架构，深入推进课程教学改革。

三是与国内外高校建立更多的联系与交流，共研新时代背景下拔尖创新人才的培养模式。

第二节　研究展望

1. 优化书院制校园文化空间的建构

校园文化空间是一种隐性教育力量，它对学生有着潜移默化的影响。校园文化空间润物细无声的力量往往不被重视，通过空间环境的建设，提高自身的文化氛围，是古代书院给予我们的一种启示，自然和人文景观特色相得益彰，文景结合，通过嵌碑立石、命名题词和匾联语录等形式，体现对风景文物的保护、历史人物的纪念、学术渊源的追溯的充分重视，其教育理念和修身之道从中凸显，书院处处有寓意，绿化布局和局部装饰皆带有典故，营造了一种“如入芝兰之室，久而自芳”的境界。

可见，校园文化空间是一种能够在不知不觉中帮助学生养成良好的思想品德的隐性教育，让学生在文化环境的耳濡目染下接受教育，对学生学习科学知识和提高人文素养具有重要的作用。

优化书院制的校园文化空间一方面要注重打造高品位的物质文化环境。校园物质文化环境主要指学校里由学习和生活设施构成的物质环境，包括学校的建筑风格、布局形式、园林绿化等外在方面，这些设施环境是学生学习和生活的物质基础，同时又通过其丰富的人文精神和视觉美感积极影响学生的学习和其人文素质的培养。正如杜威曾在《民主主义与教育》一书中指出，教育离不开良好环境的支持，教育必须结合环境的作用。学校物质文化建设应该注重一砖一瓦、一草一木间的灵气、精气，营造赏心悦目、统一合理的建筑格局。另一方面，要重视建设具有人文气息的精神文化。书院文化的核心是其精神文化，包括学校的教育理念、学习氛围、人文气质等，而书院精神文化的外在表现形式可以具体到学校的校名、校歌、校训等。学校的精神文化建设要充分借鉴书院的发展和教育理念，选取适合的教育方法开展人文活动，借此熏陶学生的人文精神。在书院制建设中应不断创新文化传统，保持生命活力，构建具有鲜明特色的文化传统体系。

2. 彰显自由开放的学术氛围

书院制建设应彰显自由开放的学术氛围，不拘泥于一家之言，广泛吸纳、学习各家学术思想充实自身。戴震被梁启超誉为“前清学者第一人”，钱大昕用“实事求是，不主一家”来评价他的治学态度，他在研究四书五经的同时，还在哲学和近代科学领域也颇有建树。当下，我们处在一个新思想、新学科、新知识和新主张层出不穷的科学技术快速发展的时代，古代书院治学精神是我们应对这个充满变化的时代时不变的追寻，在学术研究过程中，这种精神帮助我们具备良好的洞察力，准确分辨各种“新学”的真伪，客观地面对不同的主张和观点，具有兼容并包的胸怀，虚心、真诚接受正确的观点，独立分析和比较，吸收他家之精华，丰富本家之学说。

现代书院制模式下仍应大力开办学生学术论坛、学术沙龙等活动，培养兼具学术研究和实践能力的复合型优秀人才。这也是古代书院治学精神给我们留下的启示，正如古代书院从宋代的“会讲”到明代的“讲会”，都是邀请社会知名人士或者学术大家进行讲学，倡导学术争辩和学派交流，书院之间的会讲一方面充实了各个学术派别，另一方面促进了学术的发展，营造出了百家争鸣、百花齐放的学术氛围。所以，今天同样需要充分鼓励和发扬学术民主，才能使广大师生更加积极主动地投入到学术研究中，才能使学校的水平不断提高。

学术交流活动的实效性同样重要。师生在交流之后吸纳真知灼见并加以总结，激发自己的灵感和思路，有所收获的学术交流对学生而言才是有意义的，继而才能将其应用到学术创新之中。尤其是对于当今时代的中学生而言，积极参加各种学术交流活动可以充分开拓自身的学术视野，融会贯通地使用各种学术观点、方法、经验和信息，使知识和信息交叉组合，真正成为敢于独立提出自己的创见和科学假设的新时代人才。

3. 进一步优化书院导师制的建设

建设导师制理应关注师生共同发展，落实导师相关制度保障，从而保证导师制在教学方式上的因材施教，教育内容上德智并重，教育环境上的宽松、自由氛围的实现。

首先，关注师生共同发展，意味着建设导师制应坚持以人为本的原则，强调导师和学生平等交流，尊重学生个性。导师制的主体是导师和学生，其是否有实效关键在于导师对学生发展的影响程度。导师的首要任务在于培养学生，通过言传身教，为学生提供一种生活和思想的方式。同时，导师在与学生的互动交流中实现教学相长，促进自我发展。导师制以此调动人的积极性和主动性，关注师生共同发展。

其次，落实导师相关制度保障，这是导师制要想取得实效的前提。一方面，需依赖制度保障增加导师对书院的归属感和认同感。导师只有对书院有强烈的认同感，才会主动维持良好的师生关系，营造自由宽松的学术氛围。另一方面，导师制需要足够的经济保障。为了使导师能够全心全意投入到对书院学生的培养中来，理应解决导师的经济方面的顾虑，为导师提供优厚的报酬和舒适的环境氛围等。同时要保障导师的研究经费，导师在科研方面为学生提供经费支持，有利于加强师生的自觉性和主动性，满足双向需求，实现共同发展。

4. 优化书院制的科学评估体系

书院制应以学生为中心，通过政策的实施和资源的投入，让学生积极主动地参与到书院的各项教育活动中来，学生只有全面地参与书院的学习和生活，才有可能在不同维度获得最大限度的发展。在这方面，可借鉴全美大学生学习性投入调查（The National Survey of Student Engagement，NSSE）和学生发展理论，结合苏州中学书院的实际，初步构建书院质量评估体系理论框架，以期对书院的教育过程做出客观、科学的评价。

书院质量评估体系理论认为：① 学生参与程度（学生在有效教育活动中所投入的时间和精力的多寡）直接影响学生的发展；② 校园互动一方面通过影响学生的参与程度促进学生的发展，另一方面直接影响学生的发展；③ 学生的发展分为知识基础的强化、参与意识的提高、生活体验的丰富、学生归属感和集体主义精神培养等四个维度。

具体来看，书院质量评估体系由三个维度、九个指标构成：

（1）学生参与程度：包括第一课堂学习参与（做课堂笔记、参与课堂讨论、做课堂汇报、跨班选课、与跨学科同学讨论等）和第二课堂活动参与（主要为参与各种社团活动、科研竞赛、文体活动、社会实践、公益活动和讲座论坛等）。

（2）校园互动：与专业导师、辅导员、朋辈之间在学业、生活、工作、情感等方面的互动交流，即包括师生互动、辅导员互动、朋辈互动等多种互动类型。

（3）学生发展：涉及知识层面、意识层面、体验层面、归属感层面、精神层面等多个层次，如知识基础的强化（整合跨领域的学科知识，改善学生知识结构，拓宽学生知识面，发展学生多方面智能）、参与意识的提高（住宿式生活、导师制辅导下学生参与意识的积极性和主动性）、生活体验的丰富（学生对校园环境保护的支持力度和活动丰富性的满意程度）、学生归属感和集体主义精神培养（学生对班集体、社团、学校等的归属感和认同感）等。

总之，苏州中学书院制项目建设以人才培养为中心，关注学生的全面发展。书院制项目自身的发展和改革是一项庞大而系统的工程，面临着价值取向、组织结构、导师制、质量评估等一系列复杂的难题，需要在长期实践中不断探索、总结。为此，苏州中学将以高品质示范高中建设为契机，全力推动书院制育人模式向纵深落地与创新发展，全面培养新时代社会主义的建设者与接班人。

【本章主要参考文献】

［1］王雁冰. 中国大学新型书院研究：基于大学书院案例分析［D］. 苏州：苏州大学，2014.

［2］李晓娟. 中国传统书院文化及其当代教育价值研究［D］. 西安：长安大学，2013.

［3］王炳照. 书院精神的传承与创新［J］. 华东师范大学学报（教育科学版），2008（1）.

［4］陈谷嘉. 中国古代书院教育理念及人文精神再论［J］. 大学教育科学，2006（3）.

［5］李兵，朱汉民. 中国古代大学精神的核心：书院精神探析［J］. 中国大学教学，2005（11）.

［6］唐亚阳，陈厚丰. 中国书院精神之探析［J］. 湖南大学学报（社会科学版），2005（6）.

［7］张玉蓉. 宋代书院办学特色述评［J］. 重庆交通学院学报（社会科学版），2004（3）.

［8］浮梁县地方志编纂委员会. 浮梁县志［M］. 北京：方志出版社，1999.

［9］姚柬之，骆文光. 临漳县志略备考［M］. 刘尚华，黄浩，整理点校. 台湾：成文出版社，1968.

［10］苗春德．宋代教育［M］．开封：河南大学出版社，1992.

［11］梁丽娟．剑桥大学［M］．长沙：湖南教育出版社，1990.

［12］张正藩．中国书院制度考略［M］．南京：江苏教育出版社，1985.

［13］江青松．科学教育与人文教育［M］．合肥：合肥工业大学出版社，2006.

［14］郝平，程建芬．创新与挑战：世界名校鉴［M］．北京：北京大学出版社，2001.

［15］钱穆．文化与教育［M］．桂林：广西师范大学出版社，2004.

［16］周雁翎，周志刚．学院传统与牛桥导师制［J］．清华大学教育研究，2011（6）．

［17］金耀基．大学之理念［M］．北京：生活·读书·新知三联书店，2001.

［18］亚伯拉罕·弗莱克斯纳．现代大学论：英美德大学研究［M］．徐辉，陈晓菲，译．杭州：浙江教育出版社，2001.

［19］SOARES J A. The decline of the previlige：the modernization of Oxford University［M］．Stamford：Stanford University Press，1999.

［20］陈平原．老房子：大学精神的见证人与守护者［J］．建筑与文化，2007（5）．

［21］朱红．高校学生参与度及成长的影响机制：十年首都大学生发展数据分析［J］．清华大学教育研究，2010（6）．

［22］陈琼琼．大学生参与度评价：高教质量评估的新视角：美国“全国学生参与度调查”的解析［J］．高教发展与评估，2009（1）．

后 记

卫 新

全国教育科学“十三五”规划教育学类课题“基于核心素养的书院制育人模式的实践研究”（课题批准号 BHA160149），自 2016 年申报立项并实施研究，至今已有六年了。

对于苏州中学而言，书院制育人是有着丰厚的历史积淀和文化传承的。无论是 1035 年范仲淹在此创办的苏州府学，还是 1713 年张伯行在此增建的紫阳书院，都始终带有书院制育人的鲜明特征。

今天的苏州中学，以提升学生核心素养为目的，吸取古代书院精髓，融合英美书院精粹，开展现代书院制育人模式探索，这一探索起始于张昕校长的顶层设计，后经周春良等多位校领导接力推动，通过近几年的实践与创新，取得了一定的阶段性成效，以此凝成了这本书。

书的背后，是一代代苏中人的精神传承与实践积累，是一个个科研课题的项目实验与不辍探索，是一场场专题会议、主题研讨与课堂展示，是四大书院和若干个课程基地建设的平台支撑，是苏中全体教职员工的默默奉献与辛勤付出。

这本书只是一个阶段小结，书院制育人的探索与实践，相对于新时代高品质示范高中建设和教育高质量发展要求而言，还处在“从道山到珠峰”的攀登过程中，未来的路还很长，仍需做好进一步的研究与实践。

在精神传承上，不忘源头，将府学书院精神融入现代书院生活，让范仲淹“先忧后乐”思想、周敦颐“莲花品格”、顾炎武“天下兴亡，匹夫有责”等府学书院精神，成为新时代苏中人的精神标杆，他们将躬身实践“大学境界、天下胸怀、奋斗精神”，切实做到习近平总书记所说的“培根、铸魂、启智、润心”。

在书院建设上，回归本来，将书院制育人空间建成学习型社区，集课程学习空间、社团活动空间、师生文化空间和生活实践空间于一体，合力打造教学相长、师生从游的多功能“书院场”，全面对接教育部“强基计划”及国家人才选拔需求。

在育人机制上，把握当下，将大学先修项目融入基地课程群，实践“贯通培养”新样态，优化书院制课程体系，全面落实“立德树人”根本任务，培养具有创新思维、创新品格、创新能力和科学素养、人文精神、艺术修养的“阳光少年”。

着眼未来，科技发展对于书院制育人既是挑战，也是机遇。身处“互联网+”时代，后续书院制智慧校园的建设将重点打造学校“大脑”，把大数据分析运用于教、学、管、测、评的全过程，努力开创数字化书院教育新格局。

此外，作为江苏的、中国的、亚洲的、世界的一所学校，还需融通外来，将校际联盟与国际联通融入高品质示范高中建设，构建以“中国灵魂，世界眼光，国际理解，深度融通”为特征的“地球学习村”，让苏州中学成为一所“具备对话世界能力的学术型学校”。

苏州中学是一代代苏中人的精神故乡，是“耕道得道，学山至山”的“道山”，是莘莘学子心中向往的“千年书院”，泮水长流，文脉不息，它始终如苏州中学首任校长汪懋祖所言“活泼泼地”，这也是书院制育人探索与实践的活水源头。

梅贻琦先生在《大学一解》中说：“学校犹水也，师生犹鱼也，其行动犹游泳也，大鱼前导，小鱼尾随，是从游也，从游既久，其濡染观摩之效，自不求而至，不为而成。”书院制育人亦然。

千年庭院读书地，万卷春风化雨时。愿书院制育人研究之路越来越宽广，愿苏州中学的教育永居上游、越来越好。

2021 年 11 月 29 日